Loin d'ici avec les pingouins

Vivien Kelly

# Loin d'ici avec les pingouins

Traduit de l'anglais
par Claire Mulkai

J'AI LU

*Titre original :*
TAKE ONE YOUNG MAN
Arrow Books, London

*Pour Terence Kelly et Leokadia Syga*

# 1

Sam Glass vivait à Londres, mais il n'aimait pas le bruit. Il avait conscience d'un grondement perpétuel qui se poursuivait toute la nuit : les battements du cœur de la cité, mais aussi les gargouillis de son propre estomac, les craquements de ses jointures, les borborygmes de ses intestins. Le bruit l'angoissait, accélérait son rythme cardiaque, lui tournait la tête, lui donnait des bourdonnements d'oreilles. Parfois, au passage d'un avion ou d'une moto, il se figeait, paralysé par le vacarme. Allongé dans son lit, le soir, il tendait l'oreille aux sons de la nuit londonienne et s'efforçait de trouver un silence au milieu du tumulte.

Sam passait beaucoup de temps seul, soit sur la terrasse de sa chambre, soit assis à son bureau, à étudier des cartes de géographie. N'importe quelle carte faisait l'affaire : du bout de son index à l'ongle rongé, il traçait les contours des continents, et avec les doigts de son autre main il retroussait sa lèvre inférieure. Il contemplait les étendues bleu clair qui figuraient la mer, et imaginait la façon dont les terres s'encastraient autrefois de part et d'autre des océans. Par moments, il enlevait ses lunettes et les essuyait sur sa chemise. De la terrasse, il observait le ciel, les étoiles et parfois la lune ; il lui arrivait de marmonner tout bas en se rongeant les ongles et en nettoyant ses lunettes. Sam Glass était à la recherche de quelque chose. Sam Glass avait vingt-cinq ans.

« *Offre valable jusqu'au 31 décembre 1999 pour toute souscription d'un forfait de 12 mois. Les minutes reportées sont utilisables uniquement le mois suivant et une fois votre temps de forfait consommé. Le tarif heures pleines s'applique de 8 h à 21 h 30 du lundi au vendredi, le tarif heures creuses le reste du temps et les jours fériés. Les prix convertis en euros sont donnés à titre indicatif.* »

Sa lecture terminée, Sam leva les yeux et regarda Chloe. Chloe voulait être costumière mais travaillait dans la publicité.

« C'est bon ?

— Oui, parfait, répondit-elle en parcourant le texte de l'annonce, puis elle retourna le document et le signa au dos pour transmission à la presse. Merci, Sam.

— De rien. »

Sam se rassit et avança sa chaise de façon à pouvoir poser les pieds sur la corbeille à papier. Il avait noté que, depuis quelques mois, il avait du mal à tirer son siège aussi loin qu'avant, en raison de l'expansion, lente mais continue, de son estomac. Son téléphone sonna.

« Sam à l'appareil. » De la main gauche il attrapa un stylo.

« Ici Clive.

— Bonjour, Clive, comment allez-vous ? demanda Sam en adoptant le ton d'un animateur de jeux télévisés.

— Où est ma pub ?

— J'avais promis que vous la recevriez aujourd'hui, je sais, mais on a eu quelques petits problèmes. J'ai appelé Carol ce matin pour la prévenir, elle ne vous a pas mis au courant ?

— Elle est partie déjeuner.

— Ah ! bon. Comme je le lui ai expliqué, les responsables de clientèle n'étaient pas satisfaits du concept et les créatifs sont en train de remanier le script. »

Sam se mit à dessiner des cercles sur un Post-it. Cela faisait presque deux ans qu'il travaillait avec Clive Reason, le chef de produit de la marque Shadows pour la Grande-Bretagne.

« Vous m'avez assuré que j'aurais ce script aujourd'hui.

— J'ai dû préciser : sous réserve des approbations internes. Carol avait l'air de penser que ce ne serait pas très gênant si nous vous remettions la version modifiée la semaine prochaine.

— Je ne suis pas Carol.

— Exact.

— Vous allez en entendre parler, Sam ! »

Clive raccrocha. Sam ferma les yeux.

Il se mit à fouiller parmi les papiers de son bureau et vit du coin de l'œil Angela qui approchait. Grande et mince, de longs cheveux bruns, le teint pâle, elle ressemblait à un Modigliani légèrement défiguré. Son visage – sourcils froncés, bouche tombante – exprimait l'anxiété ; même détendue, elle semblait angoissée. Angela était la responsable du département de Sam.

« Tu as vu les garçons à propos de leur travail ?

— Pas encore, non, j'ai été…

— Pourquoi ? » Elle ôta des peluches sur sa veste de ses doigts décharnés mais soignés.

« J'ai eu d'autres choses à faire. J'avais un rendez-vous. Désolé.

— Mais tu sais bien que c'est très urgent ! s'écria-t-elle, un ton au-dessus. Tu devrais être là-haut en ce moment ! »

Les bruits s'atténuaient autour d'eux, les gens commençaient à tendre l'oreille.

« Je m'apprêtais à monter, je cherchais le script », répliqua Sam en articulant chaque mot. Son téléphone portable sonna et il tendit la main pour répondre. Angela lui lança un regard noir.

« Sam à l'appareil... Salut, Beth, je peux te rappeler ?.... Non, c'est moi. Promis, dès que je peux. Au revoir.

— Pourquoi n'est-ce pas déjà fait ? demanda Angela d'une voix stridente et geignarde à la fois. Je crois que tu ne te rends pas compte à quel point c'est important. Pourquoi faut-il que tu sois si... » Elle le fixa, l'air agressif, les yeux étincelants.

« Peut-être pourrions-nous avoir cette conversation en privé, suggéra Sam, le cœur battant.

— C'est à moi de décider si nos discussions sont privées ou pas, rétorqua-t-elle en le fusillant du regard. Maintenant, monte voir les garçons.

— J'y vais. » Son téléphone sonna, il répondit sans regarder Angela. « Sam à l'appareil... salut... oui, d'accord. À quelle heure viennent-ils ?.... Donc, pour lui un sandwich au bacon, et pour les deux autres des croissants ?.... Des infusions ? Bien... Et Jay ?.... Entendu, je lui passerai un coup de fil pour savoir ce qu'il désire... Parfait. Oui, ce sera prêt pour huit heures et demie. OK, salut. »

Quand il raccrocha, Angela était partie chercher querelle ailleurs. Sam avait la tête qui tournait. Sa liste de choses à faire était plus longue que la journée à venir. Il regarda les cercles qu'il avait dessinés sur le Post-it et s'imagina tournant lui-même en rond, jour après jour, à l'infini. Tout était urgent, il fallait juste décider ce qui était plus urgent qu'urgent. Pour l'instant, la tâche la plus pressante consistait à parler à l'équipe des créatifs au sujet de son client principal, Shadows, leader du marché des serviettes hygiéniques.

Sam travaillait chez McLeod Seagal Gale – en abrégé McLeod Seagal –, la neuvième agence de publicité d'Angleterre. Elle était située à Soho, dans un grand bâtiment de verre, avec un hall de réception immense qu'illuminait le jour la présence de deux ravissantes jeunes femmes et où, la nuit, un vigile récitait le Coran. L'agence comptait deux cent cinquante-quatre personnes, dont deux cent trente-neuf de moins de trente-cinq ans ; les quinze autres étaient toutes de sexe masculin. Le turnover représentait vingt pour cent : seize pour cent des salariés démissionnaient, quatre pour cent étaient renvoyés. L'année précédente, l'entreprise avait brassé environ soixante millions de livres sterling, dont douze de bénéfices. Elle était à l'origine des pubs télé les plus avancées sur le plan technologique. Des slogans tels que *Avec Glazel la vaisselle étincelle* (liquide vaisselle Glazel), *Quand lève le grain* (préservatifs Titan) ou *Vous êtes partout chez vous* (téléphones portables Hitsui) étaient élaborés au quatrième étage de cet immeuble ultramoderne, vendus aux clients par le département de Sam et mis au point dans le studio du sous-sol. Entre les murs de ce bâtiment branché, on tenait des réunions afin de trouver les moyens les plus efficaces de vendre des bonbons aux adultes, des cigarettes aux enfants, des voitures aux mères de famille et des vitamines aux hommes d'affaires. Jour et nuit, l'édifice grouillait de vie, et les périodes de calme total étaient rares. Aux alentours de Noël, on y organisait des fêtes où il se consommait pas mal de poudre et de sexe – il arrivait même parfois que certains y vomissent. En été, une autre fête avait lieu, avec toujours une forte consommation de poudre et de sexe, mais moins de vêtements. McLeod Seagal avait été fondée par trois hommes : Oliver Seagal, un directeur de clientèle parti cultiver de la vigne à Los Angeles ; Robert Gale, un directeur artistique qui vivait maintenant près de Saint-Tropez, et Robert McLeod, un concepteur-rédacteur qui occupait actuellement le plus beau bureau de l'immeuble et s'octroyait un salaire d'environ sept cent cinquante mille livres par an – presque plus que l'ensemble de la masse salariale de l'agence et cinquante fois plus que ce que gagnait Sam. Pas un jour chez McLeod Seagal sans crise ni chaos. L'agence tanguait tel un navire dans la tempête, toujours sur le point de chavirer et de sombrer, et Sam et ses collègues couraient de bâbord à tribord pour tenter de contrebalancer la dangereuse inclinaison provoquée par les vagues.

Sam travaillait sur la marque Shadows *(Discrète comme votre ombre)* depuis qu'il était entré chez McLeod Seagal en qualité de stagiaire diplômé. Il travaillait aussi sur la marque Reynolds, fabricant de pots d'échappement pour voitures, mais il s'agissait d'un client plus modeste, dont le budget publicitaire se limitait à quelques annonces dans la presse. Sam avait demandé à changer de marques : les serviettes hygiéniques ne le passionnaient guère, et il ne s'intéressait pas spécialement aux pots d'échappement. On estima sa requête bizarre : Shadows était un des plus gros budgets de l'agence, et les clients aimaient beaucoup Sam qui, au bout de deux ans de collaboration, connaissait à fond leur entreprise. Aussi ignora-t-on sa demande, et il poursuivit ses recherches sur les « textiles antifuites » et les avantages des « ailes ». Il adopta très vite le jargon professionnel, qui le déroutait toutefois toujours autant. Il ne comprenait pas pourquoi, au lieu de donner des instructions à quelqu'un, on devait le *briefer*, et au lieu de montrer un projet, on devait en faire une *présentation*. De même, il n'était plus question aujourd'hui de simplement bavarder : quand deux personnes se retrouvaient pour discuter, on appelait cela une *réunion* – comme à l'époque du couvre-feu. Quant à Sam, sans vraiment s'en rendre compte, il était devenu *chargé de clientèle*.

L'année précédente, alors qu'il était encore stagiaire, il avait dû, un jour pluvieux de novembre, aller acheter des serviettes hygiéniques. En prendre un seul paquet ne l'aurait pas dérangé, mais il fallait qu'il compare les produits de tous les concurrents de Shadows, si bien qu'en arrivant au supermarché il se sentait plutôt mal à l'aise. Il traîna dans les allées, l'œil rivé sur les barils de lessive et les détergents ménagers dès que d'autres clients approchaient. Hélas, chaque fois qu'une personne avait trouvé ce qu'elle voulait, une autre surgissait et, incapable de se décider, s'attardait devant les rayons. Quand enfin il prit place dans la file à la caisse, il avait les joues en feu et son panier débordait de sachets plastique. Il cherchait ce qu'il allait dire à la caissière : « C'est mon boulot » (simple, et vrai en plus, mais qu'imaginerait-elle ? Qu'il était testeur de serviettes hygiéniques ? Que c'était lui, le gars en blouse blanche qui verse du liquide bleu sur les serviettes, puis l'absorbe à l'aide d'un mouchoir en papier ?), « Ma copine part en vacances », « Mes sœurs sont cloîtrées à la maison ». Il était tellement troublé que, au moment où les sachets se mirent à défiler sur le tapis, il fut incapable d'articuler une phrase et, lorsque la caissière le regarda derrière ses cils fardés, il s'entendit bafouiller : « Ce n'est pas pour moi. » La fille, sans un mot, continua de faire passer les paquets devant sa caisse. Sam rougit jusqu'aux oreilles et ne recouvra son teint normal qu'une fois dehors à l'air frais.

Sam parlait sur son portable quand il dénicha le script qu'il cherchait sous un dossier de publicités concurrentes. Il l'attrapa et tenta de se concentrer sur sa lecture.

*Produit : Shadows*
*Budget de production : 400 K£*
*Équipe : Kid/Dan*

*Le spot publicitaire sera tourné dans le style des films d'actualités de la Seconde Guerre mondiale, en noir et blanc, avec une pélicule à grain. La musique sera celle du* Mur de l'Atlantique.

*Un jeune garçon marche dans la campagne.*

*Quelque part, un barage commence à se fissurer sous la pression de l'eau. On entend « pop », un petit morceau de pierre se détache et l'eau commence à filtrer. Des images de ras de marée et d'ourragant traversent l'esprit du garçon.*

*Le garçon s'approche du barage. Il voit l'eau qui s'écoule. Il bouche le trou avec son pouce et la fuite s'arrête. Panoramique sur l'ombre du garçon, tandis qu'une voix de femme dit :*

*« Shadows. Quand le flot doit être endigué. »*

Sam poussa un soupir. Lauren, avec qui il partageait sa table de travail, était plongée dans une conversation animée au téléphone. Derrière lui, Michael poursuivait une discussion acharnée avec deux Allemands (« J'ignore de quoi il s'agit, je ne veux pas mettre les pieds dans le plat… »), et Gina, en face de lui, écoutait un CD de musique techno. Sam ne parvenait pas à se concentrer. Il relut le script. Les responsables clientèle avaient refusé de le montrer à la direction de Shadows, et Sam avait pour mission d'en expliquer la raison aux créatifs. Que leur dire ? Que c'était de la merde ? Le client désirait quelque chose de radicalement nouveau dans le domaine de la publicité pour les serviettes hygiéniques. Dans leur dernière campagne, on voyait des fesses moulées de blanc, avec en fond sonore des hommes qui sifflaient au passage d'une femme. Cette fois, ils voulaient un concept neuf et mieux pensé.

Son récepteur d'appels sonna, un message s'afficha : *Rappeler Clive SVP. Urgent*.

« Tu vas devoir attendre, Clive », marmonna Sam, puis il attrapa le script et se leva. Alors qu'il quittait la pièce, il sentit le regard d'Angela braqué dans son dos.

Kid et Dan se trouvaient tous deux dans leur bureau. Kid – un homme grand et calme d'une quarantaine d'années –, les pieds sur la table, suivait un match de cricket à la télévision. Dan, lui, regardait les photos d'un magazine tendance – ou plutôt il espérait que quelqu'un le surprendrait en train de regarder les photos d'un magazine tendance. Dan était un drôle d'oiseau – un oiseau aux cheveux bleus, plus jeune que son collègue, d'une beauté plus conventionnelle, qui portait toujours des baskets de la dernière marque à la mode.

« Salut, vous deux. Je voudrais vous parler de votre script Shadows.

— Reviens dans une demi-heure », répondit Dan. Sa voix aux inflexions chantantes du Somerset emplit la pièce. Les accents régionaux étaient appréciés à cet étage, ils étaient censés favoriser l'inspiration.

« Impossible, j'ai un rendez-vous. Désolé. C'est possible, maintenant ? »

Dan se gratta la nuque, soupira et reposa son magazine.

« De quoi s'agit-il ? interrogea-t-il avec condescendance.

— De votre script. Nous devons le retravailler avant de pouvoir le présenter.

— Tu veux dire que *je* dois le retravailler. Eh bien, non. Il est top, ce script. Si tu ne crois pas pouvoir le vendre, c'est ton problème. Je n'ai aucune envie d'entendre les critiques d'un con de client. »

Sam se mordit la langue.

« Qu'est-ce qui ne va pas ? questionna Kid en détournant brièvement les yeux du match de cricket.

— Plusieurs choses. On ne peut pas… en résumé, nous pensons que l'image d'un garçon qui bouche la fuite d'un barrage avec son doigt ne constitue pas une comparaison très adéquate. Et puis, le contexte – la musique, le noir et blanc – donne une idée totalement fausse du produit. Quant à la chute…

— C'est une trouvaille super, si tu veux mon avis », rétorqua Dan en se passant la main dans les cheveux.

« Super », répéta-t-il avec un petit rire et un signe de tête à Kid.

Le récepteur de Sam émit un bip et afficha le message suivant : *Appeler Clive. TRÈS URGENT.* Il réattacha l'appareil à sa ceinture.

« En fait, le concept du barrage avec toute cette masse d'eau… les femmes n'aiment pas évoquer la menstruation de cette façon.

— Ah non ? Elles l'évoquent comment, alors ? » s'enquit Dan.

Kid ricana. Le portable de Sam se mit à sonner. Il appuya sur la touche « Occupé ». Dan éleva la voix pour que tout le monde dans le département, à travers les minces parois de contreplaqué, puisse entendre : « Silence, Kid. Sam va nous expliquer comment les femmes évoquent les règles. » Il éclata de rire. Le récepteur de Sam afficha : *Où es-tu ? Angela.*

« Écoutez, je vais peut-être demander à Angela de venir discuter de ça avec vous. Cela risque d'être plus efficace. Le problème, c'est que c'est vraiment urgent, on doit donc trouver rapidement une solution. Merci quand même, les gars. »

Sam retourna dans son bureau. Il lui fallait maintenant affronter Angela et lui avouer qu'il avait échoué. Lauren était au téléphone, Björk beuglait sur une chaîne stéréo, des téléphones sonnaient partout.

Il prit connaissance de ses derniers messages e-mail : cinq, dont deux du service de contrôle des budgets, un de Beth du département TV, un de sa secrétaire Gail, et un d'une amie que Sam espérait pouvoir bientôt qualifier de « petite amie ». Gilly et lui flirtaient en effet sur internet depuis quelques mois, et il tentait de trouver le courage de proposer à la jeune fille de sortir avec lui.

*Cher Sam, salut, comment vas-tu ? Peux-tu m'aider ? Ma sœur aimerait bosser dans la publicité, accepterais-tu d'en discuter avec elle ? Nous pourrions peut-être sortir tous les trois ensemble un soir… Dis-moi ce que tu en penses. Gxxx.*

*P.-S. : J'ai rencontré un ami à toi l'autre jour. Henry ? Tu pourrais peut-être l'amener aussi ?*

Sam hocha la tête. Son téléphone sonna. « Sam à l'appareil. Oh ! bonjour, maman. Comment vas-tu ? » Il poussa un soupir de soulagement à l'idée qu'il ne s'agissait pas d'un client.

« Bien, et toi ? » La voix de sa mère semblait venir de très loin.

Gail déposa un mot sur son bureau : *Dean veut te voir dès que possible*.

« Euh… très bien. » Il remercia sa secrétaire d'un signe de tête. Gail voulait être kinésithérapeute, mais pour l'instant elle travaillait dans la publicité.

« N'est-ce pas une bonne nouvelle, pour Mark ?

— Oui, maman. Excellente. Vraiment super. » Le frère de Sam venait d'annoncer ses fiançailles.

« Je trouve qu'elle est parfaite pour lui, qu'en penses-tu ? »

Sam leva les yeux et le découragement l'envahit : Angela se frayait un chemin vers lui au milieu des fils électriques et des câbles d'ordinateurs qui jonchaient le sol. Elle s'arrêta pile devant lui.

« Excuse-moi, il faut que je te quitte. Je te rappelle dès que je peux. À bientôt. » Il raccrocha. Son téléphone sonna aussitôt. Pour ménager Angela, il ne répondit pas : elle serait flattée qu'il lui accorde plus d'importance qu'à ses appels téléphoniques.

« Pourquoi n'as-tu pas répondu à mon message ?

— Désolé, je m'apprêtais à venir te voir.

— Clive m'a téléphoné. Il attendait le script aujourd'hui, il n'était pas content.

— J'ai tout expliqué à Carol ce matin. Clive était en rendez-vous.

— Quand c'est toi qui déconnes, c'est moi qui me fais engueuler, alors ne recommence pas, d'accord ? Comment ça s'est passé là-haut ? » Elle triturait les boutons de sa veste, et sa bouche était agitée d'un tic nerveux.

« Pas très bien. Je pense qu'il vaudrait mieux que tu leur parles toi-même.

— Quoi ? s'écria-t-elle, furieuse.

— Ils ne se sont guère montrés coopératifs. Je crois que ça aura plus de poids si c'est toi qui leur exposes le problème.

— Pas étonnant qu'ils ne se soient pas montrés coopératifs. C'est *ton* boulot de les motiver. Je crains que tu n'aies pas bien compris comment ça fonctionne : chaque fois qu'on monte les voir, notre autorité en prend un coup, mais ça, ça ne t'effleure pas l'esprit, hein ? Tu as tout gâché, maintenant. Combien de temps vais-je devoir recoller les morceaux derrière toi ? »

Le visage d'Angela avait viré à l'écarlate.

Sam ne savait quoi dire. Il était à court de mots. Angela ressemblait à un animal traqué, ses yeux fulminaient, ses lèvres étaient retroussées.

« Le problème, Sam, c'est que tu n'as pas l'air de piger. Tu es complètement inconscient, tu ne te rends pas compte que ton rôle consiste à provoquer l'émergence des idées. Si tu n'es pas capable de ça, alors tu n'as rien à faire ici. » Elle tourna les talons, s'éloigna d'un pas rageur et claqua la porte derrière elle.

Sam se laissa imprégner par les paroles d'Angela. Qu'avait-elle voulu dire, au juste ? Il se rappela sa mère qui lui reprochait de rêver, d'être dans les nuages, de ne pas avoir conscience de la réalité... Était-il vraiment à côté de la plaque ? Que répondre à cela ? « Je suis désolé », murmura-t-il, sans s'adresser à personne en particulier.

Sam consulta son agenda : il lui restait une demi-heure avant son prochain rendez-vous. Il vérifia sa liste de choses « à faire » et constata qu'il ne disposerait d'aucun moment libre jusqu'à la fin de la semaine. Il décida de recomposer sa liste par ordre de priorité, tout en sachant qu'une fois parvenu au bout il n'aurait plus le temps de faire quoi que ce soit. Réécrire cette liste constituait pourtant une part importante de son travail. Son téléphone sonna.

« Sam à l'appareil.

— Sam, Henry t'attend à l'accueil.

— Henry qui ?

— Il a dit que tu saurais.

— Ah ! oui. Bon, j'arrive. Merci. »

Il se leva en fronçant les sourcils et descendit à la réception.

« Qu'est-ce que tu fais là ? s'enquit-il en esquissant un sourire.

— Salut, Sammy, tu vas bien ? Tu as le temps de prendre un café ? »

Sam fit non de la tête et s'assit à côté de Henry sur le banc métallique.

« J'ai un rendez-vous dans dix minutes. Qu'est-ce qui t'amène ?

— Eh bien, voilà : je suis censé prendre un vol pour Paris dans une heure et j'ai oublié mon passeport à la maison. Je me suis dit que je pourrais peut-être emprunter le tien.

— Quoi ?

— Je croyais que tu le gardais dans le tiroir du haut de ton bureau ?

— Oui, mais c'est *mon* passeport, Henry, que comptes-tu en faire ?

— Tu as dû remarquer qu'ils n'examinent jamais la photo, ils se contentent de jeter un coup d'œil sur la première page. Je dois absolument attraper cet avion et je n'ai pas le temps de repasser chez moi. (Henry tapota sa montre.) Alors, tu me le prêtes ?

— D'accord, mais ça ne marchera jamais, ils vérifient avec les billets aussi, répliqua Sam en se dirigeant vers l'escalier.

— Mmm, je sais. J'ai demandé à ma secrétaire de changer le nom du passager. »

Sam revint en un éclair et tendit le livret à son ami.

« À propos, dit-il, tu as rencontré une fille que je connais.

— J'ai rencontré des tas de filles que tu connais.

— Gilly. Une brune aux cheveux longs, avec un anneau à la narine.

— Jolie ?

— De mon point de vue, oui.

— Ah ah ! Aurait-elle des chances d'adoucir ton célibat ?

— Peut-être.

— Je ne me souviens pas d'elle.

— Elle se souvient de toi. Elle aimerait te revoir mais je lui ai expliqué que tu étais en vacances.

— À sa disposition. Si elle souhaite me revoir, je pense que tu devrais l'aider. Elle te remerciera un jour. »

Sam éclata de rire. « Je n'en suis pas si sûr.

— Ne sois pas cruel, Sam, ne prive pas les femmes d'un ami tel que moi, disponible, accommodant. Au fait, j'ai rendez-vous ce soir à huit heures avec Sara et une de ses amies. On va au cinéma, j'ai des billets pour un nouveau film, *Un bébé a mangé mon canari*.

— Je croyais que tu devais aller à Paris...

— Je serai rentré. Je te passerai un coup de fil. Salut ! »

Sur ces mots, Henry s'éclipsa.

Sam et Henry étaient amis depuis l'université. Ils s'étaient rencontrés, un soir du premier trimestre, à la bibliothèque où Sam lisait un essai sur le retour des immigrés dans leur pays d'origine. Un garçon blond fit le tour de la salle d'un pas pesant et commença à empiler des livres sur la table voisine de celle de Sam. Il parcourait les rayonnages avec une telle détermination et attrapait les livres avec tant de conviction que Sam en conclut qu'il s'agissait d'un étudiant de deuxième année, peu impressionné et plutôt agacé par les première année qui griffonnaient avec application. Le nouveau venu posa un crayon sur la table, s'assit à côté de Sam, sortit un taille-crayon de sa poche et entreprit de tailler son crayon. Il en examina la pointe avec soin à la lumière de la lampe et jeta un coup d'œil en coin à Sam qui, vaguement gêné, reporta son attention sur son manuel. Son voisin remua sur sa chaise, ouvrit un livre, appuya bien au milieu et aplatit les pages avec la paume de ses mains. Puis il bougea encore un peu sur son siège, se racla la gorge et allongea les jambes. Les lampes s'éteignirent. Il marmonna quelque chose, regarda sous le bureau et constata qu'il avait arraché la prise avec ses pieds. Il poussa une exclamation et s'agenouilla pour rebrancher la prise, puis il se redressa et reprit sa lecture. Sam était incapable de se rappeler ce qu'il venait de lire ; il revint donc en arrière et s'efforça de se concentrer. Le garçon blond remua sur sa chaise et les lampes s'éteignirent à nouveau. Pas très malin, le mec, pensa Sam.

« Oh ! zut », fit le garçon avant de replonger sous la table et de tripoter la prise jusqu'à ce que la lumière revienne. Ensuite il se releva, reprit son livre, se racla la gorge et se passa la main dans les cheveux. Sam relut la même phrase pour la troisième fois, sans réussir à en comprendre le sens. Il prêta l'oreille aux bruits de la ville : le grondement des bus qui roulaient sur le pont plus loin, les cris des étudiants qui s'amusaient dans les rues, les vibrations de la chaudière qui tentait à grand-peine de maintenir un peu de chaleur dans la bibliothèque. L'inconnu jeta un regard circulaire sur les étagères de livres, secoua la tête, émit un son qui faisait penser à un moteur de voiture, et déclara au milieu du silence : « Je ne supporte pas cet endroit. Allons au café. » Sam tourna la tête et croisa le regard du garçon. Il haussa les épaules et sourit. « D'accord », répondit-il, et ils abandonnèrent leurs livres en pile sur la table.

Il s'avéra que leurs chambres étaient situées presque en face l'une de l'autre et, au début, chaque fois que Sam entrait ou sortait, il tombait sur un groupe de filles qui traînaient dans le couloir, bavardaient et fumaient en affectant un air décontracté : elles attendaient Henry. Sam ne comprenait pas pourquoi Henry ne les invitait pas à entrer dans sa chambre, à prendre leurs aises, à admirer ses affaires. Un soir, alors que le silence régnait depuis un moment dans le bâtiment, Sam frappa à la porte de son ami pour lui proposer de dîner avec lui. Henry lui cria quelque chose, Sam entra et vit aussitôt un costume noir suspendu à l'armoire, ainsi qu'une chemise blanche et une cravate noire – un costume de deuil. Henry remarqua son regard.

« Ma grand-mère risque de décéder d'un jour à l'autre, et je me suis dit qu'il fallait que je sois prêt. Je serai peut-être obligé de partir précipitamment, pour arriver avant qu'elle meure.

— Elle est âgée ?

— Soixante-dix-sept ans. Elle a vécu avec nous durant toute mon enfance, j'étais habitué à sa présence.

— Mon grand-père aussi vivait avec nous. »

Sam se tut et s'efforça de ne pas regarder la pièce autour de lui.

« Tu as le temps de manger ? »

Henry acquiesça d'un signe de tête et prit son portefeuille sur le bureau que n'encombrait ni un livre ni une feuille de papier.

« Tu ne t'es pas encore mis au travail ? interrogea Sam.

— Je n'arrive pas à me concentrer, je ne fais rien d'autre qu'attendre un coup de téléphone.

— Je te prêterai mes disserts, si tu veux. »

Henry dévisagea Sam un instant. « Merci. »

Finalement, Sam ne put rejoindre Henry ce soir-là car il dut travailler jusqu'à onze heures et demie. Angela était venue le trouver en fin de journée pour l'informer qu'elle avait besoin d'un document de pré sentation dactylographié pour le lendemain matin. Il eut beau lui expliquer qu'il avait prévu autre chose, elle lui répondit ce qu'elle répondait toujours dans ces circonstances : « C'est ça, le challenge de ce job. » Puis elle enfila son manteau et partit.

Assis devant l'ordinateur, dans le bureau qui gagnait en silence et en tranquillité à mesure que les heures s'égrenaient, Sam songeait que le challenge, en l'occurrence, consistait à ne pas perdre patience. Il était fatigué, déshydraté, il n'en pouvait plus ; il n'avait même pas le courage d'aller chercher quelque chose à manger. Il ne tapait pas bien, et le travail lui prit deux fois plus de temps que nécessaire. Au moins le calme régnait, malgré le ronron de la climatisation.

Une fois le document prêt, il lui fallait le photocopier en plusieurs exemplaires; juste au moment où la photocopieuse crachait les dernières feuilles, elle s'arrêta net et émit un bip. Sam regarda la lumière rouge qui clignotait. Les yeux lui piquaient, il avait mal à la tête, sa gorge était desséchée. Il mourait d'envie de tout laisser tomber, de rentrer chez lui et de ne plus jamais remettre les pieds dans ce bureau. Il poussa un soupir, puis se mit à jurer; tous les gros mots qu'il avait entendus dans son existence lui vinrent soudain aux lèvres et il les débita d'une voix basse et rapide. Puis il retira ses lunettes et essuya les verres sur sa chemise. Ensuite, il s'approcha de la fenêtre et contempla le ciel de mars.

En rentrant chez lui, il entendit des rires étouffés et aperçut de la lumière sous la porte de son colocataire. Gray, célibataire depuis plusieurs mois, pourchassait sans pitié toutes les filles libres (et même les autres, à l'occasion) de sa connaissance. Sam enleva ses chaussures et se dirigea vers la cuisine. Il se prépara un bol de Frosties suivi de plusieurs tartines de pâté végétal puis, comme il avait encore un petit creux, il ouvrit le réfrigérateur et attrapa une carotte. Les mots de sa mère lui revinrent à l'esprit : « Veille à manger au moins un légume par jour. » C'était bien joli mais pas très facile, avec ses horaires de travail. Où se procurer un légume dans une agence de publicité ? Les légumes n'étaient pas un produit à la mode et faisaient rarement l'objet d'une pub. Ce qui s'en approchait le plus était le concept de l'oignon, utilisé par le département des projets pour impressionner les clients : cela consistait à affirmer que – comme bien d'autres choses – une marque était composée de plusieurs strates.

Tandis que Sam, la cravate défaite, des miettes de pain sur les lèvres, ingurgitait sa deuxième carotte, une fille aux longs cheveux blonds apparut à la porte.

« Salut, lança-t-elle d'un air grave.

— Euh… mmm…, salut, répondit Sam en avalant aussi vite que possible.

— J'avais l'intention de faire du thé.

— Mais bien sûr. (Il s'effaça pour la laisser passer.) Allez-y. »

Ne trouvant rien d'autre à dire, il s'appuya au comptoir et observa la fille qui ouvrait le robinet et soulevait la bouilloire. Il nota qu'elle avait des gestes incertains et qu'elle avait du mal à ôter le couvercle de la bouilloire.

« Ah, tu es là ! s'exclama Gray en arrivant à son tour. Pourquoi tu ne reviens pas ? » Il se plaça derrière la fille et la poussa contre l'évier. Sam soupira. Il était temps qu'il sorte de la pièce.

« Salut, Sam, comment va ? s'enquit Gray d'une voix pâteuse.

— Pas mal.

— Super. Je te présente Aphrodite. Aphrodi… voici Sam. »

La fille ne se retourna pas. Elle semblait perdue dans un autre monde et tentait de brancher la prise électrique au dos de la bouilloire. Elle portait un tee-shirt et apparemment pas de culotte ; sa peau avait l'air douce et sa chair ferme. Sam se sentit malade de jalousie. Quand Aphrodite eut réussi à connecter de façon correcte le fil de la bouilloire, elle tangua en direction de la chambre.

« Qui est-ce ? chuchota Sam.

— Une danseuse, répondit Gray avec un large sourire. Dans l'immédiat, nous expérimentons la danse de l'amour dans mon lit.

— Vraiment ? ne put s'empêcher de dire Sam, tout en sachant qu'il remuait le couteau dans la plaie.

— Elle a un cul fantastique. Un cul… (Gray esquissa un geste éloquent avec ses mains.)… on en mangerait », conclut-il en envoyant vers le ciel un baiser du bout des doigts.

Il riait trop fort et se grattait les testicules à travers sa robe de chambre. Il planta là son ami et alla rejoindre sa conquête.

Sam entendit la porte se refermer, perçut des mots échangés et encore des rires étouffés. Il envisageait l'éventualité de laver son assiette quand un cri lui parvint qui déclencha ses fantasmes : il imagina Gray tout excité renversant la fille qui riait sur le ventre, près de rendre hommage à la partie si fantastique de son anatomie. Sam se réfugia dans sa chambre, à l'autre bout du couloir, et referma la porte derrière lui.

Il se déshabilla, coupa son téléphone portable, se brossa les dents, éteignit la lumière. Puis il appuya son front contre la vitre froide et scruta l'obscurité. Il essaya de revenir en pensée au début de la matinée mais cela lui paraissait déjà loin. Il se rendit compte qu'il fronçait les sourcils et repassait dans sa tête tout ce qui s'était produit au cours de la journée. Il chercha la lune mais elle était cachée par les nuages ; alors, debout, immobile, il observa le ciel traversé par la masse cotonneuse des nuages. Puis il se coucha et s'endormit, des images d'Aphrodite plein la tête.

## 2

Kasia Mentrak approcha à pas rapides et pénétra dans la maison, une grosse bâtisse victorienne située dans la partie nord de Londres et qui avait été très mal rénovée; conséquence : il fallait en permanence y faire des réparations, d'où la présence fréquente d'ouvriers qui montaient et descendaient pesamment les marches au tapis élimé. Kasia se dirigea vers l'appartement du rez-de-chaussée, sa clé à la main. Elle ouvrit, poussa la porte – qui butait contre la moquette – juste assez pour se faufiler à l'intérieur, et cria : « Bonjour, monsieur Glass, c'est Kasia. » Elle avait une voix un peu rude et discordante, dont l'accent polonais atténuait certaines voyelles et appuyait sur les consonnes. Elle enleva son manteau orange et posa son sac en plastique par terre dans le vestibule, puis entra au salon, la pièce la plus vaste de l'appartement, avec ses grandes baies vitrées qui donnaient sur une rue où il ne se passait jamais grand-chose. Les murs étaient couverts d'un papier peint rouge foncé taché et usé par endroits, de grands rideaux pourpres décolorés pendaient, telles des oreilles de basset, de chaque côté des fenêtres. Kasia vint se placer juste en face de M. Glass, assis dans un fauteuil, la tête rejetée en arrière contre la têtière, la bouche ouverte, totalement immobile.

« Monsieur Glass, bonjour, c'est Kasia », dit-elle à voix basse. Il n'esquissa pas le moindre mouvement.

« Bonjour, monsieur Glass », répéta-t-elle un peu plus fort en lui touchant l'épaule, du bout du doigt comme si elle craignait d'attraper une maladie. Puis elle se remémora les instructions et lui saisit le poignet : il était froid et inerte entre ses mains. L'angoisse l'étreignit.

« Kasia ! » s'écria soudain M. Glass. Elle lui lâcha le poignet et fit un bond en arrière. Il se mit à rire et agita les mains en l'air pour montrer qu'il était bel et bien vivant.

« Ce n'est pas drôle, protesta-t-elle, le cœur battant. Pas drôle du tout.

— Ça égaie la journée. »

Il remua sur son fauteuil et arrangea la couverture sur ses jambes.

« Certaines personnes ont du travail, monsieur Glass, lui reprocha-t-elle.

— Je sais, excusez-moi, Kasia. » Il lui sourit mais elle secoua la tête d'un air maussade.

« Je sais bien. Vous avez raison, naturellement. »

Elle ramassa une tasse sur le sol, un bol et une cuillère sur la table, emporta le tout à la cuisine et attrapa une paire de gants en caoutchouc.

« Comment allez-vous ? » s'enquit M. Glass depuis le salon, d'une voix à peine plus forte qu'un murmure.

Kasia vint se poster dans l'embrasure de la porte et remonta une de ses manches. Elle paraissait excédée.

« Je vais très bien, monsieur Glass. Et vous ? articula-t-elle en insistant sur chaque mot, comme si elle s'adressait à un idiot au cerveau ramolli par des années de solitude.

— Je suis vieux. Plus vieux de jour en jour.

— Hum, mais vous pouvez être bien d'autres choses aussi, répliqua-t-elle en enfilant le gant droit.

— Excellente remarque. Voyons voir. Je suis vieux et... décrépit ? Sale ? Ronchon ? Trop gras ? Insensible ? »

Kasia hocha la tête, introduisit sa main gauche dans l'autre gant et retourna à la cuisine.

Pour un homme ayant tant voyagé, M. Glass, qui passait désormais ses journées dans un fauteuil, était la proie d'une peur étrange. Il ne craignait pas l'obscurité, ni les araignées, et il n'avait pas peur d'avoir peur. Plus remarquable encore – et c'était véridique –, il ne redoutait pas la mort. Certes, il n'avait pas envie de mourir, mais d'un autre côté il n'appréhendait pas la mort ; il ne craignait pas de souffrir, ni de voir sa vie se terminer, ni de ne plus jamais vivre. Penser qu'il disparaîtrait pour toujours de cette terre ne le tourmentait guère, sachant que le monde continuerait à tourner sans lui. Il ne croyait pas au Ciel, ni aux fantômes ni à aucune espèce de vie après la vie. « On n'a pas de vie *avant* la vie, n'est-ce pas ? avait-il coutume de dire avec un haussement d'épaules si quelqu'un abordait ce sujet. Nous sommes projetés hors du ventre de notre mère sans savoir ce qui nous attend. Il n'y a pas de chambre de décompression. Alors pourquoi imaginer qu'il existe une vie après la vie ? »

Non, ce qui effrayait M. Glass n'était pas d'*être* mort, mais d'être *par erreur* considéré comme mort. Il était terrifié à l'idée qu'un jour, alors qu'il dormirait profondément – l'une de ses habitudes (autrefois, sur un bateau pris dans une tempête au large de la pointe sud de l'Argentine, il avait dormi pendant quatorze heures d'affilée, tandis que le navire tanguait et roulait entre les récifs du cap Horn) –, quelqu'un penserait qu'il était mort. Il n'ignorait pas qu'à plusieurs occasions déjà on l'avait cru mort. Quelles étaient ses chances ? Tôt ou tard, pour une raison ou pour une autre, quelqu'un le considérerait comme mort. Même à notre époque, on commettait des erreurs de ce genre et on méconnaissait certains signes. Et quoi de plus facile que de se tromper, devant le « cadavre » d'un vieillard de quatre-vingt-six ans.

Il n'ignorait pas que, quand ses petits-fils, sa belle-fille ou son aide ménagère le voyaient endormi, ils pensaient aussitôt (et comment le leur reprocher ?) qu'il était peut-être mort, qu'il avait cassé sa pipe, passé l'arme à gauche, avalé son bulletin de naissance. L'idée qu'une de ces personnes puisse le déclarer mort le faisait frémir, car dans ce cas, il le savait, il ne se réveillerait que lorsque le froid et l'humidité auraient transpercé ses os ; ses yeux s'ouvriraient alors dans une obscurité jusque-là inimaginable, ses narines percevraient une étrange odeur de moisi, et il se retrouverait prisonnier de quatre planches de bois. Ou bien il se réveillerait en sueur au milieu d'un rêve où il traverserait les forêts du Brésil. En tout cas, à son réveil, il serait sûrement trop tard, les flammes auraient commencé à dévorer le bois du cercueil, et il ne pourrait rien faire pour les empêcher de consumer son costume puis sa chair. Il aurait beau hurler, personne ne l'entendrait à cause de la musique. Quelqu'un dans l'assistance, en levant le nez au vent, devinerait-il qu'on avait incinéré un corps dont le cœur battait encore ?

« Vérifiez bien, recommandait-il à sa famille, vérifiez jusqu'à ce que vous soyez sûrs et certains. » Mais il savait qu'en définitive ce ne serait pas à eux d'en décider. Ils appelleraient un médecin qui l'examinerait et prononcerait les mots fatidiques : « Il est mort. » En fait, le bon docteur utiliserait vraisemblablement une phrase moins brutale, moins directe : « Il nous a quittés », « Il est décédé », ou également cette expression délicieusement ambiguë : « Il est parti » – qui appelle toujours une suite : « aux toilettes », « acheter des cigarettes » ou « faire le tour du monde ». M. Glass vivait dans la crainte que le bon docteur n'annonce cette triste nouvelle, et que sa famille n'en accepte la fatalité.

Quand il atteignit l'âge de quatre-vingts ans, il comprit qu'il risquait de passer l'arme à gauche ou de casser sa pipe du jour au lendemain, et il écrivit une longue liste de recommandations qu'il demandait aux siens d'exécuter lorsqu'ils apprendraient son départ. Une fois cette liste établie, il la plia et la glissa dans une pochette en plastique transparent qu'il gardait dans sa poche et posait, le soir, contre sa lampe de chevet. De temps à autre, il testait les membres de sa famille pour être sûr – « sûr et certain » – qu'ils savaient tous où se trouvait ce document. Cela le rassurait de pouvoir leur poser la question et d'obtenir la bonne réponse. Il y avait beaucoup de choses que M. Glass exigeait de voir vérifiées par l'infortuné témoin de sa mort présumée, et qu'il avait, de son écriture moulée, couchées sur le papier :

**Instructions à suivre en cas de mort présumée de Leonard Glass**

*1. Placez un morceau de papier sur mes lèvres et laissez-le pendant quelques minutes. Observez-le avec attention, jusqu'à en avoir mal aux yeux. S'il bouge, si peu que ce soit, et même si vous pensez que c'est peut-être à cause d'un souffle d'air, alors il existe un doute quant à mon état physique;*

*2. Croisez ma jambe droite sur ma jambe gauche à hauteur du genou. Prenez un livre cartonné peu épais (je recommande* Configurations de l'hémisphère Sud *par P.H. Hamilton) et tapez le dos de l'ouvrage contre ma jambe droite, à un point situé juste au-dessous de la rotule. Tapez au moins dix fois, en changeant de point de contact à chaque fois. Observez avec soin si mon pied droit effectue le moindre mouvement ou est agité du plus petit spasme;*

*3. Il y a une torche par terre à gauche de mon lit. Prenez-la, soulevez mes paupières l'une après l'autre et braquez le rayon de la torche sur chacun de mes yeux.*

Guettez attentivement la moindre contraction/dilatation de la pupille ;

4. Soulevez mon bras droit, tenez-le à hauteur du coude avec votre main gauche. Placez les deux premiers doigts de votre main droite sur l'artère juste au-dessous de la paume de ma main droite. N'exercez pas de pression. Restez ainsi, sans bouger, durant au moins une minute, de manière à pouvoir sentir la moindre pulsation, si faible soit-elle ;

5. Mettez en marche mon gramophone. Cela risque d'être un peu compliqué parce qu'il faudra sans doute débrancher le téléviseur pour brancher le gramophone. Je me suis rendu compte que la meilleure position pour ce faire est de se tenir debout aussi près que possible du mur et de glisser le bras derrière le piano pour atteindre la prise, en maintenant le bras bien droit et en appuyant la joue gauche contre le mur.

Une fois le gramophone allumé, choisissez les Bis de David Oistrakh, face 1, deuxième plage. Le morceau s'intitule « Jota », c'est la quatrième des Siete Canciones populares de Manuel de Falla. Vérifiez le réglage des basses et des aigus. Tournez le bouton du volume sur 7, et laissez le morceau jouer jusqu'à la fin. Observez-moi ! Si vous constatez le moindre mouvement, il existe un doute ! Rappelez-vous : un résultat négatif ne signifie rien ;

6. Ouvrez les fenêtres du salon. Chacune comporte à mi-hauteur un loqueteau qu'il faut dévisser. Ouvrez-les en grand, quels que soient l'heure et le temps à l'extérieur, et assurez-vous que la porte de la pièce est ouverte aussi. Laissez-les ouvertes pendant un quart d'heure. Guettez les signes de froid sur mon corps ;

7. Arrachez une feuille de journal dans la pile sur le dessus du piano. Pliez-la en diagonale et formez des sections de deux centimètres et demi environ, de façon à obtenir une sorte de longue tige plate. Enflammez-la à un bout avec une allumette, approchez-la de mon

*visage et posez-la sur le bout de mon nez. Observez attentivement si la peau réagit. Le moindre signe de rougeur ou de boursouflure signifie que je suis toujours de ce monde et que je ne dois pas encore être enterré;*

*8. Si toutes les opérations ci-dessus s'avèrent sans résultat, ne renoncez pas! Des résultats positifs prouvent que je suis vivant, mais des résultats négatifs ne signifient pas nécessairement que je suis mort. Faites venir un médecin, puis un deuxième.*

*9. Quand vous serez certains, alors je serai rassuré.*

M. Glass avait parlé de cette liste à Kasia dès le premier jour où elle était venue travailler chez lui. Il lui avait expliqué où il la conservait et, dans une certaine mesure, pourquoi. Il l'avait parcourue avec elle, et elle avait cru avoir affaire à un dément. Ce qui la troublait le plus, c'était l'instruction numéro 9 : *Quand vous serez certains, alors je serai rassuré.*

« De toute évidence, ce n'est pas vrai, objecta-t-elle. Pourquoi écrivez-vous ça à la fin ? On dirait que vous avez soudain confiance dans la personne, alors que vous l'avez obligée à faire toutes ces choses ridicules, comme si vous vous adressiez à un débile mental. »

M. Glass haussa les épaules. « De toute façon, une fois que mes instructions auront été exécutées et que les médecins m'auront déclaré mort, tout sera réglé. Ce que je veux dire, c'est que, quand les gens seront persuadés de ma mort, je serai tranquille. »

Mais Kasia n'était pas convaincue. Elle avait l'impression qu'il avait écrit cette liste afin que le lecteur doute de lui-même, et afin de l'obliger ainsi à vérifier, revérifier, rerevérifier, parce que pour la plupart des gens c'est difficile d'être sûrs à cent pour cent.

« Je prépare le déjeuner dans une minute. J'ai prévu de l'agneau avec des brocolis, ça ira ? » interrogea Kasia depuis la porte. Il y a intérêt à ce que ça aille, songeait-elle, car elle n'avait pas eu le temps d'acheter autre chose.

« Je vous ai répété cent mille fois que je veux du bœuf. Dans un dernier geste de gloire, je désire sauver les consommateurs britanniques et les empêcher de se détruire, en mangeant toute la viande de bœuf du pays pour qu'ils ne trouvent plus à en acheter nulle part. Je mourrai de toute façon avant d'être atteint de tremblements et de m'écrouler en titubant, je pense donc qu'il est de mon devoir de manger toute cette viande. Bœuf au petit déjeuner, bœuf au déjeuner, bœuf avec crème fraîche et confiture pour le thé de l'après-midi, bœuf au dîner. Sandwiches au bœuf, salade de bœuf, hot dogs de bœuf, biscuits au bœuf, et même crêpes au bœuf ! »

Kasia secoua la tête et esquissa un semblant de sourire – un étirement de la bouche, plutôt. Elle retourna à la cuisine et s'attaqua à la vaisselle ; un pli barra son front tandis qu'elle laissait son esprit vagabonder.

M. Glass continuait de parler depuis le salon.

« Il existe une montagne de bœuf en Europe, vous savez. J'ignore où, dans les Pyrénées peut-être, dominant les monstres de granit, ou bien dans les Alpes couvertes de pins. La couche inférieure est constituée de saucisses et de steaks bien cuits, sur lesquels il est facile de marcher. Ensuite, il y a les côtes de bœuf, et là ça devient plus délicat. Une fois qu'on est presque au sommet, on tombe sur les T-bone steaks et la situation devient pratiquement impossible. Il faut être un héros pour gravir la Montagne de Bœuf. En fait il s'agit d'un volcan de viande de bœuf qui, tous les deux ou trois cents ans, crache de la sauce brûlante sur les habitants et projette des Yorkshire puddings[1] sur les toits, les champs et les jardins. Bien sûr, là-bas on

1. *Yorkshire pudding :* crêpe épaisse salée, traditionnellement servie avec du rôti de bœuf et de la sauce au jus de viande.

n'appelle pas cela des "Yorkshire puddings". Pourtant, même avec toutes ces garnitures, les gens de la région ne réussissent pas à tout manger. »

M. Glass s'éclaircit la gorge, fixa droit devant lui le papier peint rouge foncé et inclina la tête. Il entendait Kasia faire la vaisselle dans la cuisine. Il poursuivit à voix basse : « Il y a une chose que je ne comprends pas : pourquoi est-ce une montagne de viande de bœuf, et pas une montagne à vaches ? Si nous avons trop de viande de bœuf, pourquoi n'y a-t-il personne pour décider : arrêtons de tuer les vaches et laissons-les gambader encore quelques années, jusqu'à ce que nous ayons mangé la montagne. Un surplus de vaches ne serait pas bien gênant, vous ne croyez pas ? J'en aurais une dans mon jardin, au besoin. Un peu de compagnie bovine ne me déplairait pas. Une vache peut servir à des tas de choses. » Il se mit à rire – un petit rire qui lui secoua les épaules. Si Kasia avait pu le voir et l'entendre, elle aurait songé à un personnage de dessin animé.

À quatre-vingt-six ans, Leo Glass souffrait d'un léger embonpoint et soufflait comme un phoque. Il avait une voix douce – presque un chuchotement – et, quand il parlait, il levait machinalement les sourcils. Il donnait l'impression d'un ours polaire un peu hirsute, avec ses cheveux blancs broussailleux et ses grandes mains. Il portait des chemises en velours côtelé bleu ou vert, sans col et avec des boutons trop difficiles à manier pour ses vieux doigts. Il lui arrivait fréquemment de les boutonner de travers, si bien qu'elles pendaient sur son ventre tel du papier peint qui se décolle d'un mur. Il avait des lunettes aux verres épais qu'il mettait pour essayer de lire mais, s'il avait été tout à fait honnête avec lui-même, il aurait reconnu que, même ainsi, il ne parvenait pas à déchiffrer les caractères.

Il continuait pourtant à choisir chaque jour des livres dans sa bibliothèque. En général il se promenait devant les étagères et sélectionnait un ouvrage, mais il mettait parfois une bonne heure avant de se décider. Il en caressait le dos, sentait sous ses doigts la poussière du papier. Il avait besoin de les sortir un à un pour pouvoir lire les titres mais, quand il en avait choisi un, il ne pouvait s'empêcher de poursuivre son chemin entre les rayonnages et de passer en revue les autres volumes, tout en marmonnant à voix basse. Puis, lorsqu'il se retrouvait avec cinq ou six livres dans les mains, il les examinait et gardait celui dont la couverture lui plaisait le plus. Son choix fait, il retournait s'asseoir dans son fauteuil et tenait longuement l'ouvrage entre ses doigts, comme si les informations contenues entre les pages pouvaient, par ce simple contact, glisser de ses mains à son cerveau.

Ce matin-là, M. Glass avait choisi *Fleurs et oiseaux de nos campagnes* par B.E. Holmes, un mince volume cartonné qu'il avait posé sur un tabouret à côté de lui. Pendant dix bonnes minutes, il avait tenté de se rappeler quand il l'avait lu – vraiment lu – pour la dernière fois et en avait conclu que c'était sans doute lorsqu'il vivait encore avec ses petits-enfants. À cette époque-là, il lisait beaucoup ses livres. Il avait l'habitude, le soir, d'en apporter un dans leur chambre, de l'ouvrir et de leur parler des arbustes d'Europe ou de la faune d'Écosse.

« La barbe ! » hurlaient les enfants, avant de se cacher sous les couvertures en pouffant, tout excités de leur propre audace. « La barbe, la barbe, la barbe ! » scandaient-ils parfois, l'un des deux abandonnant toujours son frère au troisième refrain, si bien que l'autre – en général le plus jeune – portait la culpabilité d'avoir l'air le plus acharné à condamner son grand-père.

« Raconte-nous l'histoire de la mousse ! criaient-ils. Ouais, l'histoire de la mousse ! », et ils gigotaient dans leurs lits avec des bruits de pets et de rots, sans cesser de rire. Alors, il leur racontait – pour la énième fois de son existence, lui semblait-il – l'histoire de la mousse.

La dernière fois qu'il avait lu *Fleurs et oiseaux de nos campagnes*, ce devait être à l'époque où il vivait encore avec eux. Si quelqu'un avait ouvert le livre et lui en avait fait la lecture, il se serait rendu compte qu'il se souvenait de la plupart des détails de l'ouvrage. Mais il l'ignorait et le volume demeurait fermé à côté de lui. Il agita les doigts en l'air, tel un magicien – geste qui paraissait futile mais exprimait en l'occurrence un sentiment de frustration.

Kasia arriva avec une tasse de thé qu'elle lui tendit sans un mot ; il la reposa aussitôt car elle était brûlante.

« J'ai laissé mes chemises en tas dans la salle de bains. Si vous pouviez me les rapporter mercredi, je vous en serais très reconnaissant. Il ne m'en reste qu'une propre. »

Kasia fit oui de la tête et pinça les lèvres. Pourquoi les vieilles personnes étaient-elles aussi attachées à leurs habitudes ? La terre s'arrêterait-elle de tourner s'il n'avait pas une chemise en velours côtelé à mettre mercredi ? N'y avait-il pas d'autres choses plus importantes dans la vie ?

Elle entreprit de faire le ménage du salon, consciente qu'elle devrait être partie dans une heure au plus tard. Elle sentait le regard de M. Glass sur elle, ce qui la gênait dans ses mouvements ; elle s'efforçait de dépoussiérer, déplacer et remettre en place les objets aussi vite que possible, tout en évitant de les casser. Comparé à d'autres personnes âgées chez qui elle travaillait, M. Glass possédait énormément de choses ;

jamais de toute sa vie elle n'avait vu un tel bazar. Pour commencer, des milliers de livres qui attiraient la poussière et abritaient des mites. Ensuite, des quantités de gravures sur les murs, qui représentaient des plantes et des fleurs disséquées et étiquetées avec soin, et qui se décoloraient à force d'avoir été si longtemps exposées au soleil. Certaines n'avaient même pas trouvé leur place : on les avait entassées dans un coin. Un piano flanqué d'un lampadaire de chaque côté et un canapé rose et poussiéreux comme le reste de la pièce complétaient le mobilier. Touche finale : des plantes partout, sur les meubles et sur le sol – des plantes vertes pour la plupart, avec de temps à autre une fleur. Certaines s'épanouissaient, d'autres s'affaissaient ; les unes avaient des espèces de piquants semblables à des brins d'herbe géants, les autres de larges feuilles luisantes qui se regroupaient en direction de la fenêtre. La première fois qu'elle pénétra dans cette pièce, Kasia refusa d'y faire le ménage.

« Vous avez oublié de nettoyer quelque chose ! dit M. Glass.

— Où ? fit-elle en se retournant.

— Là.

— Ici ?

— Non, là. Un peu plus bas, légèrement à gauche, vous y êtes presque, encore plus à gauche, à droite maintenant.

— Où ? » interrogea-t-elle en le regardant avec désespoir.

Son visage exprimait une réelle vulnérabilité et elle paraissait au bord des larmes.

« Je plaisante, répondit-il au bout d'un instant, visiblement embarrassé. Excusez-moi. »

Elle quitta la pièce et partit se réfugier dans la cuisine.

Kasia vivait seule dans un petit appartement en HLM. À Londres depuis quelques mois, elle essayait de se créer des habitudes, d'établir une routine, d'acquérir un sentiment de familiarité. Elle travaillait trois soirs par semaine dans une maison de la presse-bureau de tabac où elle tenait la caisse et garnissait les étagères. Les marchandises qu'il fallait le plus souvent réapprovisionner étaient la bière, suivie de près par les cigarettes, le lait, le chocolat et les biscuits. On ne la laissait jamais seule au magasin ; son patron n'avait pas confiance en elle et il avait raison : si l'occasion se présentait, elle partirait avec la caisse – du moins, c'était ce qu'elle s'imaginait.

Elle avait l'impression que son existence était divisée en trois parties. La première se déroulait dans la journée, quand elle se rendait chez M. Glass et d'autres personnes âgées qui parlaient de la pluie et du beau temps. Cette partie-là était civilisée, utile : elle s'occupait d'autrui, prenait soin des anciens de la société. Les soirées, en revanche, étaient rudes. Le magasin empestait le lait tourné et la fumée de cigarette, les clients étaient grossiers, obscènes, soûls ou drogués. Pour affronter cela, elle adoptait une expression dure – yeux plissés, bouche pincée – et se concentrait sur son travail. Quant aux soirées et aux week-ends, elle les passait seule au calme dans son appartement, évitant de faire le moindre bruit qui aurait pu troubler le silence – ou peut-être l'empêcher d'entendre un autre bruit. Celui de quelqu'un qui viendrait la chercher, par exemple.

Le samedi soir, elle s'offrait un bain, pour se faire plaisir et s'occuper. Elle prenait de la lecture, parfois un magazine emprunté à son travail, et écoutait le chuintement du réservoir d'eau, avec en arrière-plan les bruits de la rue en bas, les cris des jeunes, les pas pesants des vieux. Dans ces moments-là, Kasia reconnaissait que c'était dur. Elle éprouvait en permanence une profonde difficulté d'être – d'être ici et d'être seule. Jour après jour, son isolement la faisait souffrir, comme une chaussure qui frotte sur une ampoule et l'empêche de guérir. Bizarrement, même si elle y était presque habituée, cela ne paraissait pas s'arranger. Allongée dans la baignoire, le samedi soir, sans avoir prononcé un mot de toute la journée, elle ressentait le terrible poids de la solitude et l'obligation dans laquelle elle était de distraire à chaque instant son esprit pour éviter de penser à cet isolement et de demeurer recroquevillée, en larmes, sur son lit toute la soirée. Les gens qui vivent seuls ressentent tout avec beaucoup plus d'acuité que les autres ; les personnes solitaires sont forcément plus sensibles ; Kasia était une écorchée vive.

Parfois, seule chez elle, elle traversait de longues périodes de désespoir : désespoir de n'avoir personne à qui parler, personne avec qui sortir. Elle regardait autour d'elle, et soudain son appartement lui semblait bizarre, étranger, elle avait l'impression d'avoir pénétré par erreur chez un voisin. M. Glass la considérait comme une « petite jeune », il s'imaginait qu'elle sortait tous les soirs et que, dans la journée, elle se prélassait au soleil avec ses amis. Mais elle avait bien conscience de ne rien faire comme les jeunes de son âge.

Elle était censée reconstruire sa vie, mais avec quoi, elle l'ignorait. Elle se raccrochait de toutes ses forces à son travail, à son appartement, à sa patience. Mais elle craignait à tout moment de redevenir ce qu'elle était auparavant, elle vivait dans la peur de retomber dans sa vie précédente, elle redoutait que l'envie de retrouver son ancienne existence ne l'emporte sur son désir de vivre une vie comme celle de la plupart des gens, normale.

Le problème, c'est qu'elle n'avait pas la moindre idée de comment elle en était arrivée là ; voilà pourquoi elle se terrait chez elle le week-end, terrorisée à l'idée qu'elle risquait d'une minute à l'autre de tout abandonner et de détruire ce qu'elle avait durement construit.

Kasia était tendue. Elle allait être en retard au magasin, et son patron, un jeune homme prénommé Ian, crierait après elle, ainsi qu'il l'avait déjà fait la seule fois où cela s'était produit. Dès qu'elle avait franchi le seuil de la boutique, il l'avait houspillée et insultée devant le personnel et les clients. Elle n'avait pas compris la moitié des mots qu'il avait utilisés mais elle les savait blessants. Ce qui l'avait le plus perturbée, c'était que personne parmi les clients n'avait prêté une attention particulière au flot d'obscénités qu'il lui avait craché à la figure.

Kasia apporta le dîner de M. Glass, posa le plateau sur la table à côté de lui et retourna à la cuisine terminer la vaisselle pour pouvoir partir rapidement. Elle entendit un grand bruit au salon, abandonna dans l'évier la tasse qu'elle nettoyait et se précipita. M. Glass était toujours assis dans son fauteuil (quand n'était-il pas assis dans son fauteuil ?). Des bouts de viande et de la sauce constellaient la couverture posée sur ses jambes, les brocolis et les carottes avaient glissé et jonchaient le tapis, non loin de l'assiette retournée, entourée de morceaux de nourriture. On aurait pu croire qu'il avait été pris de nausées ou bien que, tel un petit enfant qui refuse de manger, il avait dans un accès de rage lancé son assiette par terre.

« Je suis vraiment désolé, Kasia », dit-il avec gravité. Sa mâchoire continua de bouger, comme dans un film dont on aurait coupé le son.

« Merde ! grommela Kasia avec un soupir appuyé. Moi qui suis déjà en retard. »

Elle repartit à la cuisine, plantant là M. Glass avec la sauce qui imprégnait lentement la couverture rêche en laine. Quant à M. Glass, les yeux fixés sur la fenêtre, il songeait avec désespoir à l'époque où ses mains ne tremblaient pas.

Kasia revint au salon, son manteau orange sur le dos, un seau à la main, et ramassa l'assiette et la nourriture éparpillée sur le sol. Elle tendit à M. Glass une couverture propre et nettoya le tapis avec un chiffon qu'elle trempait au fur et à mesure dans le seau. Puis elle remporta le tout à la cuisine et quitta les lieux en criant « Au revoir ! » depuis l'entrée.

M. Glass était sur le point de la rappeler quand lui parvint aux oreilles la voix criarde et rude de la jeune femme. Il demeura assis un certain temps, les yeux toujours rivés sur la fenêtre, en marmonnant et en se caressant la tempe gauche. Puis il se leva, se dirigea d'un pas traînant vers la cuisine, et nota au passage que ses chemises étaient restées en tas dans la salle de bains, prêtes pour la laverie. Il se servit à manger et retourna finir son repas au salon. Une fois la dernière bouchée avalée, il reposa son assiette sur la table et regarda un long moment par la fenêtre.

Finalement, il retourna à la cuisine, attrapa un grand répertoire à couverture bleue, l'ouvrit, chercha la lettre « G ». Puis il décrocha le téléphone et composa un numéro. Un instant plus tard, il disait : « Bonjour, Mark, c'est moi. Pourrais-tu me rendre un service ? La fille qui vient à la maison et qui m'a été envoyée par Clarks – je n'ai pas à me plaindre d'elle, mais je me demande s'il serait possible qu'on m'adresse quelqu'un d'autre. Je crains que nous ne soyons incompatibles et c'est ma faute autant que la sienne. Pourrais-tu te renseigner pour savoir si Inge travaille toujours chez eux ? De toute façon, donne-moi de tes nouvelles et surtout, je t'en prie, ne dis aucun mal de cette fille. Merci. Au revoir. »

Et il raccrocha.

# 3

Sept heures du matin et, dehors, il faisait nuit. Sam regarda son reflet dans la vitre. Il appréciait d'avoir son bureau près d'une fenêtre. Dommage que ladite fenêtre donne sur un mur de brique – encore que cela n'eût guère d'importance, dans l'obscurité. Sam examina ses traits, reflétés dans la vitre par le halo de la lumière de sa lampe ; bien que trop éloigné pour distinguer la moindre ride, à voir son visage il avait pourtant l'impression de vieillir vite. À vingt-cinq ans il n'était pas vieux, bien sûr, mais il sentait quand même qu'il prenait de l'âge. Chaque matin lorsqu'il partait de chez lui et affrontait l'obscurité de la ville, il lui semblait qu'une ride de plus s'était formée sur son front. Chaque soir en sortant du bureau à la nuit tombée, son cœur se serrait comme si la tension de la journée avait écourté sa durée de vie.

Il jeta un coup d'œil circulaire sur la pièce ; tout était blanc – les murs, le plafond, les piles de papier – et ce qui n'était pas blanc était grisâtre, telle de la neige fondue. Sam plissa les yeux et imagina qu'au lieu de son bureau il se trouvait dans un paysage enneigé. Avec un petit effort, il pouvait presque croire que le mur en face de lui était une montagne surgie de nulle part, les terminaux d'ordinateur, des monticules, et les feuilles de papier éparpillées au sol, des plaques de glace. Il scruta un moment ce paysage, tourna légèrement la tête de façon à voir les détails sous différents angles, transforma l'ensemble par le pouvoir de son imagination. Cette scène hivernale le transportait, toute cette blancheur le fascinait par sa beauté, sa force, son intégrité. Et il s'agissait d'une simple vision. Que serait-ce dans la réalité, avec la bise qui souffle, la glace qui craque, la neige qui crisse ? Que serait-ce avec la buée qui sort des narines, les lèvres bleuies par le froid ? Que serait-ce avec l'immensité du ciel au-dessus de la tête ?

« Sam ? Tu redescends sur terre ?

— Oh, bonjour, Lauren. Tu vas bien ?

— Tu as passé la nuit ici ?

— Non, mais c'est tout comme : je suis parti hier soir à onze heures, j'étais là ce matin à sept.

— Tu as le temps de prendre un café ?

— Volontiers. »

Sam et Lauren se dirigèrent vers l'ascenseur. Sam appréciait la compagnie de Lauren, qui était non seulement gentille mais jolie. C'était un plaisir d'apercevoir son visage dès le matin. Ses cheveux blond-roux encadraient son visage à hauteur des joues ; c'était sa couleur naturelle, à l'inverse des autres filles du département qui avaient presque toutes les cheveux décolorés. Elle avait des yeux verts, d'une nuance foncée assez rare, et des seins généreux. Sam estimait qu'ils étaient d'une taille parfaite, même s'il ignorait laquelle ; les chiffres utilisés pour mesurer la poitrine le déroutaient : avec juste le chiffre – 85, 90, 95, etc. –, cela aurait pu aller, mais la lettre – A, B, C – compliquait trop les choses. Lauren, donc, avait des seins parfaits, assez gros pour être féminins, assez petits pour être mutins. Parfois, elle ne portait pas de soutien-gorge ; quand elle retirait son manteau le matin et que Sam apercevait les pointes de ses seins sous son chemisier, il se disait que la journée débutait bien. Lauren voulait à tout prix réaliser des documentaires ; le premier devait avoir pour sujet les souris qui vivent entre les rails du métro londonien (il avait pour titre *Des souris dans la ville*), mais personne n'avait accepté de le produire.

Ils descendirent au bar du sous-sol fumer une cigarette et boire un café. À huit heures moins le quart, il n'y avait pas grand monde, juste quelques personnes encore mal réveillées.

« Comment ça va, ce matin ? s'enquit Sam.

— Bof, ça pourrait aller mieux. Je suis sortie avec Richard hier soir et…

— Je ne te crois pas.

— Sans l'avoir prévu, précisa Lauren. Nous nous trouvions par hasard dans le même bar. Je t'avais dit que j'avais rendez-vous avec un ami au "101", tu te rappelles ? »

Sam acquiesça d'un signe de tête. Richard avait débuté chez McLeod Seagal en même temps que lui. C'était un grand blond avec une longue frange et une voix forte. Sam n'ignorait pas que Richard, tant qu'il continuerait à parler avec cette voix-là, aurait du succès.

« Et alors ?

— Eh bicn, on avait pas mal bu tous les deux et on a bavardé un long moment. Tu savais qu'il avait suivi des cours de danse classique ?

— Non, dit Sam, esquissant un sourire incrédule.

— Sa mère l'a inscrit tout jeune. Apparemment, il a dû abandonner parce qu'il était devenu trop musclé.

— Trop musclé ? Pour un danseur classique ? Ça m'étonne.

— Oui, je sais. N'empêche, tu imagines Richard en collant ? »

Sam sourit. « Tu es sûre qu'il t'a dit la vérité ?

— Pourquoi m'aurait-il menti ?

— Pour t'impressionner, peut-être. »

Lauren secoua la tête et fronça les sourcils. Ses cheveux voltigèrent sur ses oreilles. Elle portait un pull bleu clair. Sam devina l'arrondi de ses seins sous la laine duveteuse.

« Tu es fou ? S'il cherchait à m'impressionner, il ne m'aurait jamais raconté qu'il avait fait de la danse classique !

— Il pensait peut-être que tu y verrais un signe de sensibilité et de modernité.

— De toute façon, j'étais accompagnée. Pour draguer une fille qui est déjà avec un mec, il aurait fallu qu'il soit idiot.

— Pourquoi ? Il ne l'est pas ?

— Si, mais pas à ce point. »

Sam poussa un soupir. Richard passa devant leur table, ses chaussures claquant sur le lino, un cappuccino dans une main, un sachet de croissants dans l'autre.

« Salut, Sam ; bonjour, Lauren, lança-t-il d'une voix tonitruante. Comment te portes-tu, en ce glorieux mardi matin ? Tu n'as pas l'air très en forme. »

Sam imagina Richard en maillot et collant de danse et ne put s'empêcher de sourire.

« Oh, je vais bien, ou plutôt j'irai bien une fois que j'aurai avalé mon café », répondit Lauren avec un sourire charmant. Elle était très douée pour la dissimulation, ce qui mettait parfois Sam mal à l'aise. « Après ton départ, hier soir, mon ami et moi on est allés "Chez Émile" où on a picolé jusqu'à trois heures du matin. J'ai vomi sur mes chaussures – une horreur ! » Richard éclata de rire. « J'étais dans un sale état en me levant ce matin. Je me suis dit que j'aurais mieux fait d'accepter ta proposition, au moins je ne me serais pas réveillée tout habillée. » Richard rit de plus belle – un rire qui venait du ventre – et leva les sourcils en dévisageant Lauren. Il posa ses croissants en équilibre sur sa tasse, massa l'épaule de la jeune femme avec sa main droite, puis s'éloigna.

Lauren avait pâli.

« Je comprends maintenant pourquoi tu insistais tant sur le fait qu'il ne t'avait pas draguée. C'est toi qui as essayé de le draguer !

— Exact. Autant de chances que si j'essayais de te draguer, toi.

— Je te remercie ! »

Sam consulta le message sur son récepteur d'appels : *Rappeler Janine dès que possible.* « Alors, avec qui étais-tu hier soir ? »

Lauren le dévisagea et se mit à rire. Elle avait un rire agréable. « Depuis quand t'intéresses-tu à mes fréquentations ? » Elle se leva et repoussa sa chaise sous la table. Sam et elle se dirigèrent vers l'ascenseur.

« Depuis quand es-tu si secrète ? C'est quelqu'un que je connais ? » Le téléphone portable de Sam retentit. « Sam à l'appareil. Salut, Janine. Non, désolé, j'allais t'appeler, j'ai eu ton message… Oui… oui, je sais. D'accord… Oui, deux heures, c'est bon. OK… Salut. »

Lauren et Sam montèrent dans l'ascenseur. « Alors, combien de fois faut-il te demander avec qui tu étais ? »

Lauren consulta son récepteur d'appels et vit qu'elle avait un message. Elle leva les yeux au plafond. « Avec mon frère », répondit-elle.

Quand il rentra dans son bureau, Sam aperçut Angela qui fouillait dans les papiers étalés sur sa table. Elle avait l'air plus frêle que jamais, ce matin-là, avec son haut blanc serré qui moulait ses épaules maigres.

Sam approcha, plein d'appréhension.

« Bonjour. Qu'est-ce que tu cherches ?

— Le document que tu as tapé hier soir.

— J'en ai déposé une copie sur ton bureau.

— Oui… je veux juste vérifier avec l'original. » Elle leva les yeux et fixa sur lui un regard perçant, tout en tournant avec nervosité les feuillets qu'elle tenait à la main. Elle paraissait contrariée – mais lui arrivait-il de ne pas paraître contrariée ?

« Quelque chose ne va pas ? s'enquit gentiment Sam.

— C'est n'importe quoi ! répondit-elle d'une voix claire et forte. Tu aurais pu faire attention : il y avait des informations sur les *deux* côtés de chaque feuille, et tu n'en as tapé que la moitié ! »

Sam prit le document des mains d'Angela, examina un feuillet, le retourna, répéta l'opération avec un autre. Il y avait bien des annotations de chaque côté. Angela avait raison, il n'avait effectué que la moitié du travail. Il jura intérieurement.

« On a besoin du rapport complet pour la réunion de onze heures. À ta place, je m'y mettrais tout de suite, lâcha-t-elle, une lueur mauvaise dans les yeux. Mais qu'est-ce qui cloche chez toi ? Tu n'es pas capable de faire quoi que ce soit correctement ? »

En la regardant, Sam ne put s'empêcher de penser à la méchante belle-mère dans l'histoire de Blanche-Neige. Il attendit qu'elle parte, rassembla les feuillets et les laissa sur le bureau. Puis il prit l'ascenseur, descendit au rez-de-chaussée et sortit.

Une fois dans la rue, il déambula sans but précis, les épaules voûtées, les yeux rivés au sol. Il se sentait mieux à l'extérieur. Le fait d'être enfermé dans un bureau jour après jour le minait : il devenait nerveux, impatient, s'agitait sur son siège, tapait du pied. À le voir marcher par ce temps gris et glacial, on aurait pu prendre Sam pour un homme froid, presque dur. En réalité, il était plutôt doux, et la plupart de ses collègues l'auraient décrit comme quelqu'un de tranquille. Il était grand et bien bâti et avait fait beaucoup de sport, mais, depuis un an, il travaillait trop et buvait avec les clients, d'où le relâchement de ses abdominaux. Sam parlait lentement, prenait son temps pour articuler chaque syllabe et avait la curieuse habitude de regarder tout à coup dans le vague, au beau milieu d'une phrase, comme s'il pensait à autre chose ou cherchait un mot qui lui échappait. Il avait des cheveux bruns, courts et épais, un nez plutôt grand et busqué qu'il tenait de son grand-père, et des yeux bleus – bleu vif, bleu profond, bleu glacier –, animés d'un étrange regard. Un regard que Sam possédait depuis toujours et qui lui avait valu un surnom de la part de son père. « Tiens, voilà Cheval Fou », lançait ce dernier avant de s'asseoir à la table de la cuisine, à l'heure du dîner, et d'effectuer des moulinets avec sa fourchette.

« Chéri », lui glissait sa femme avec un regard de reproche, tout en disposant les sets de table en paille sur la nappe à carreaux. Elle trouvait que Cheval Fou n'était pas un surnom adapté à un enfant.

« Mais regarde-le ! Regarde les yeux qu'il a. C'est ta faute, papa », ajoutait-il en se tournant vers le grand-père de Sam qui venait d'entrer dans la pièce, un livre à la main, les lunettes suspendues au cou par un cordon, ses cheveux blancs lissés en arrière.

« Comment ça ? Je ne vois pas ce que tu veux dire, protestait Leo en hochant la tête, avant d'aider sa belle-fille à mettre le couvert.

— Sam a hérité tes yeux de fou, voilà ce que je veux dire. Et un de ces jours, il fera quelque chose d'aussi dingue que ce que tu as fait. Voilà pourquoi, bien qu'on l'appelle tous Sam (il baissait alors la voix et chuchotait presque), son vrai nom sur cette terre est Cheval Fou. Pas vrai... Cheval Fou ? »

Il faisait un clin d'œil à Sam qui, sans quitter son père du regard, secouait la tête d'avant en arrière, poussait un formidable hennissement, roulait les yeux et frémissait des narines, tandis que le rire de son père emplissait la pièce.

« Oh, chéri, disait la mère de Sam, avec un sourire dans la voix, ne l'encourage pas. » Elle enlevait ses maniques et s'asseyait à table en leur compagnie.

« C'est comme avec Mark et l'histoire du toit. Tu ne te comportes vraiment pas en père. » Elle se tournait ensuite vers Sam et le rassurait : « Tu n'es pas fou, Sam, et tes yeux n'ont rien d'anormal », mais, tout en prononçant ces mots, elle se demandait si son mari n'avait pas raison et si Sam ne ferait pas un jour quelque chose d'insensé.

La discussion au sujet du toit datait d'aussi longtemps que les parents de Sam se connaissaient. Sa mère ne s'était pas senti le droit d'interdire à son mari de grimper là-haut, malgré les commentaires fréquents de la part des voisins ; en revanche, elle avait jugé bon de fixer des limites aux enfants. Le père de Sam admit, bien sûr, que son comportement était dangereux et irresponsable. Puis il prit sa femme dans ses bras, lui souffla sur le bout du nez et tenta de lui expliquer que, même si elle avait raison, elle ne pouvait imaginer quel plaisir c'était de dominer la ville, les immeubles, de découvrir l'étendue du ciel.

« Le problème, argumenta-t-il, c'est qu'ils me verront escalader le toit et qu'un jour ou l'autre ils auront envie de m'imiter. Je pense qu'il vaut mieux les laisser faire ; ils finiront par se lasser et ils préféreront sortir avec les filles. Si on le leur interdit maintenant, cela exercera toujours une fascination sur eux, tu comprends ? »

En un sens, les parents de Sam avaient tous deux raison. Une fois parvenu à l'âge adulte, Mark ne remit plus jamais les pieds sur un toit, mais Cheval Fou, que sa mère avait tendance à protéger davantage parce qu'il était le plus jeune, devait passer une grande partie de sa vie à enjamber gouttières et tuiles cassées, rien que pour monter sur les toits, à l'instar de son père autrefois.

Le surnom de Sam ne contrariait pas seulement sa mère mais aussi, parfois, son grand-père Leo ; quand il observait le plus jeune de ses petits-fils courir d'un bout à l'autre du jardin, traînant derrière lui une culotte blanche attachée à une canne, il reconnaissait que le père de Sam ne se trompait pas. De temps en temps, lorsque Mark bousculait Sam, le chatouillait, se battait avec lui, Leo voyait Sam se redresser soudain et regarder de tous côtés autour de lui, les yeux et les oreilles en alerte, comme s'il avait entendu quelque chose d'insolite. Ou bien, quand Sam courait derrière Mark, il lui arrivait tout à coup, mû par une énergie et une force surgies comme par enchantement, de piquer un sprint et de dépasser sans effort son frère aîné. Leo savait ce que son fils Robert voulait dire en surnommant Sam « Cheval Fou » ; il savait aussi qu'il était sans doute en partie responsable du comportement de l'enfant car il se rappelait, malgré les années, avoir fait lui-même ce genre de choses. Il se souvenait des sensations liées à ce regard fou dans ses propres yeux : l'impression d'une vibration derrière les pupilles, le souffle coupé, la conviction que le monde va prendre fin d'un instant à l'autre.

Leo craignait aussi que ce surnom ne perturbe Sam et que l'enfant ne s'alarme de constater que toute sa famille le traitait de fou. Car il ne s'agissait pas de vraie folie, d'aliénation mentale nécessitant internement et camisole de force. Leo connaissait ce sentiment et il voulait que son petit-fils sache que c'était une bonne folie, une folie dont on pouvait se moquer. C'est pourquoi, un jour où le père de Sam et le fils aîné étaient montés sur le toit, et la mère occupée à la cuisine, Leo rejoignit Sam au salon.

Après s'être installé dans son fauteuil, il se releva et choisit dans la bibliothèque une de ses cartes du monde ; il l'étala sur la table basse et attrapa une boîte de punaises sur le téléviseur. Il jeta un coup d'œil à Sam, qui interrompit ce qu'il faisait pour venir s'asseoir à côté de lui. Leo et Sam jouaient à ce jeu au moins une fois par semaine.

« Qu'est-ce que c'est que ça ? » interrogea Leo.

Sam avait glissé dans sa ceinture de pantalon un livre de poche qui lui comprimait l'estomac.

« Je le lisais et je n'arrêtais pas de le perdre », répondit Sam, conscient tout à coup que son attitude pouvait sembler bizarre.

Leo hocha la tête, ouvrit la boîte de punaises et la tendit à Sam pour qu'il en choisisse une.

« Où est ton père ?

— Là-haut sur le toit avec Mark.

— Ils font la paire, ces deux-là, tu ne trouves pas ? Si tu avais pu voir ton père quand il était petit, tu n'imagines pas à quel point il ressemblait à Mark.

— Mais il ne lui ressemble pas du tout ! objecta Sam en plissant les yeux et en avançant la main pour planter sa punaise sur la carte.

— Maintenant, non. Mais, enfant, c'était son portrait craché.

— Est-ce qu'il était aussi terrible que lui ? » interrogea Sam, jaloux de la ressemblance de son frère avec son père.

Il rouvrit les yeux et constata qu'il avait visé la Suède avec sa punaise. La Suède, quelle barbe !

« Tu veux dire aussi terriblement gentil que lui ? rectifia Leo avec un sourire. Oui, ils se ressemblent beaucoup aussi dans leur comportement. » Il ferma les yeux à son tour, étendit la main et planta sa punaise dans la côte sud du Portugal.

Sam examina la carte et s'interrogea : Où pourrait-il bien aller ? Il avait l'impression de ne pas vraiment faire partie de cette famille. Mark s'intégrait parfaitement dans la lignée, son père et sa mère formaient les deux parties d'un tout, Leo était... disons, un membre fondateur. Mais lui, Sam, où se plaçait-il ?

« Tu sais à qui tu ressembles, Cheval Fou ? » Leo, comme toujours, paraissait capable de deviner les pensées du petit garçon. Sam secoua la tête, prit une autre punaise et appuya la pointe dans le gras de son doigt pour éprouver sa capacité de résistance à la douleur. Il retint son souffle, tandis que son grand-père regardait par la fenêtre. « À moi, déclara Leo en inclinant la tête et en se grattant la joue. À moi. »

Sam dévisagea son grand-père. Il ne lui ressemblait pas le moins du monde ! Sam avait sept ans, Leo soixante-huit ; Sam avait d'épais cheveux bruns, des yeux bleu vif et un petit nez d'enfant, Leo avait d'épais cheveux blancs qui se hérissaient sur son crâne, des yeux bleu vif et un grand nez courbe.

« Et c'est pour ça que je voulais te dire, poursuivit Leo, en venant enfin à l'essentiel, que, quand on te dit que tu es fou, ça ne signifie pas qu'il s'agit d'une mauvaise folie. Ton père affirme que tu tiens de moi, car il me croit fou, moi aussi, mais je ne le suis pas. En réalité, ce qui se passe parfois, c'est que je m'emballe pour certaines choses ; ça risque de t'arriver, à toi aussi, mais il ne faut pas que ça te tracasse. »

Sam approuva les propos de son grand-père d'un hochement de tête. Il ne comprenait pas bien de quoi Leo parlait. Tout ce qu'il avait retenu, c'est qu'il n'était pas un mauvais fou. Il ne deviendrait pas une mauvaise personne, et il se sentait très soulagé.

« Et puis, ça a de bons côtés », reprit Leo. Il contempla la carte, promena son regard sur les vastes continents, les mers, les montagnes, et il passa doucement ses mains à la surface, comme pour balayer des miettes. « Je suis content d'avoir fait des choses que certaines personnes jugent insensées. À l'époque, je ne pouvais pas m'en empêcher, mais maintenant je suis heureux de les avoir réalisées. Cela ne m'a pas rendu meilleur qu'un autre, mais c'était important pour moi, vraiment important. Le jour où le dernier être vivant de cette planète rendra son dernier souffle, je pourrai au moins me dire que j'ai été un peu fou, que je me suis permis d'être un peu fou. »

Sam se pencha au-dessus de la table, planta sa punaise dans le bas de la carte, puis grimpa sur les genoux de son grand-père et attendit le début de l'histoire.

Voilà à quoi Sam pensait tandis qu'il déambulait dans les rues de Soho en attendant que le calme revienne en lui et que s'apaise son regard de fou. Il relâcha les épaules et redressa la tête, heureux de sentir sur son visage l'air froid et le vent mordant.

Il passa devant des restaurants fermés, des boîtes de strip-tease endormies, des bureaux qui ouvraient tout juste. Il ne pouvait s'empêcher de penser que Soho, le matin, ressemblait à une actrice dans sa loge, à moitié maquillée, à moitié habillée, pas encore prête pour le spectacle. Soho n'était pas un quartier du matin ; alors que les lieux s'éveillaient péniblement, Sam nota que tout le monde ou presque tenait un gobelet en plastique à la main. Il remarqua que le trottoir, encore plongé dans l'ombre par endroits, était jonché de cartes de prostituée, d'emballages de hamburger et de mégots de cigarette.

Il revint sur ses pas, reprit la rue où était situé son bureau, respira à fond et entra dans l'immeuble.

Son téléphone sonna.

« Sam à l'appareil.

— Salut, Sammy, comment vas-tu ? Tu as terminé tard, hier soir ?

— Salut, Henry. Vers minuit, répondit Sam, qui venait juste de déposer une copie du rapport de présentation sur le bureau d'Angela.

— Ah bon. Tu n'as pas raté grand-chose. L'amie de Sara est rentrée se coucher de bonne heure, et Sara et moi on s'est disputés. Je ne pourrai pas te voir, je pars quelques jours pour New York.

— Pas avec mon passeport, j'espère.

— Non, ne t'inquiète pas, j'en ai un temporaire. Je dois interviewer une militante des Droits de l'homme, une nana très sexy.

— Henry, tu ne vas quand même pas faire des avances à une militante des Droits de l'homme !

— Pourquoi pas ? Elle serait bien la dernière à me dénier le droit de tenter ma chance, non ?

— Et Sara ?

— Bof, ça ne marche pas très bien entre nous. Elle est sympa, mais je ne suis plus si emballé. Tu sais ce que c'est, quand l'autre est plus accro que toi dans une relation amoureuse.

— Non, je ne crois pas avoir connu ça ; moi, je suis toujours du côté de celui qui est le plus accro.

— Mais tu me comprends, Sammy : elle m'envoie des cartes postales, tout ça. Je crois qu'il vaut mieux qu'on arrête. Elle ne me comprend pas, je pense, et j'ai du mal à communiquer avec elle. En fait, on est dans une situation complètement fausse. Elle trouve que je flirte trop avec les autres filles. Et puis, elle tient absolument à porter cette salopette blanche qui lui donne l'air d'être enceinte, ce qui m'agace au plus haut point.

— Pourquoi ? Elle est enceinte ?

— Elle dit que non, mais, bon sang, tu imagines ? Avoir des enfants avec elle ? C'est ça qui m'a fait comprendre que notre relation battait de l'aile.

— Alors, tu vas la plaquer ?

— Je m'interroge. Je pencherais plutôt pour la solution plus positive de l'autorenvoi.

— C'est-à-dire ?

— Oh, tu sais bien. Je ferai en sorte de devenir assez odieux pour qu'elle me vire. À mon avis, ça ne devrait pas prendre longtemps : trois semaines à laisser mes pantalons traîner sur sa moquette, à remettre dans son placard des boîtes de céréales vides, à la supplier de me tailler des pipes, et bien sûr à être rond comme une queue de pelle le week-end. Ça devrait marcher.

Je vais te dire autre chose : la nuit dernière, quand on était au lit, je lui ai demandé quelles étaient ses préférences en amour, tu sais ce qu'elle m'a répondu ?

— Baiser sans préliminaires ?

— Le *missionnaire*. La position du missionnaire... »

Et Henry se tut à l'autre bout du fil.

Plus tard dans la journée, Sam rentra en taxi à l'agence : il revenait d'une séance de photos dans l'Essex pour les pots d'échappement Reynolds ; il avait dû vérifier le modèle, l'angle de prise de vues et les différentes façons de présenter le tube étincelant. Étourdi, fatigué, il voyait défiler les rangées interminables de pavillons de banlieue. Qui y habitait et que faisaient ces gens ?

Soudain, ils roulèrent dans une rue qui lui était familière – une fraction de seconde il se demanda pourquoi. Il se redressa et tourna machinalement la tête vers la gauche, guettant la maison, les grandes baies vitrées. Peut-être pourrait-il même apercevoir Leo, assis dans son fauteuil, en train de regarder par la fenêtre ? Il éprouva un sentiment de culpabilité : il n'avait pas le temps de s'arrêter car il devait retourner au bureau. Non loin de l'immeuble, Sam remarqua de dos une jeune femme en manteau orange ; quand le taxi la dépassa, Sam voulut voir son visage mais il entraperçut juste son profil. Que pouvait bien faire une fille comme elle, dans une rue pareille, au beau milieu de la journée ? Que faisait-elle dans ce quartier morne où rien, jamais, n'arrivait et où, jour après jour, tout demeurait immuable ? Pourtant, sa présence semblait transformer les lieux, remplir l'espace, s'élever haut dans le ciel et affirmer bien fort à Sam : Après tout, ces rues ne sont pas si tristes que cela. Sam agita la main en passant devant la fenêtre de Leo ; les reflets du ciel et de la chaussée ne lui permirent cependant pas d'apercevoir son grand-père au salon.

De retour à l'agence, il s'attaqua à la pile de publicités Reynolds qui avait atterri sur son bureau. À l'époque où il avait commencé à s'occuper de ce client, Sam avait laissé paraître dans la presse une série d'annonces avec un mauvais numéro de téléphone, si bien qu'une famille du Kent s'était brusquement retrouvée submergée par des appels de gens qui désiraient en savoir plus au sujet de « la promotion Reynolds sur les pots d'échappement avec révision gratuite des pneus dans les garages agréés ». Jeff avait piqué une crise et l'agence avait été obligée de payer les annonces et l'espace publicitaire. Depuis, Sam accordait une attention particulière aux publicités Reynolds. Il se mit à relire scrupuleusement le texte en petits caractères.

« C'est une plaisanterie ou quoi ? »

Inutile de lever la tête pour deviner l'expression d'Angela. Rougeur du cou et des joues, lueur inquiétante dans les yeux, lèvres retroussées. Garde ton calme, s'exhorta Sam, elle a sans doute de bonnes raisons d'être énervée.

« De quoi veux-tu parler ?

— De ça ! » dit-elle en agitant devant lui une feuille de papier.

Il s'agissait d'un des tableaux qu'il avait tapés le matin et qu'elle présentait en ce moment au client, en bas dans la salle de conférences. Il lut le document en détail et ne remarqua rien.

« Excuse-moi, mais...

— Comment est-ce que tu as pu faire une chose pareille ? Tu as décidé de me mettre des bâtons dans les roues et de me faire passer pour une idiote ?

— Je ne comprends pas...

— Lis le titre. »

Sam s'efforça de déchiffrer le titre sur la feuille de papier qui dansait littéralement devant ses yeux.

« *Que faisons-nous pour Shadows ?*

— Oui. Relis-le. Seigneur, ce que tu peux être lent ! »

Sam obéit et s'aperçut qu'il avait mal lu la première fois.

« *Que faisons-nous à Shadows ?* »

Il réprima à grand-peine un sourire.

« Je suis vraiment désolé. Je...

— Combien de fois t'ai-je répété : vérifie, vérifie, vérifie ! Tu imagines l'effet que ça a fait quand j'ai présenté ça en bas ? Je sais que tu essaies de me faire faire un faux pas, Sam. Je sais que tu agis intentionnellement, mais ce n'est pas très malin de jouer contre ton boss. Surtout quand ton boss, c'est moi. »

Sur ces mots, Angela sortit du bureau telle une furie, arrachant au passage des fils d'ordinateur.

Sam n'avait plus envie de rire : la situation était tout sauf drôle.

# 4

La première personne que Sam aperçut en pénétrant dans le bar fut son frère, appuyé au comptoir, son téléphone portable dans une main, un billet de dix livres flambant neuf dans l'autre. Sam s'approcha de Mark en levant les sourcils d'un air interrogateur, tandis que ce dernier criait dans son portable : « Je suis au "Matelot". »

« Ça alors ! » murmura Sam avec un sourire, puis il forma avec les lèvres le mot « bière », plusieurs fois, jusqu'à ce que son frère comprenne. Il jeta un coup d'œil circulaire et repéra à l'autre bout de la salle la fiancée de Mark, une jeune femme blonde et menue, qui avait un défaut de prononciation, spécialement avec les « s ». Par malheur, elle se prénommait Clarissa et, en plus, avait choisi de vivre à Sloane Square – ce qui rendait les présentations plutôt gênantes (comment t'appelles-tu ? Où habites-tu ?). Henry la qualifiait de « BCBG ringarde » et il n'était pas très éloigné de la vérité.

« Bonjour, Clarissa, tu vas bien ? »

Sam embrassa la jeune femme et sentit son parfum fleuri.

« Fuper, et toi ? Tiens, je te présente Janie. Janie, voifi Fam. » Janie, qui revenait des toilettes, s'assit en face de Sam. « Janie travaille comme attachée de preffe, vous devriez vous entendre. »

Sam sourit à Janie et l'observa. Elle avait des traits réguliers, de longs cheveux bruns attachés avec un ruban de velours noir, portait un pull en cachemire beige et une fine chaîne en or autour du cou. Il se sentit déprimé.

Sam se demandait souvent pourquoi Mark se liait d'amitié avec des filles dans ce genre-là et en venait toujours à la même conclusion : à cause de son travail. Mark était gestionnaire de fonds dans une grande banque japonaise de la City. Il bossait comme un dingue, mais pour un salaire de dingue, il s'en tirait donc plutôt bien, en fin de compte. L'argent jouait pour lui un rôle sécurisant, il le protégeait autant que possible contre l'imprévu. Sam n'avait aucune idée de l'effet que cela faisait de gagner autant d'argent, mais il avait constaté que Mark devenait plus confiant et plus décontracté à mesure que ses feuilles de paie grossissaient et que ses cartes bancaires viraient du bleu à l'or. Sam n'ignorait pas que l'argent rendait la vie plus facile et avait le pouvoir de dissiper l'anxiété comme l'eau chaude dissout le sucre.

« Qu'est-ce que tu deviens ? s'enquit Mark en apportant les boissons.

— Ça va. Ça va bien, et toi ? » Sam était obligé de hurler pour se faire entendre, à cause du vacarme de la musique.

Mark acquiesça d'un petit signe de tête. « Mmmmm, pas mal. Mais je ne peux pas rester longtemps, Andrea est patraque.

— Ah bon ?

— Mmmmm. Le véto dit qu'elle a la grippe. »

Andrea était une chienne des Pyrénées pure race. Cette petite boule de poils avait coûté à Mark environ six cents livres sterling et était assurée – contre les blessures et sur la vie, mais pas contre l'abandon ni contre la volonté divine. Un promeneur de chiens professionnel qui habitait le quartier la sortait deux fois par jour, elle dormait dans un grand et beau panier rembourré de laine épaisse, avait son réfrigérateur personnel et mangeait des aliments en boîte provenant d'une épicerie de luxe de Notting Hill Gate. Avant de décider du choix de son nom, Mark avait consulté un livre (il se déclarait contre « les noms ridicules et bêtifiants », car il considérait les chiens comme des personnes, avec leur côté sombre et destructeur), mais Sam le soupçonnait de s'être vite fatigué et de n'avoir jamais dépassé la lettre A.

Mark n'était pas vraiment du genre à avoir un chien. Il aimait que les tiroirs et les portes des placards soient toujours fermés, que tout soit propre et net, que rien ne traîne. Quand il ouvrait un pot de café soluble, il perçait la pellicule de papier doré et la retirait avec soin jusqu'à ce qu'il n'en subsiste plus le moindre fragment. Il mettait toujours des embauchoirs en bois dans ses chaussures de cuir, rangeait lesdites chaussures sous la table de l'entrée, les cirait une fois par semaine et changeait les lacets tous les mois. Mark était un maniaque de l'ordre, de la symétrie, des proportions et surtout de la tranquillité – le genre de tranquillité qu'on peut éprouver à voir chaque chose à sa place. Il rangeait ses torchons, lavés, repassés, pliés puis roulés, dans un tiroir à part, dans la cuisine. Les torchons de Mark passaient par trois étapes : alignés dans le tiroir, en service, au lavage. Il s'agissait de trois états bien définis, et il n'existait pas d'état intermédiaire. De plus, un torchon qui avait servi ne pouvait en aucun cas revenir dans le tiroir sans avoir franchi d'abord l'étape du lavage. Au cours de sa dernière année de fac, à l'époque où il cherchait un emploi, Sam venait de temps en temps à Londres pour des entretiens et logeait chez son frère. Une fois, ils demeurèrent une soirée entière devant la télévision sans décrocher un mot, parce que Mark avait trouvé Sam en train de retirer du four une pizza en tenant la plaque avec un de ses impeccables torchons blancs, couvert de fromage fondu et roussi par la chaleur.

Pour l'instant, Mark amassait sa monnaie sur la table en pin : il regroupait les pièces, les empilait, puis disposait symétriquement les tas. Sam jeta un coup d'œil en direction du bar, dans l'espoir de voir apparaître Henry. Ce dernier devait venir avec deux autres amis de l'époque de la fac : Jack, aujourd'hui policier, et Clare, qui avait obtenu depuis peu son diplôme de conseil juridique.

Sam observait les consommateurs. Qu'est-ce qui pouvait bien amener les gens dans cet endroit ? Lui-même était là parce que… eh bien, pour faire comme tout le monde. Piètre raison, reconnut-il, en reportant son attention sur les visages féminins.

« Sam ?…. Sam ? »

Il se tourna vers Janie qui le dévisageait.

« Oh pardon, s'excusa-t-il. J'étais ailleurs.

— Mais non, pas du tout, tu étais bien là, je t'assure », dit Janie en riant. Sam esquissa un sourire.

« Pour quels clients travailles-tu ? interrogea la jeune femme.

— Shadows, répondit Sam après une légère hésitation.

— Super ! approuva Janie en rougissant un peu. C'est génial de travailler sur une grande marque comme ça. Une mégamarque. Une marque vraiment hyperconnue.

— Oui, en effet. Et toi ?

— Groughtons. »

Il fit un signe de tête affirmatif, mais se demanda de quelle société il s'agissait.

« Ils fabriquent des articles de toilette et des cosmétiques, expliqua Janie. C'est super, j'adore. Ils n'ont pas de budget pour la publicité, alors ils soignent leurs relations publiques. On organise plein d'actions. La semaine dernière, on s'est tous déguisés en herbes et en plantes, et on s'est installés à Covent Garden pour attirer l'attention du public sur le fait que les produits Groughtons sont élaborés à partir d'ingrédients naturels. J'étais déguisée en ange parce que je représentais l'angélique. » Elle pouffa et tritura sa chaîne. « *Ange, angélique*, tu comprends ? »

Sam sourit.

« Tu n'as jamais eu envie de travailler dans les relations publiques ?

— Non, répondit Sam en guettant de nouvelles têtes du côté du bar.

— Ah ! bon. Bien sûr, mon père dit qu'il faut avoir de la jugeote, pour ce métier. Ça lui ressemble bien. Mais mon frère est le comptable de Groughtons et il m'appuiera quand les ventes monteront en flèche après notre opération "Herbes et plantes". Elle n'a coûté que cinq mille livres à la société. »

Janie sourit et Sam lui rendit son sourire, tout en cherchant de l'aide du côté de Clariffa. Celle-ci s'amusait à pincer les joues de Mark et à lui caresser les cheveux. Ils ressemblaient à deux chiots fascinés par leur propre reflet. Sam savait que son frère n'avait pas toujours été fidèle à Clariffa et il s'interrogeait : maintenant qu'ils étaient fiancés, Mark s'était-il assagi ou se montrait-il simplement plus discret ?

Henry, Jack et Clare entrèrent à ce moment-là dans le bar et se joignirent à leur groupe. Clare était pâle et paraissait tendue.

« Beaucoup de boulot ? interrogea Sam, qui connaissait d'avance la réponse.

— Ce n'est pas ça, répondit Clare. Il m'arrive un truc vraiment bizarre.

— Quoi ? s'enquit Jack en se roulant une cigarette.

— Eh bien… » Clare se tut et détourna un instant le regard.

« Depuis plusieurs semaines, quelqu'un m'envoie mes sous-vêtements par la poste. Et aujourd'hui…

— Attends, l'interrompit Henry. Quelqu'un fait quoi ?

— M'envoie mes sous-vêtements par la poste, répéta Clare en levant les yeux au ciel. Je sais, c'est curieux mais j'ai fini par m'y habituer.

— Comment cette personne les a-t-elle en sa possession ? questionna Sam.

— Je l'ignore. Ou plutôt je l'ignorais jusqu'à ce que…

— Ils étaient propres ?

— Oh Jack ! Oui, ils étaient propres, et pas spécialement coquins. Les enveloppes étaient tapées à la machine et postées de Londres. (Elle se tut, regarda ses amis l'un après l'autre, baissa la voix.) Aujourd'hui, mon patron est venu dans mon bureau et m'a dit que… que c'était lui, lâcha-t-elle avec une expression angoissée.

— Ça alors ! s'exclama Henry.

— Elle est raide, celle-là ! commenta Jack.

— C'est le cas de le dire.

— Franchement, Henry, ce n'est pas drôle, protesta Clare. J'ai flippé à mort.

— Tu m'étonnes ! dit Sam. Ce type est cinglé ! Mais comment s'est-il procuré tes sous-vêtements ?

— Je préfère ne même pas y penser. Il prétend qu'il a une méthode.

— Tu devrais prévenir la police, suggéra Henry.

— C'est exactement ce que je suis en train de faire », répliqua Clare avec un regard en direction de Jack.

« Qu'est-ce que je vais devenir, Mark ? »

Question oiseuse, du genre de celles qu'ils se posaient quand ils étaient gamins et restaient dans leur chambre les jours de pluie.

« Que veux-tu dire ? interrogea Mark en parcourant la liste des vins. Tiens, ils n'ont plus le sauvignon sur leur carte.

— J'ai envie de quitter mon boulot.

— Ah bon ? Mmmmm. Je croyais qu'il te plaisait. »

Sam jeta un coup d'œil sur les jeunes gens en costume qui, toujours plus nombreux, arrivaient des rues de Soho pour s'engouffrer dans ce bar branché.

« Parfois je me dis que je n'ai tout simplement pas envie de travailler. Du moins, pas de faire un boulot normal.

— Et alors ? répliqua Mark en riant. La plupart des gens, s'ils avaient le choix, préféreraient ne pas travailler.

— Mais à quoi ça rime ? Quel est l'intérêt de bosser, sinon pour les quelques instants de bonheur qu'on ne passe pas au bureau ?

— Si tu te mets à philosopher… Je n'en sais rien, moi. Qui peut répondre à cette question ? Tout ce que je peux te dire, c'est que je me la suis posée, moi aussi. Ne t'inquiète pas, ça ne dure pas. En vieillissant, on accepte davantage les choses. Tu as vingt-cinq ans, j'en ai vingt-huit. Avec les années, on devient moins poétique.

— Ah, te voilà, Fam ! De quoi discutez-vous, tous les deux ? Janie est toute feule, je t'avais chargé de t'occuper d'elle, Fam. Va lui porter un verre et fois gentil avec elle. »

Sam obéit et fournit Janie en boissons pendant le reste de la soirée. En réalité, il en apporta plus pour lui que pour elle, sans quoi il n'aurait pu supporter sa compagnie. Elle lui parla de son père, de sa carrière, de son vieux tacot et de sa chaîne en or Tiffany. Au fur et à mesure que la soirée avançait et que la fatigue le gagnait, Sam appréciait de plus en plus Janie. Il avait bu assez pour juger que le moment des discussions intimes était venu, et ils échangèrent toutes sortes de propos, se rapprochant l'un de l'autre au-dessus de la table pour mieux saisir leurs paroles malgré le bruit assourdissant de la musique. Tandis que le bar se vidait peu à peu, ils se lamentèrent sur Londres, le travail, le vieillissement prématuré, et Janie proposa à Sam de venir vivre avec elle à la campagne.

« Je t'assure qu'on devrait partir, l'exhorta-t-elle. Fini la jungle de la ville, à nous les petits oiseaux !

— Oui, j'en ai marre de Londres, c'est sûr. Ça me bouffe la vie.

— Eh bien, viens avec moi ! Mon père a une maison dans le Norfolk ; si je le lui demande gentiment, je suis certaine qu'il acceptera que j'y habite. La seule chose, c'est qu'on devra vivre en complète autarcie. Enfin, sauf le lave-vaisselle, peut-être. Mais nous devrons produire notre nourriture nous-mêmes, notre électricité aussi. Ça, c'est toi qui t'en chargeras, précisa Janie en riant.

— Tu sais ce qui me déprime le plus ? » demanda Sam en inclinant la tête.

Janie avala une gorgée de vin. « Non. Quoi ?

— Ça », répondit Sam en fouillant dans la poche de sa veste.

Quand il eut trouvé ce qu'il cherchait, il le posa devant Janie.

« Ta carte de transport ? s'étonna-t-elle.

— Oui, mais quelle sorte de carte de transport ? »

Sam se pencha au-dessus de la table, se rapprocha de Janie. La jeune femme avait un parfum agréable.

« C'est une carte d'abonnement qui te permet de prendre le bus, le métro, le train, tout. » Elle semblait de plus en plus perplexe.

« Oui, mais combien de temps est-elle valide ?

— Ah ! fit Janie en examinant le coupon pour voir la date. C'est une carte annuelle, qui dure une année entière.

— Parfaitement, rétorqua Sam du ton d'un ivrogne satisfait d'avoir raison.

— Et alors ?

— Ce qui me déprime, c'est qu'elle est valable un an. Ça signifie que je suis censé, dans les douze prochains mois de mon existence, rester à Londres, circuler en métro, effectuer tous les jours le trajet de chez moi jusqu'au boulot. Ça signifie que je *sais* ce que je vais faire durant toute l'année à venir, et je n'aime pas ce que je fais. Je n'aime pas mon job et je suis condamné à continuer pendant encore un an. C'est ça qui me déprime !

— Oh ! je comprends, dit Janie en triturant sa chaîne en or. Tu pourrais peut-être acheter une voiture ? »

Quand enfin Sam monta l'escalier de son immeuble en trébuchant, il était deux heures et demie du matin et il avait beaucoup bu. Gray n'était pas là, et Sam tituba jusqu'à sa chambre pour jouer à un jeu auquel il se livrait chaque fois qu'il était soûl et mélancolique. Il s'assit sur son lit, retira ses chaussures, puis il enleva sa veste, son pantalon et sa cravate, qu'il abandonna en tas sur la chaise. Ensuite, il prit une boîte transparente remplie de punaises, en attrapa une en prenant soin de ne pas la laisser tomber, et se dirigea avec précaution vers une des cartes accrochées au mur, les yeux fermés et le bras tendu.

La punaise se planta dans la mer de Chine orientale, au sud-est de Shanghai. Sam regarda les noms de lieux disséminés sur la terre autour de ce point : *Hangzhou, Nanjing, Fuzhou*. « Hang-zhou, Nan-jing, Fu-zhou », articula-t-il tout bas en s'efforçant d'adopter l'accent chinois et en inclinant la tête au début de chaque mot. Il examina les couleurs de la carte, le grand delta vert avec les noms regroupés alentour, le jaune des montagnes. Tous ces mots en petits caractères, ces symboles, ces lignes, ces couleurs représentaient des lieux réels. Ils signifiaient la vie, ils indiquaient la présence d'êtres de chair et de sang, avec des cheveux, des os, des muscles. Des êtres vivants qui respiraient, urinaient, déféquaient, copulaient. Et, parmi eux, il y en avait un qui, en ce moment, à Fuzhou, contemplait la même lune que lui.

Il observa la carte et songea que c'était sans doute le plus beau tableau du monde. Une carte géographique – objet utilitaire, condensé d'informations, représentation graphique amoureusement travaillée et détaillée – était aussi un plaisir pour les yeux. Enfoncés Matisse, Rembrandt et Hockney ! On devrait accrocher les cartes dans les galeries d'art, les vendre aux enchères pour des millions de livres sterling. Remarquez l'utilisation des couleurs ! Admirez le savant dégradé des dénivellations, la façon astucieuse dont les lignes s'agencent sans jamais se croiser ! Et si on supprimait de la carte les noms de lieux, que se passerait-il ? Sam essaya d'imaginer la carte qu'il avait sous les yeux sans les noms. On obtiendrait alors une véritable œuvre d'art, non ? Une nature morte, peut-être ?

Sam examina sa punaise. Irait-il en Chine ? Thé, communisme, Mao et pandas. Une phrase de Mark lui trottait dans la tête, insistante tel un chat qui, une fois que vous lui avez donné à manger, ne cesse de revenir au cas où vous lui en donneriez davantage : *On devient moins poétique, on devient moins poétique.* On devient moins poétique ? *Moins* poétique ? Sam ne se trouvait déjà pas très poétique ; s'il devait le devenir moins avec le temps, quel genre d'homme serait-il à trente ans ? Le plus lamentable béotien de la planète.

Il acheva de se déshabiller et se coucha. Allongé sur son lit, il contempla au plafond le rayon de lumière orange qui venait de la rue et filtrait à travers les rideaux. Il avait la tête pleine d'images de la Grande Muraille de Chine.

Sam finit par s'endormir, et se réveilla à trois heures et demie, angoissé à l'idée d'avoir omis quelque chose pour le rendez-vous Shadows prévu dans la matinée. Il enfila sa robe de chambre et sortit sur la terrasse. Il s'assit, repensa à sa discussion avec Angela et imagina ce qu'il aurait pu dire pour sauver la situation. Tout en se remémorant la scène, il se dit qu'il lui fallait quitter son travail. Le seul problème, c'était que, s'il démissionnait, son avenir lui apparaissait tout tracé : chômage, expulsion, alcoolisme, solitude, drogue, impuissance, folie, mort. Et Sam Glass n'avait pas envie de mourir.

Il compta toutes les étoiles qu'il put discerner et s'y reprit à plusieurs fois, car il avait peur d'en oublier. Ensuite, il dénombra les toits qu'il apercevait, puis les tuyaux de cheminée, et enfin les cimes des arbres. Après cela, il observa les poils de son gros orteil.

Sam frissonna. Il avait froid, à rester assis dehors en robe de chambre. Mais il aimait bien avoir froid, cela lui procurait une sensation particulière – une sorte d'obligation de simplicité et de vigilance – qui lui plaisait. Il ne sentait pas la faim quand il avait froid, et ses facultés de réflexion atteignaient leur maximum lorsqu'il avait la chair de poule. Le temps qu'il préférait, c'était quand il neigeait ; les trottoirs crasseux et les boutiques minables se transformaient alors en paysage de carte postale. Il aimait aussi la façon dont la neige tombe : elle n'est jamais pressée de se poser, et les cristaux de glace au dessin complexe atterrissent où et quand bon leur semble. Sam n'ignorait pas que l'eau possède plus de formes solides que n'importe quelle autre substance, mais une seule de ces formes ne produit aucun bruit en tombant. On pouvait se coucher un soir, dormir profondément et se réveiller le lendemain matin dans un monde immaculé. De plus, la neige atténuait tous les sons : les bruits de pas, le grondement des voitures, le cliquetis des poussettes, les vibrations des vélos. Elle absorbait toute chose dans un univers de silence et de blancheur.

Depuis qu'il avait quitté l'université, plusieurs années auparavant, Sam avait le sentiment que sa vie s'était arrêtée, que tout était en suspens. En fait, quand il y réfléchissait, il n'était même pas sûr que sa vie eût réellement commencé. Le collège, la fac n'étaient qu'une préparation et avaient pour objet d'acquérir des connaissances, des modes de pensée, des compétences qui devaient servir plus tard. Mais servir à quoi ? À *ça* ? se demandait Sam. Il refusait obstinément de le croire. Mais lorsqu'il s'interrogeait sur le sens de sa vie, il ne trouvait pas de réponse. Il avait l'impression d'attendre, en nageant sur place, en éteignant le feu, en faisant deux pas en avant puis deux en arrière. À vingt-cinq ans, il attendait de vivre autre chose, de connaître le grand amour, de devenir quelqu'un. Voilà à quoi il pensait lorsqu'il se rongeait les ongles ou contemplait le ciel. Et cela débutait toujours par la même question : Est-ce ça, ma vie ?

Il se releva, rentra dans sa chambre, referma la fenêtre et regarda un moment la carte où il avait planté une punaise. Une fois recouché, il songea que la réponse figurait peut-être dans une de ces cartes de géographie. Il devait exister un endroit où les choses auraient un sens, où il accomplirait ce pour quoi il était né, où il observerait le ciel pour admirer sa beauté et non pour y chercher une réponse.

Il se rendormit, eut un sommeil agité et se découvrit plusieurs fois dans la nuit. Quelques heures plus tard, juste avant l'aube, la punaise, sur la carte épinglée au mur, quitta la mer et atterrit sur le plancher avec un léger tintement.

# 5

Robert Glass était assis dans son fauteuil, un plateau sur les genoux, et sur le plateau une assiette avec un croque-monsieur dessus. Il suivait un match de tennis à la télévision. La pièce dans laquelle il se tenait était longue et étroite, et il y avait des plantes partout : un chlorophytum sur le téléviseur, un bégonia sur la table, un yucca sur la cheminée et un grand aspidistra sur le rebord de la fenêtre. Sa femme faisait le ménage en haut, un Walkman sur les oreilles ; tout en passant l'aspirateur sous le lit, elle écoutait une chanson qu'elle fredonnait adolescente.

En bas, Robert regardait Björn Borg qui jouait à Wimbledon.

« Superbe, commenta-t-il en hochant la tête. Vraiment superbe. » Il jeta un coup d'œil par la fenêtre et aperçut un chat roux qui sautait dans le jardin. Il regarda un instant dans le vague, puis saisit son couteau et sa fourchette et commença à couper son croque-monsieur. En levant le bras gauche, il ressentit une douleur dans la poitrine ; il inspira, la douleur augmenta ; il suffoqua, l'étau se resserra autour de sa poitrine, sa tête devint lourde. C'était la première fois qu'une chose pareille se produisait. La panique le gagna.

« Pat », appela-t-il. « Patty », répéta-t-il plus fort, avec un râle dans la voix. Il se dit : Elle n'entendra pas, avec la télé, l'aspirateur et le Walkman. Que faire ? L'image de ses enfants lui traversa l'esprit. Il essaya de se lever mais la violence de la douleur le fit chanceler, ses genoux flanchèrent et il tomba par terre à côté de son fauteuil. Le plateau et l'assiette glissèrent, se renversèrent et atterrirent devant lui. Il n'entendait plus la télévision mais voyait le commentateur sportif qui souriait sur l'écran. Il avait besoin de tousser – quelque chose le gênait dans la gorge – mais il ne parvenait pas à respirer. Il ne sentait plus ni ses bras ni ses jambes et il ne se rendait pas compte que ses mains cherchaient à agripper le vide. Tout ce qu'il éprouvait, c'était la brûlure dans sa poitrine et la congestion de ses poumons. Il ne pouvait ni inspirer ni souffler et il avait l'impression que son visage était comprimé par un sac en plastique. Il ne comprenait pas ce qui lui arrivait. Il déféqua dans son slip. Le nez au sol, il observa les motifs du tapis, la façon dont ils s'imbriquaient les uns dans les autres – chose qu'il n'avait jamais remarquée jusque-là. Puis il cessa de voir les motifs à mesure que son organisme manquait d'oxygène. Ses bras s'affalèrent peu à peu sur le tapis, son cœur – la cause et l'origine de tout cela – cessa de battre. Après un dernier spasme, son corps s'immobilisa. Son souffle s'arrêta. Il pensa à sa femme, là-haut, et se demanda comment elle allait bien pouvoir nettoyer les saletés qu'il avait faites.

En apercevant leur voisine à la grille du collège, les garçons devinèrent qu'il s'était passé quelque chose. Cette femme n'avait pas d'enfants, c'était donc forcément eux qu'elle venait chercher. « Mauvaises nouvelles, annonça-t-elle, comme ils grimpaient dans sa voiture.

— Quoi ? interrogea Mark.

— Attendez d'être à la maison. »

Ils se turent pendant tout le trajet. La voiture était crasseuse, couverte de boue et de poussière à l'extérieur, jonchée de mouchoirs en papier, de tasses vides et de boîtes de Tampax à l'intérieur. Les garçons étaient des enfants normaux, vifs, curieux, pleins d'entrain ; en général on ne se débarrassait pas d'eux en leur disant : « Attendez d'être à la maison. » Cette fois, pourtant, c'était différent. Ils trouvaient leur voisine inquiétante. Ils la croyaient lesbienne (« laisse-benne », disait Sam). Pour des garçons de douze et quinze ans, vivant dans une petite ville du Gloucestershire, les laisse-bennes étaient vraiment des créatures étranges.

Ils s'agitaient à l'arrière et avaient furieusement envie de descendre de voiture, craignant que la laisse-benne ne se mette à leur faire des trucs bizarres. À son expression, ils se doutaient qu'il valait mieux ne pas poser de questions. Ils gardaient donc le silence et commençaient à paniquer. Le cœur de Sam battait à tout rompre et il faillit mouiller sa culotte. Il y avait sûrement un problème avec son grand-père, pensait-il, il était vieux, et les personnes âgées meurent. Mais, réfléchit-il, s'il était mort, il n'y avait plus de problème à proprement parler : mourir n'est pas un problème et, une fois qu'on est mort, on n'a plus de problèmes, non ? Alors, en fin de compte, il valait mieux que son grand-père ait un problème.

La maison avait un aspect normal. Leur mère et leur grand-père étaient dans la cuisine. Leur grand-père, assis à la table, serrait une salière dans sa main droite. Leur mère vint aussitôt vers eux et les prit contre elle. Le Walkman qu'elle portait autour du cou leur rentra dans les joues. Elle tremblait et pleurait en s'efforçant de faire le moins de bruit possible. Ils crurent qu'ils allaient étouffer, tant elle les serrait fort. Jamais ils n'avaient vu leur mère pleurer et ils furent bouleversés. Elle pleurait exactement de la même façon qu'eux : les coins de la bouche affaissés, le front plissé, les larmes ruisselant sur son visage. Ils se rendaient compte qu'il devait s'agir de quelque chose de grave. Ils voulaient qu'elle cesse de pleurer et redevienne comme d'habitude, mais ils savaient qu'ils ne pouvaient rien faire pour l'en empêcher.

Leur grand-père les pria de s'asseoir. Leur mère, tout en leur tenant les mains, essaya de parler, mais elle ne put que sangloter, les yeux noyés de larmes, le menton tremblotant; seuls des sons inintelligibles franchissaient ses lèvres, elle suffoquait, reniflait, hoquetait, cherchait à reprendre son souffle. Sam fit pipi dans sa culotte et resta pétrifié, tandis que chacun pouvait entendre l'urine qui dégoulinait sur le sol de la cuisine. Il vit un grand trou noir, c'était la fin de ce qu'il avait connu jusqu'à ce jour. Leur grand-père dit quelque chose et Laisse-Benne emmena leur mère hors de la pièce. Quand elle eut refermé la porte, ils entendirent les marches de l'escalier craquer et les sanglots de leur mère augmenter.

Alors, le grand-père annonça aux deux garçons que leur père – son fils – était mort. D'abord ils ne comprirent pas. Ils demeurèrent silencieux une heure durant, pendant qu'il tentait de leur expliquer. Puis Sam éclata soudain en sanglots. Il pleura, pleura sans pouvoir s'arrêter, comme sa mère un peu plus tôt, et ses manches furent bientôt aussi mouillées que son slip. Il avait l'impression d'être redevenu un petit enfant, un bébé, et il avait honte. Mark faisait de son mieux; les larmes coulaient le long de ses joues et des sons sortaient de sa gorge, mais il n'était plus un enfant. Leur grand-père, lui aussi, faisait de son mieux; ses yeux brillaient, il crispait son poing autour de la salière et serrait les mâchoires, mais il ne versa pas une larme devant eux. S'il avait pleuré, il n'y aurait plus eu aucun espoir.

Sam s'excusa et alla aux toilettes. Il enleva son pantalon, son slip, les mit dans un sac en plastique et l'emporta dans sa chambre, où il le cacha sous son lit. Il ne voulait pas embêter sa mère avec ça, et il avait honte. Ses cuisses étaient rouges et irritées à cause de l'urine, il les nettoya avec un gant de toilette. La porte de la chambre de ses parents – chose rare – était fermée, et l'on n'entendait plus aucun bruit. Une image horrible lui vint à l'esprit : la voisine embrassait sa mère pour la consoler; il imagina le visage de sa mère, avec ses yeux gonflés et son nez rougi, sous les baisers avides de cette harpie aux cheveux gris coupés court et au regard implacable.

Sam resta quelques minutes devant la porte de sa mère et tendit l'oreille. Il se frotta le nez contre sa manche et observa sur la laine verte le filet de morve semblable à de la bave d'escargot. Puis il redescendit chercher un autre sac en plastique et retourna à la salle de bains. Il fallait qu'il aide sa mère; il ouvrit l'armoire de toilette et fourra dans le sac toutes les affaires de son père : ses bombes de mousse à raser, ses flacons d'Old Spice, son vieux rasoir bleu, son peigne en plastique, ses savonnettes dans des boîtes marron aux étiquettes usées, relevées aux coins. Sur le lavabo, il attrapa aussi la brosse à dents de son père et son eau dentifrice. Il agissait rapidement, avec frénésie, de peur que sa mère ne sorte de sa chambre et ne recommence à sangloter. Il ne voulait plus voir son visage baigné de larmes. Une fois le sac plein, il le rangea dans son armoire, puis revint dans la salle de bains et s'attaqua au linge sale, retirant du panier tout ce qui appartenait à son père et qui conservait son odeur – une odeur masculine de musc et de bonbon à la menthe.

Ils surprirent des bribes de conversation où l'on parlait d'eux, où l'on s'interrogeait sur leur avenir. Ils remarquèrent les regards des autres parents du quartier et comprirent, à l'expression de ces gens, que la situation était irrémédiable : leur père ne reviendrait jamais.

Lorsque Sam évoqua cette période, quelques mois après l'événement, l'idée qui s'imposa à lui fut celle-ci : c'était comme quand on suce un bonbon et qu'on l'avale par mégarde avant de l'avoir terminé. Avoir son père auprès de lui était comme avoir un bonbon dans la bouche, et voilà que le bonbon avait disparu. Stupéfait, bouleversé, il essaya de le recracher – il le sentait coincé dans sa gorge – et il finit par l'avaler. Il ne s'était absolument pas attendu à une chose pareille, et ce n'est qu'après l'avoir ingurgité malgré lui qu'il réalisa à quel point ce bonbon avait un goût agréable. Une fois le bonbon disparu pour toujours, il en reconnut la saveur dans sa bouche et se rappela combien il l'avait apprécié.

Un soir, quelques semaines après la mort de son fils, Leo fit asseoir Sam à la table de la cuisine et lui servit de la soupe avec du pain grillé. Mark, lui, était au collège pour un entraînement de cricket. Sam constata que son grand-père avait ajouté de la sauce chili dans la soupe.

« Ça va, mon petit ? » s'enquit gentiment Leo.

Sam hocha la tête d'un air affirmatif. Alors qu'autrefois il faisait la course avec Mark pour savoir qui finirait le premier et se précipiterait à l'étage pour jouer, il mangeait maintenant avec lenteur, mastiquant longuement chaque bouchée. Quand il eut terminé, il aida son grand-père à laver la vaisselle.

« Ne t'inquiète pas pour ta mère, lui dit Leo, elle se remettra, elle redeviendra comme avant. »

Sam se rassit et fixa la nappe – une nappe en plastique à petits carreaux verts et blancs – pour éviter de regarder son grand-père. Ils restèrent un moment à écouter les tuyaux sous l'escalier haleter et gargouiller.

« Et ne t'inquiète pas non plus pour toi, Sam. »

Sam leva les yeux, troublé par les paroles de son grand-père.

« Tu l'ignores sans doute, mais moi je l'ai vu : il y a une étoile qui veille sur toi et qui te protège. Quoi que tu fasses, elle sera toujours là. Alors, la prochaine fois que tu observeras le ciel, rappelle-toi qu'une de ces étoiles te regarde. C'est une étoile envoyée par ton père, et elle prendra toujours soin de toi. »

Leo dévisagea Sam en hochant la tête. Le grand-père et son petit-fils demeurèrent ainsi quelque temps, sans savoir à quel point leurs profils se ressemblaient.

La maison devint très silencieuse. La mère de Sam abandonna son Walkman, Mark prit l'habitude de regarder la télévision sans le son, et Sam laissa la poussière s'accumuler sur sa collection de cassettes. Leur mère préférait désormais balayer les tapis plutôt qu'y passer l'aspirateur. Et elle n'écoutait plus la radio. Seul Leo continuait à faire du bruit : il chantait tout haut dans la salle de bains *(It's a long way to Tipperary, it's a long way to go...)*, il entrechoquait la vaisselle à la cuisine et il dansait au salon, renversait des objets et se cognait contre les portes. À part lui, tout le monde marchait sur la pointe des pieds, de peur de manquer quelque chose.

Sam pouvait remercier son grand-père pour beaucoup de choses. Pas seulement parce qu'il chantait et dansait, ni parce qu'il s'occupait de la cuisine et du ménage, ni parce qu'il devenait le centre, le ciment, le noyau sain de la famille, mais par-dessus tout pour ses histoires. Du vivant de leur père, Leo racontait déjà à tous des histoires, et c'étaient les plus passionnantes que Sam avait jamais entendues – plus intéressantes que celles que connaissaient ses copains ou que celles qu'il avait pu lire dans des livres. Les histoires de Leo évoquaient la vie secrète des arbres, qui dansent la nuit et se figent quand point l'aurore, ou les fleurs magiques qui scintillent comme de l'or au clair de lune et qui réalisent vos vœux si vous respirez leur parfum. Le grand-père de Sam avait été botaniste et avait voyagé dans le monde entier à la recherche de spécimens rares. Il s'était rendu dans presque tous les pays d'Europe, avait effectué des expéditions en Chine et en Amérique du Sud. Mais, surtout, il était allé dans un endroit si extraordinaire que Sam avait du mal à y croire et qu'il lui fallait chaque fois toucher son grand-père, lui palper les mains, le visage, et lui poser mille et mille questions pour se persuader que c'était bien vrai. Le grand-père de Sam était allé en Antarctique. Sam grandissait dans une famille dont un des membres avait – au sens propre – mis les pieds au pôle Sud. Le pôle Sud ! Sam et Mark n'en finissaient jamais de questionner Leo.

L'histoire de « la princesse endormie » berça toute leur enfance. « Vous pouvez tomber amoureux d'elle, avertissait leur grand-père, mais, quoi qu'il arrive, n'essayez jamais de l'embrasser, elle vous glacerait les lèvres avant que vous ayez le temps de dire ouf. » Et il riait dans sa barbe. « Viens ici, Sam. Mark, Mark, viens là. » Les deux garçons abandonnaient ce qu'ils faisaient pour venir s'asseoir auprès de lui, souvent même sur ses genoux ou sur les accoudoirs de son fauteuil. « Je vais vous parler d'elle », disait-il en caressant la tête de Mark ou en posant sa main sur l'épaule de Sam. « Quel est le continent le plus aride de la Terre ? » interrogeait-il, les yeux dans le vague. « Le désert ! » hurlait Sam, et Mark précisait aussitôt : « Le Sahara. » Leo secouait la tête négativement. « Quel est le continent le plus élevé de la Terre ? » Sam courait chercher son père. « Une minute, s'écriait-il.

Attends que je revienne, grand-père. » Il entraînait son père au salon et exigeait qu'il lui souffle les réponses à l'oreille. Mark s'efforçait de deviner : « L'Écosse ? » Leo secouait une fois de plus la tête, prenait une expression sévère, se grattait la tempe. « Et maintenant, quel est le continent le plus venté de la Terre ? » Les deux frères restaient un moment silencieux. « Le Grand Canyon ? » risquait Mark. Sam fronçait les sourcils et, pris d'une soudaine inspiration, lâchait : « La Hollande ? » Leo souriait et continuait de faire non de la tête. « Cette fois-ci, vous devriez trouver. Quel est le continent le plus froid de la Terre ?

— L'Antarctique ! » criaient-ils en même temps, heureux de prononcer enfin la réponse correcte.

Alors, Leo commençait pour de bon son récit : « L'Antarctique est le continent le plus aride, le plus élevé, le plus venté et le plus froid de la Terre. Cette contrée comporte, au-dessous de son plateau polaire, une chaîne de montagnes aussi hautes que les Appalaches. Elle représente un dixième de la surface des terres du globe, elle est une fois et demie plus étendue que les États-Unis. *Une fois et demie plus étendue que les États-Unis !* Elle est située à l'extrémité inférieure de la Terre, tout en bas. La plupart du temps, on l'oublie – ce qui lui convient, car elle est timide : elle ose à peine murmurer à votre oreille quand vous ne la regardez pas, et elle baisse les paupières si vous tournez les yeux vers elle. » Leur grand-père agitait les mains tel un magicien exécutant un tour, et fixait un point au loin. « Elle est bleu et blanc. Parfois, le bleu est presque transparent, parfois il est d'une intensité telle que vous n'avez jamais vu un bleu pareil. Le blanc aussi est éclatant, plus que vous ne sauriez l'imaginer – il étincelle presque autant que le rouge ou l'orange, et il vous aveugle. Ce blanc s'étend à perte de vue, sur des kilomètres et des kilomètres, et ces étendues de blanc sont absolument désertes. Peu d'êtres sont capables d'y vivre, mais le héros de notre histoire en fait partie. » Leo agitait une fois de plus les mains et s'éclaircissait la voix.

« À vrai dire, lorsque je suis arrivé dans cette fabuleuse contrée blanche, au début, j'étais complètement absorbé par mon travail. Je ne parlais que de mon travail, j'en rêvais la nuit, je n'avais que ça à la bouche, j'y pensais constamment. Mais, vous savez, au bout de quelque temps, on s'habitue et on se met à regarder ailleurs, à s'intéresser à d'autres choses. C'est ainsi que je me suis lié d'amitié avec M. et Mme Snowball[1] — *c'était leur vrai nom*, chuchotait en aparté Leo, très théâtral. Ils vivaient sur un bateau ancré dans la péninsule antarctique – un bateau qui possédait un salon luxueux et des cabines d'invités pour les visiteurs de passage. M. Snowball était biologiste marin, il étudiait les minuscules animaux qui peuplent les immenses lacs pris sous la glace et il travaillait principalement sur les bactéries. Quant à Mme Snowball, c'était elle aussi une femme fort intéressante. » À ce moment du récit, Sam et Mark pouffaient de rire. « Intéressante, car elle était une des premières femmes à venir en Antarctique. De plus, elle était là en tant qu'épouse et non comme chercheuse ou scientifique. Elle accompagnait son mari, et sa venue causa pas mal d'émoi au sein de notre base. Beaucoup de gens – enfin, beaucoup d'hommes – jugeaient que l'Antarctique n'était pas un endroit pour les femmes et que leur présence risquait de créer une atmosphère de frivolité peu compatible avec le sérieux de l'expédition. D'autres pensaient tout simplement que seules les personnes qui apportaient une contribution à la science avaient

1. *Snowball* : « boule de neige ».

le droit d'admirer ce paysage féerique, et ils refusaient d'admettre l'importance de la contribution de Mme Snowball qui chantait merveilleusement bien, donnait un récital toutes les semaines, et entretenait le moral des hommes.

« Je suis donc devenu ami avec M. et Mme Snowball et je consacrais des soirées entières à décrire, surtout à l'attention de Mme Snowball, mon travail sur les mousses. Un jour, M. Snowball remarqua quelque chose de bizarre. Sa femme devenait de plus en plus distante et il se passait des choses étranges sur le bateau : il nota de curieuses traces sur le parquet du salon et il observa que, quand il rentrait le soir, sa robe de chambre ne se trouvait jamais là où il l'avait laissée le matin. Et puis, une nuit, Mme Snowball murmura dans son sommeil toutes sortes de mots gentils qui concernaient un "ami très cher", un "être adorable". M. Snowball était un brave type mais la confiance n'était pas son fort. Et Mme Snowball était une femme très séduisante qui avait beaucoup de succès auprès des hommes de la base. En vérité, mon faible pour elle avait déjà donné lieu à des commentaires. Pendant la semaine qui suivit, M. Snowball étudia avec attention le comportement de sa femme ; à en juger par les regards qu'elle jetait dans le vague et la fébrilité qu'elle manifestait lorsqu'il partait le matin, il en conclut qu'un homme devait venir la distraire en son absence. » Leo parlait en détachant bien les mots, les sourcils levés et une expression sévère sur le visage. Il rajusta ses lunettes et se gratta la tempe.

« En réalité, M. Snowball avait une idée assez précise de l'homme qui distrayait son épouse : un jeune homme arrivé depuis peu d'Argentine et qui prétendait rechercher une espèce particulière de mousse. Un jeune homme qui passait beaucoup de temps en compagnie de Mme Snowball et qui la regardait d'un air spécial quand elle chantait debout près du piano. Persuadé que j'étais l'amant de sa femme, M. Snowball commença à répandre des rumeurs dans toute la base, et bientôt plus personne ne m'adressa la parole. » Leo remua sur son fauteuil.

« Je me suis retrouvé tout à coup dans la peau d'un coupable. On m'ignorait lors des repas, et mes expéditions à l'extérieur de la base, vitales pour mes recherches, devinrent compliquées. Je n'avais plus qu'une chose à faire : laver mon honneur. Je décidai donc de laisser mon travail de côté durant une semaine afin de découvrir qui était le vrai Casanova. Le lundi matin, je me levai de bonne heure et me postai non loin du bateau. Je vis M. Snowball sortir à huit heures et demie, tête basse, marmonnant dans sa barbe. Je restai en faction toute la matinée ; seul le cuisinier de la base vint pour apporter le repas et repartit aussitôt. Puis, juste après le déjeuner, alors qu'on aurait pu imaginer qu'elle faisait la sieste, Mme Snowball apparut sur le pont. Son mystérieux visiteur devait peu se soucier des apparences, car elle portait un pantalon en toile épaisse, un vieux pull marin, des bottes en caoutchouc, une grosse écharpe de laine et une casquette. Mais elle attendait visiblement quelqu'un. Elle arpenta le pont, se pencha sur le bastingage, regarda à gauche, à droite. Elle appela, aussi, mais je n'entendis pas ce qu'elle disait. Tout à coup, je retins mon souffle.

« Le long de la banquise, là où le bateau était ancré, il arriva en se dandinant, habillé, aurait-on dit, en smoking. Il franchit la passerelle, et Mme Snowball vint à sa rencontre ; elle se pencha, lui tendit la main, et se mit à lui caresser le visage et le cou en souriant et en murmurant des mots doux. Ce type avait un visage et un cou de vieux, mais pas n'importe quel visage, et pas n'importe quel cou. Quand elle avança la main pour le toucher, voici ce qu'elle dut sentir. » À ce point de l'histoire, Leo farfouillait sous son fauteuil et demandait aux garçons de fermer les yeux et de tendre les mains. Ils obéissaient, lançaient juste un petit coup d'œil, et leur grand-père, ayant déniché ce qu'il cherchait, approchait l'objet de leurs paumes ouvertes. « Allez-y, caressez-le, les exhortait-il en leur faisant toucher un coussin de velours noir usé.

— Mais ce n'est pas comme une personne, objectait tantôt Sam, tantôt Mark, en caressant le tissu lisse et doux. Ce n'est pas comme toi ou papa. Ça ne ressemble pas à un monsieur.

— Parce que ce n'était pas un monsieur que Mme Snowball caressait, répondait leur grand-père avec un petit gloussement. Le visiteur de Mme Snowball, chuchotait-il, était un pingouin. Un pingouin au plumage pareil à du velours – du velours un peu huileux, mais du velours quand même. Vous vous rendez compte ? J'ai éclaté de rire en voyant ça. J'étais là sur mon coin de banquise et je me tordais de rire. Le pingouin a rejoint Mme Snowball sur le bateau et je les ai suivis, dévoré de curiosité. Je les ai vus entrer à l'intérieur et j'ai fait le tour du bateau pour trouver un hublot avec vue sur le salon. Et j'ai aperçu le pingouin, sage comme une image, debout près du piano tandis que Mme Snowball jouait du Bach. Je n'en croyais pas mes yeux. Je les ai regardés, pendant un certain temps, complètement médusé.

« Bien sûr, au bout d'un moment, Mme Snowball a remarqué ma présence et m'a invité à entrer. "Venez, je vais vous présenter Magnus." Quand je me suis approché, Magnus m'a examiné du coin de l'œil et j'ai senti que je dérangeais. Il était plus grand que je ne pensais et son plumage était incroyablement luisant – on aurait dit qu'un gamin l'avait léché avec soin sur tout le corps. Je vis qu'il portait des chaussons en laine, "pour protéger le parquet, m'expliqua Mme Snowball, ses griffes sont très pointues, surtout quand il danse".

Il s'avéra que Magnus était un pingouin mélomane, qui adorait passer ses après-midi à écouter (ou danser sur) la musique de Bach et déguster les sardines que lui offrait Mme Snowball. Celle-ci, avec une grande gentillesse, lui faisait écouter différentes musiques et observait ses réactions. Il aimait Bach, détestait Wagner et apprenait pour l'instant à se familiariser avec Szymanowski. Quant à Mme Snowball, elle se plaisait en sa compagnie : il comblait le vide de ses longues journées. "Et j'apprécie le fait qu'il ne parle pas trop", me confia-t-elle avec un sourire timide.

— Mais est-ce qu'il chantait ? questionnait soudain Sam, visiblement troublé à l'idée d'un pingouin chantant.

— Non, il se contentait d'écouter et, de temps à autre, il se déplaçait dans la pièce en se dandinant et en agitant les ailes. Nous sommes restés ensemble jusqu'à la fin de l'après-midi et avons attendu le retour de M. Snowball ; Mme Snowball et moi nous mettions tour à tour au piano et observions Magnus. Mme Snowball, qui ne s'était pas doutée un seul instant des soupçons de son mari, fut atterrée d'apprendre la façon dont on me traitait. Quand M. Snowball fut rentré et qu'elle lui eut tout expliqué, lui aussi fut horrifié et me supplia de lui pardonner. Ils décidèrent de donner le soir même un dîner pour célébrer l'événement, et nous partîmes tous nous changer, sauf Magnus, bien sûr, qui était déjà prêt. »

Leo raconta cette histoire le soir de l'enterrement de Robert. Les garçons ne poussèrent ni cris ni exclamations et ne tentèrent même pas de répondre aux questions de leur grand-père. Et, quand il leur demanda quel était l'endroit le plus élevé de la Terre, Sam n'alla pas chercher son père qui, d'après lui, devait se trouver maintenant dans l'endroit le plus froid de la Terre. Sam et Mark n'entrèrent pas dans le récit de leur grand-père comme ils le faisaient d'habitude, ils ne s'imaginèrent pas affrontant le gel et le blizzard sur un traîneau tiré par des chiens. Ils ne participèrent pas vraiment. Ils écoutèrent juste l'histoire en silence, heureux que leur grand-père la leur raconte, heureux qu'en dépit du chaos qui avait bouleversé leur vie quelque chose au moins fût préservé.

À partir de ce moment, tout en continuant d'apprécier les histoires de Leo, ils les écoutèrent davantage comme auraient fait la plupart des adultes, avec une sorte de distance polie, avec leur raison et leur tête plutôt qu'avec leur cœur. Du jour où leur père mourut, ils ne firent plus rien avec leur cœur.

Quand Sam interroge Mark aujourd'hui sur les souvenirs qu'il garde de la période qui a suivi la mort de leur père, son frère évoque invariablement « le docteur ». Le docteur en question était maigre et noueux, et de très haute taille. Sam n'aurait pas été surpris si on lui avait dit que c'était la personne la plus grande de tout Gloucester. Il avait un grand front, aussi – un vrai front de docteur, un « front Téfal », comme disaient Sam et Mark, à cause d'une publicité qu'on voyait à l'époque à la télévision. Tous ces éléments mis ensemble lui donnaient l'air, il fallait bien l'avouer, de sortir du film *Rencontres du troisième type*. Sa tête, renflée au sommet, semblait trop grosse pour son corps, et on avait l'impression qu'il allait perdre l'équilibre d'une minute à l'autre. Ses membres s'agitaient dans tous les sens, comme s'ils étaient trop longs pour qu'il en contrôle les mouvements, et risquaient, selon leur fantaisie, de vous atteindre à l'oreille ou au nez, ou, pire, dans un spasme particulièrement violent, de vous frapper aux jambes et de vous faire tomber.

Leur grand-père les emmena chez « le docteur », qui s'appelait Dr Hatte, neuf mois environ après la mort de leur père, pour vérifier s'ils n'avaient pas de problèmes cardiaques ou de prédispositions aux maladies de cœur. Le rapport d'autopsie de leur père confirmait ce que leur mère avait déjà appris : Robert était mort d'un infarctus du myocarde. Leo leur fit donc manquer l'école une journée et en expliqua la raison à sa belle-fille, qui se contenta de le regarder avec une expression absente.

« Et voici le plus jeune de mes petits-fils, Sam. Sam, voici le Dr Hatte.

— Bonjour, Sam », claironna le docteur avec un sourire de travers. Il n'aurait plus manqué qu'il bave, pour compléter son aspect d'extraterrestre. Sam, accablé, ne savait quelle contenance adopter. Le Dr Hatte l'invita à s'asseoir. Ensuite il le mesura, le pesa, prit sa tension. Puis il lui préleva un peu de sang, examina à la lumière d'une lampe électrique ses yeux et ses oreilles, scruta l'intérieur de sa bouche. Pour finir, il lui posa des questions au sujet de ses habitudes alimentaires et de son « intimité ».

Sam était gêné, et une boule d'angoisse se forma dans sa gorge quand il crut que le médecin allait évoquer la masturbation. Pas devant mon grand-père, pria-t-il en silence, mon Dieu, je vous en supplie, faites qu'il ne me demande pas en présence de mon grand-père si je me branle. Lorsqu'il se rendit compte que le docteur était passé à autre chose, il en tremblait encore.

« Dis-moi, Sam, fais-tu du sport ?

— Oui. » Son grand-père le regarda en levant les sourcils – une façon de lui commander d'être poli.

« Quels sports pratiques-tu ?

— Le football et le rugby.

— Tu aimes ça ? »

Sam avait aimé jouer au football avec son père. Il aurait aimé continuer, seulement son père n'était plus là pour jouer avec lui. Il ne savait que dire.

« Non », répondit-il.

Le Dr Hatte se leva. Il était vraiment immense. Sam avait peur, il se demandait ce que le médecin allait faire. Et s'il dégringolait sur eux, qu'il leur fasse mal et qu'on soit obligé de les transporter à l'hôpital, son grand-père et lui ? Le Dr Hatte contourna son bureau et vint s'accroupir près de Sam. Même accroupi, il était grand. Sam regarda ce visage triangulaire, ce vaste front sillonné de rides, ces petits yeux mobiles. Il sentit le souffle du médecin sur sa joue, perçut une odeur de fruit moisi.

« Sam, dit le Dr Hatte en chuchotant presque, il faut que tu coures. »

Le cœur de Sam se mit à battre la chamade. Courir? Comment ça, courir ? Que voulait dire cet homme ? Courir à toutes jambes, s'enfuir loin d'ici ? S'apprêtait-il à lui injecter une substance venue d'un autre monde, qui le rendrait, lui aussi, grand et maigre avec une tête renflée ? L'extraterrestre qui habitait le corps du docteur allait-il soudain jaillir de sa tête, sortir de l'amas de rides de son front et se précipiter sur Sam ?

Sam observa les yeux du médecin, dans l'espoir d'y découvrir un indice. Il avait peur. Il voulait que ce type s'en aille. Le Dr Hatte se releva, retourna s'asseoir derrière son bureau et se mit à discuter avec Leo. Sam attendit en silence, le cœur battant, l'esprit confus. Enfin, il sentit sur son épaule le contact familier de la main de son grand-père, et il se leva pour partir.

Le Dr Hatte lui avait conseillé de courir, et c'est ce qu'il fit à la suite de cette visite. Il courait en rentrant du collège le soir, et parfois, en été, il courait le matin avant d'aller au collège. Comment le médecin avait-il pu savoir que cela lui conviendrait, Sam l'ignorait, mais en tout cas il ne s'était pas trompé. D'une part, Sam, avec son corps mince et athlétique, avait un physique de coureur. D'autre part, il avait le mental d'un coureur : il aimait être seul avec ses propres pensées pendant de longs moments. La solitude ne l'ennuyait jamais, et la course le décontractait. Depuis la mort de son père, Sam était tendu et anxieux. Le collège le rendait nerveux, ses camarades de classe l'embêtaient, et la perspective des examens lui donnait envie de passer le reste de son existence la tête sous les couvertures. Une des rares choses qui l'incitaient à se lever le matin était l'idée de courir, de commencer une action qu'il se savait capable de terminer.

Sam voulait devenir fort, aussi. Il voulait devenir un adulte le plus tôt possible, afin de recoller les morceaux éparpillés par la mort de son père. Il voulait travailler, gagner sa vie, acheter à manger, changer les ampoules électriques, entretenir la voiture qui ne sortait jamais du garage, recevoir beaucoup de courrier. Il ne voulait plus pleurer. Il aurait aimé ne plus avoir besoin de l'étoile qui veillait sur lui là-haut dans le ciel. Il ne voulait plus être un enfant. Il voulait grandir.

À deux mois, Sam était un bébé grassouillet. À un an, il apprit à marcher à quatre pattes. À deux ans, il voulait être pompier ; à trois, artiste de cirque ; à quatre, motard. À cinq ans, son grand-père lui raconta l'histoire de la princesse endormie (« l'*autre* princesse », précisait-il à ses copains d'école qui croyaient qu'il parlait de la Belle au bois dormant). À six ans, il voulait aller au pôle Sud. À sept ans, il voulait aller au pôle Sud. À huit ans, il voulait aller au pôle Sud. Sa mère lui fit remarquer qu'il ne pourrait jamais y aller pour de vrai. Pour de vrai, peut-être pas, mais il n'y avait pas de mal à rêver. Sam rêva donc pendant longtemps. Puis son père mourut quand il avait douze ans. Sam oublia ses rêves et devint grand.

# 6

Zach paradait à l'étage et attendait qu'on le courtise. Dès qu'il apparut, tout le monde tourna la tête et des sourires affectés remplacèrent les mines renfrognées. Les gens arrivèrent soudain de partout, désireux de plaisanter avec lui, de discuter des dernières pubs, ou simplement de rire et de sourire à ses propos et de solliciter son avis sur un sujet d'actualité, afin de pouvoir le ressortir plus tard dans une conversation avec des clients ou des amis.

Sam, brusquement fasciné par le fax qu'il envoyait à Clive concernant la date de diffusion d'une campagne publicitaire à la télévision, riva les yeux sur son écran. Il entendait Zach venir de son côté. « Comment vous y prendre pour faire crier votre petite amie quand vous baisez ? » Zach observa un silence pour ménager ses effets. « Téléphonez-lui pour lui dire que vous baisez. » Des rires féminins accueillirent sa blague. « Bien, on est jeudi, aujourd'hui, où va-t-on déjeuner ? Chez "Giorgio" ? Au "Cercle" ? Emily, il faut qu'on parle de la nouvelle pub Hitsui, tu crois que le client va l'accepter ? Oui, oui, super. Je la trouve géniale, tu comprends, géniale, bordel, et s'ils n'en veulent pas, c'est que quelque chose ne tourne pas rond dans leur tête. »

Sam leva un instant les yeux de son ordinateur. Zach avait, lui aussi, quelque chose qui ne tournait pas rond dans sa tête, mais il était sans doute trop tard pour y remédier. On lui avait déjà reconstitué plusieurs fois les muqueuses, mais on ne pouvait plus faire grand-chose pour son esprit. Trop de poudre blanche dans la matière grise, et la paranoïa s'installe, accompagnée d'une quantité d'autres troubles, moins graves, de la personnalité. Tandis qu'il déambulait entre les bureaux, quatre filles le talonnaient; elles avaient intérêt à presser le pas car il venait de sniffer sa première dose de la journée et il était hyperactif.

Zach approcha du bureau de Sam et Lauren. Lauren, elle aussi, gardait les yeux fixés sur son écran. Zach s'arrêta devant elle et la reluqua. « Jolis nichons », commenta-t-il. Lauren leva un sourcil et Sam hocha la tête.

« Merci, répliqua Lauren. Ma petite amie les aime beaucoup. » Zach éclata de rire. « On pourrait peut-être former un cercle d'amateurs, elle et moi : on regarderait, on toucherait, on goûterait, etc. » Il s'esclaffa, ravi de ce trait d'esprit, puis continua son chemin et atteignit enfin le bout de la rangée de bureaux; là, il opéra un mouvement de balancier comme pour frapper une balle de golf.

« Pourquoi interdit-on aux blondes la pause-déjeuner ? » Il jeta un coup d'œil sur les gens qui l'entouraient. Annabel et Chloe, toujours dans son sillage, telles des mouettes derrière un chalutier, haussèrent les épaules d'un air perplexe. « Parce que, sinon, après on est obligé de recommencer leur formation depuis le début. » Annabel et Chloe se forcèrent à rire; elles réalisaient justement qu'elles avaient toutes les deux les cheveux décolorés.

Zach, une fois de plus, parut très satisfait de lui. Faisant abstraction des immeubles de brique de Soho, il pivota et suivit des yeux l'arc formé par sa balle imaginaire.

Zach était l'un des deux directeurs de création de l'agence McLeod Seagal Gale. Il disposait d'une

Porsche bleu roi, d'un luxueux appartement à Pimlico, d'une réserve permanente de cocaïne, d'un salaire annuel de deux cent cinquante mille livres sterling, et d'une lapine blanche nommée Franny qui vivait dans une cage installée dans son bureau. Zach prétendait que Franny favorisait chez lui le jaillissement de la création ; quand elle n'était pas en forme – si elle n'avait pas faim, par exemple, ou se montrait apathique –, Zach ne pouvait rien pondre, ce qui obligeait Sam et ses collègues à inventer toutes sortes d'excuses vis-à-vis de leurs clients. Zach avait fait récemment aménager deux cabanes de jardin sur la terrasse de l'étage des créatifs, pour que « ses gars » puissent s'y retirer quand ils cherchaient l'inspiration. Zach avait mis dans son lit au moins la moitié des jolies femmes de l'immeuble, et plus de la moitié des laides. Quand il ne faisait pas l'amour, ne sniffait pas, n'entrait pas en communion avec Franny, il jouait au golf à l'occasion des « déplacements à l'extérieur de la direction ».

Sebastian appela Sam.

« Vous avez cinq minutes, Sam ? Pouvez-vous venir bavarder un moment dans mon bureau ? (Sebastian était le chef du département, la question ne se posait donc même pas.)

— Oui, bien sûr.

— Alors, comment ça se passe ? »

Il avait un sourire pour pub de dentifrice.

« Bien. Comme vous le savez, j'aimerais changer de clients, et le plus tôt serait le mieux, mais à part ça tout va bien.

— Parfait, je suis heureux de vous l'entendre dire. On vous attribuera d'autres clients, seulement il faut attendre qu'une opportunité se présente. Je pense que vous possédez un talent rare, des dons particuliers, et je souhaite vous offrir la possibilité de les développer pleinement. Sur ce, j'aimerais vous entretenir d'un certain nombre de choses. Strictement confidentielles, bien entendu, mais je peux vous faire confiance, je le sais. »

Il gratifia Sam, une fois de plus, de son sourire éblouissant. Si Sebastian avait été une femme, il aurait été élu Miss Monde, haut la main.

« Bien entendu. » Sam regarda autour de lui. Une affiche d'une des plus belles publicités de l'agence était accrochée au mur, encadrée avec goût. Dans un coin du bureau, une chaîne stéréo de grandes dimensions voisinait avec un poste de télévision à écran large et un magnétoscope. Le téléphone ne cessait de sonner et, à chaque appel, Sebastian se penchait pour voir le numéro qui s'affichait. De temps à autre, il décrochait et répondait.

« Bien. Tout d'abord, j'ai de bonnes nouvelles pour vous. Lors de la réunion du conseil d'administration de la semaine dernière, nous avons pris la décision de vous accorder une promotion. Je vous nomme, vous et Richard, directeurs de clientèle à partir de lundi prochain. Félicitations, Sam. Vous le méritez.

— Merci, dit Sam, plutôt surpris.

— Vous êtes content ? » Sebastian le regardait comme s'il venait de lui offrir la lune ou d'accomplir un miracle. Visiblement, il attendait des marques de gratitude.

« Oui », fut la seule réponse de Sam qui estimait que cela ne méritait pas plus.

« L'unique problème, c'est que, comme vous en avez sûrement conscience, la situation est un peu instable, à l'heure actuelle. Nous ne travaillons plus avec Havelot, qui représentait environ six millions de chiffre d'affaires, et nous avons des incertitudes du côté d'Euroair, l'un de nos plus gros clients. C'est pourquoi nous allons tous être obligés de consentir quelques sacrifices. Les membres du conseil ne toucheront pas leur prime sur les bénéfices pendant les six premiers mois de cette année, ce qui constitue un gros effort pour la plupart d'entre eux. Maintenant, le sacrifice que je vous demande, à titre temporaire bien sûr, c'est de renoncer à une augmentation de salaire durant quelques mois. Nous arrangerons cela dès que possible, naturellement. Je suis navré d'exiger ça de vous, mais nous estimons tous que vous faites un excellent travail et que cela doit être reconnu. J'attends que vous vous montriez sensible aux aspects financiers de l'entreprise. Je sais que vous êtes suffisamment mûr et capable d'une vision à long terme pour le comprendre. »

Sam fit oui de la tête et marmonna son assentiment. Le discours de Sebastian ne l'étonnait guère. Il aurait davantage de responsabilités, des horaires de travail encore plus lourds, tout cela pour un salaire identique.

« À vrai dire, la baisse des bénéfices va nous obliger à nous séparer de plusieurs de nos collaborateurs, vous serez donc peut-être amené tôt ou tard à combler le vide laissé par leur départ. Je pense que Chloe partira en premier, puis Phil, mais j'ignore encore quand. L'autre bonne nouvelle, c'est que j'aimerais vous confier une pub tout à fait dans vos cordes, je crois : il s'agit d'un travail pour Thermlex, un petit budget – ils ont déjà dépensé trois millions pour une campagne publicitaire l'an dernier –, mais le challenge est excitant car ils ont envie de relancer leur marque. Ce serait fantastique si on gagnait le marché. Nous avons quinze jours devant nous, ce qui représente un travail plutôt intense, mais très créatif. Angela est également dessus, et je sais que vous formez un bon tandem, tous les deux. »

Sam, une fois de plus, approuva d'un signe de tête. Après avoir pendant un an réclamé un autre bureau (au début, on l'avait installé, tel un liftier, près des ascenseurs), des clients différents, une augmentation de salaire, il se rendait compte maintenant que rien de tout cela ne dépendait de lui. Il n'avait pas le choix, même si la direction lui laissait croire le contraire pour lui remonter le moral.

« Eh bien, je vous remercie, Sam. Merci pour votre travail, vos efforts, et la compréhension dont vous faites preuve vis-à-vis de la situation actuelle. Nous savions pouvoir compter sur vous et, dans ce métier, croyez-moi, cela vous permettra d'aller loin. »

Sebastian tapa un grand coup sur l'épaule de Sam. Sam le remercia et prit congé, puis retourna à son bureau où il commença à réunir des éléments pour la pub Thermlex. Il réfléchit à ce que Sebastian venait de lui dire à propos de Phil et de Chloe. Cela se réaliserait-il vraiment, ou bien s'agissait-il d'une menace voilée ?

Sam alla se changer dans sa chambre, puis revint au salon où il s'allongea par terre. Gray, assis sur le canapé, fumait un joint. Il portait sa tenue préférée : des après-skis, un jean noir à larges revers et une peau de mouton de trois couleurs. Il attendait que la soirée soit un peu plus avancée pour sortir.

« Je suis naze, dit Sam.

— Ah ouais ?

— Mmmmm. Mark n'a pas appelé ?

— Non, fit Gray en lui tendant son joint. T'en veux ?

— Non. » Sam se mit à plat ventre et examina la trame de la moquette. Il constata avec surprise qu'elle était composée d'une quantité de fils de différentes couleurs, pourtant le résultat donnait du marron et rien d'autre. C'est le même phénomène que pour la lumière, songea-t-il : plusieurs couleurs brillantes produisent en définitive du blanc.

« Gray, je... merde, j'ai oublié : c'est qui, Aphrodite ?

— Une fille, répondit Gray en coinçant le joint entre ses lèvres et en se baissant pour relacer ses chaussures.

— Oh, écoute, ne joue pas à ce jeu-là avec moi. Qui est-ce ?

— Bon, bon. C'est une danseuse, elle fait partie d'une troupe de ballet. Je l'ai rencontrée au théâtre, durant l'entracte. Elle est extrêmement bien foutue et... euh... complaisante. De son vrai nom elle s'appelle Lucy.

— Et elle représente quoi pour toi ? Une aventure passagère ? Ou bien faut-il que je lui fasse de la place dans la salle de bains ? »

Gray finit de lacer ses après-skis et se leva.

« Bon, j'y vais. Ne m'attends pas, mon petit Sammy. Ah, j'allais oublier : tu es là ce week-end ? J'ai parlé avec Henry, je propose qu'on dîne ici demain soir. J'amènerai la fille, comme ça tu pourras faire plus ample connaissance avec elle.

— Bonne idée. Salut, amuse-toi bien. »

Sam rampa sur le sol pour attraper la télécommande et alluma la télévision tout en composant de mémoire le numéro d'un restaurant indien du quartier qui livrait des plats à domicile. La personne qui lui répondit se mit à rire au bout du fil quand Sam indiqua son adresse : le restaurant était situé quatre numéros plus loin dans la même rue.

Son repas arriva dans des barquettes d'aluminium et il mangea à la cuisine. Sur le couvercle des boîtes, il y avait une publicité pour un pressing du coin – à croire qu'ils savaient que vous alliez renverser de la nourriture sur vos vêtements. Une fois son dîner terminé, il jeta les emballages et descendit la poubelle, puis il retourna dans sa chambre et se plongea dans l'étude de ses cartes. Il en possédait une grande de l'Australie, capable de l'occuper pendant des heures ; il en examinait les contours, les couleurs, les signes, les symboles, et se demandait à quoi pouvait bien ressembler le pays lorsqu'on passait de deux dimensions à trois.

L'un des principaux attraits des cartes, selon lui, c'était qu'on n'y trouvait jamais personne. On pouvait en un clin d'œil voyager de Londres à Athènes, se rendre ensuite à Bombay, puis se transporter à Mexico, sans rencontrer âme qui vive, mais tout en sachant que ces villes étaient extrêmement peuplées et que des millions de corps palpitants de vie s'y entassaient les uns sur les autres ; sur le papier, les villes semblaient toujours propres et vides d'habitants, ce qui expliquait en partie pourquoi les cartes étaient si trompeuses. Sam pensait parfois que les cartes géographiques devraient toujours être accompagnées d'un avertissement, car elles font paraître accessibles et accueillantes même les terres les plus inhospitalières. On pouvait voir tout ce qu'on voulait sur une carte : les collines et les montagnes ne bouchaient plus la vue, les distances s'estompaient, se réduisaient à une échelle raisonnable, concevable ; les lieux les plus éloignés devenaient proches, les golfes déchiquetés et les lacs gelés se transformaient en symboles, en belles images qui donnaient envie d'aller là-bas, et on en oubliait la taille réelle et l'aspect écrasant de ces paysages.

On était vendredi. Malgré sa charge de travail, Sam espérait que les choses allaient se calmer. Il se sentait toujours un peu moins tendu à l'approche du weekend, même si cela ne l'empêchait pas de se ronger les ongles et de regarder dans le vague, l'air songeur. Son téléphone sonna.

« Sam à l'appareil.

— Ici Clive. Sam, j'ai reçu le dossier avec du retard.

— Bonjour, Clive. Je vous l'ai adressé ce matin à neuf heures moins le quart.

— Je vous avais dit qu'il me le fallait pour neuf heures.

— En effet.

— Vous savez bien que ma secrétaire vérifie toutes les demi-heures si des fax sont arrivés ; un document dont j'ai besoin à neuf heures doit avoir été faxé à huit heures et demie, compris ?

— Oui, Clive.

— Bon, en fait je ne suis pas au bureau, pouvez-vous me le refaxer chez moi ?

— Bien sûr, Clive. » Sam raccrocha. « Avec joie, marmonna-t-il, rien au monde ne saurait m'enchanter davantage. »

Il décrocha à nouveau, pour entendre la tonalité rassurante qui indiquait qu'il n'y avait plus personne en ligne.

Son récepteur d'appels signala un message : *Toujours d'accord pour ce soir ? Rappelle-moi, Dubon. H.* Henry s'amusait de l'habitude qu'avaient les employées du service messagerie de censurer les mots grossiers. Elles supprimaient *merde* et *con*, par exemple, ce qui avait pour effet d'irriter encore plus l'auteur du message injurieux et suscitait en général de sa part un chapelet de jurons encore plus virulents, à l'adresse desdites employées, cette fois. Henry envoyait toujours des messages dans lesquels il changeait une ou plusieurs lettres des gros mots interdits. Et, pour être franc, cela faisait rire Sam.

Angela approcha pendant qu'il passait ses coups de fil. Sam se hérissa. Il la regarda et vit qu'elle avait pleuré : ses cils étaient légèrement humides et elle avait de petites marques rosées sous les yeux.

« Alors, Sebastian t'a mis au courant, pour le Projet Chaleur ?

— Euh… oui. » Elle voulait sans doute parler de la pub Thermlex. « Parfait. Je veux tous les renseignements pour midi. Je veux également une simulation d'émission télé avec intervention du public pour cet après-midi. J'ai préparé les questions par écrit, elles sont là-haut sur mon bureau. Et j'espère que tu n'as rien prévu pour ce soir. »

Non, par pitié, pas ce soir ! Il se sentait incapable de travailler tard, physiquement incapable : il s'évanouirait de fatigue, il en était persuadé. Il perdait ses cheveux à cause du stress. De plus, il n'avait rien mangé de la journée et il avait des cernes sous les yeux. Il avait besoin d'un peu de temps pour lui.

« Si, justement, répondit-il. On est vendredi.

— Eh bien, annule. Nous n'avons que deux semaines devant nous.

— J'aimerais mieux venir ce week-end, plutôt.

— Tu n'as pas le choix, tu dois travailler ce soir *et* pendant le week-end.

— Je ne... Je regrette, je me débrouillerai pour tout faire aujourd'hui mais je préfère ne pas rester ce soir. »

Chloe tendait l'oreille, un peu plus loin – rien n'aurait pu la réjouir davantage qu'une dispute.

« Seigneur, tu t'en fiches complètement ou quoi ? Tu n'es pas capable de prendre tes responsabilités pour une fois dans ta vie ? »

Angela tremblait de rage, une expression de haine déformait ses traits, elle semblait au bord de la crise de larmes. Sam devait tenir bon, il en était conscient, mais il n'avait aucune envie de s'engager dans un affrontement, il n'en avait pas la force.

« Très bien, conclut Angela. En tout cas, moi je reste ce soir. »

Et elle s'éloigna d'un air triomphant.

La soirée de Sam était fichue, une bonne partie de son week-end aussi, probablement. Et sans que ce soit vraiment indispensable. Il travailla comme un fou toute la journée, à passer et à recevoir des coups de fil, des fax, des messages, à surligner et à photocopier des rapports, et à se passer de temps à autre la main dans les cheveux pour vérifier s'il n'avait pas perdu quelques mèches de plus.

Une phrase avait surgi depuis peu dans la tête de Sam – une phrase qui s'imposa à lui tandis qu'il téléphonait dans la salle de documentation, tout en feuilletant des catalogues de « Vêtements de plein air 1997 ». Une phrase en forme de question du genre de celles qui figurent sur les paquets de céréales et qui peuvent vous faire gagner un cocker en plastique avec la queue qui remue. Cette phrase disait : *Si je n'avais pas laissé tomber la publicité à l'âge de vingt-cinq ans, je n'aurais jamais... Complétez en dix mots maximum*. Sam ne convoitait pas spécialement le cocker, mais il ne l'aurait pas gagné de toute façon. En effet, même s'il savait, sans l'ombre d'un doute, que quelque chose devait s'inscrire à la place des pointillés, il n'avait aucune idée de ce que c'était.

Au moment où la journée de Sam se terminait, Gray, lui, avait concocté un repas pour Lucy, Henry et Sara. « Concocté » n'était peut-être pas le terme approprié, car la cuisine consistait pour Gray à mélanger diverses nourritures et à les réchauffer. Il lui arrivait parfois de réchauffer aussi l'emballage, mais après quelques verres on ne s'en rendait même pas compte. À vrai dire, il était doué pour les mélanges : il achetait toutes sortes d'aliments, puis il se laissait aller à sa fantaisie. Quand Sam rentra, les plats et les assiettes étaient vides, la poubelle débordait de barquettes en plastique qui avaient contenu des rouleaux de printemps, du pain à l'ail et des cuisses de poulet.

Il se coupa un morceau de pain et de fromage et rejoignit les autres au salon.

« Sammy ! Enfin, te voilà ! » hurla Sara en se précipitant pour l'embrasser. L'atmosphère était chargée de fumée de cigarettes et de vapeurs d'alcool. Le voisin du dessous tapa au plafond. Sam aimait bien Sara, mais il savait qu'elle ne resterait pas longtemps dans la vie de Henry. Celui-ci avait trois mots en réponse à presque tout ce que Sam lui disait : « Elle est jolie ? » Formule qu'il réduisait même à trois lettres – « EEJ ? » – si la fille concernée se trouvait dans les parages et s'il n'avait pas le loisir de la détailler. Une fois, Sam l'avait critiqué à propos de toutes ces filles avec qui il sortait. Ils étaient demeurés un soir tard – comme souvent à l'époque de la fac – dans la chambre de Sam à boire du whisky et jouer à la bataille. Les rideaux ouverts laissaient voir le ciel, Henry était allongé à plat ventre pour pouvoir jeter un coup d'œil sur ses cartes avant de les poser, et Sam était assis en tailleur, le dos appuyé au lit.

« Mais ça ne te dérange pas de… enfin, tu ne les aimes pas toutes, quand même ? questionna Sam en abattant une carte.

— Toutes ? fit Henry, qui souleva légèrement la carte du dessus avant de la poser avec soin sur celle de Sam.

— Toutes les filles avec qui tu sors. Est-ce que *chaque* fille que tu as embrassée et caressée depuis le début de l'année te plaisait ? »

Henry hocha lentement la tête en signe d'assentiment.

« Pourquoi pas ?

— On croirait qu'elles se valent toutes, pour toi. Ce n'est pas comme d'être amoureux d'une fille en particulier et de ne vouloir qu'elle. J'ai l'impression que tu ne fais pas de différence entre elles. »

Henry se racla la gorge. « Il faut donner sa chance à tout le monde, voilà ma conviction. Je suis contre la discrimination. »

Sam posa une carte et remplit les verres. Ses paupières devenaient lourdes, son corps se relâchait, pourtant il n'était que deux heures du matin. Il regarda ses cartes géographiques épinglées au mur.

« Je ne suis pas comme ça, tu sais, dit soudain Henry en se redressant et en s'asseyant en tailleur, son verre en équilibre sur un genou, en face de Sam. J'aime les filles, tout simplement.

— Tu parles !

— Ce que je veux dire, c'est que j'aime bien être avec elles, j'aime leur compagnie, j'aime avoir une fille auprès de moi, et quel meilleur moyen d'être auprès d'une fille, sinon de l'embrasser et de la caresser. Je ne sais pas pourquoi, mais je ne m'entends pas très bien avec les mecs. Je n'ai jamais eu vraiment d'amis garçons, mes amis ont toujours été des filles. Enfin, sauf toi... tu es sans doute... tu es sans doute...

— OK », fit Sam en vidant son verre.

Henry contempla un moment le tapis, puis prit une de ses cartes et la lança sur la pile du milieu. Sam l'imita. Il se sentait plutôt flatté que Henry le considère comme son ami.

« Bataille ! hurla Henry avant même que sa carte n'ait rejoint les autres sur le tas : c'était la dame de cœur, dont la double figure adressait un sourire timide à chacun des deux garçons.

— Tu n'es qu'un sale tricheur, commenta Sam en détachant bien ses mots.

— Ça vaut mieux qu'un tricheur sale, répliqua Henry. Et c'est moi qui ai toutes les filles », ajouta-t-il avec un sourire narquois en désignant les deux reines.

« Salut, Sam. »

Il se retourna. Janie ! Pas possible ! Le souvenir de la soirée au bar « Le Matelot » lui traversa l'esprit. Il regarda Henry, puis Gray, en quête d'explication. Gray était allongé sur le canapé et Lucy lui caressait un pied ; il adressa un clin d'œil à Sam et s'esclaffa.

Gray était soûl ou défoncé – les deux, probablement. Il avait dû parler avec Mark. Sam reporta les yeux sur Janie.

« Salut, marmonna-t-il. Content de te voir. » Janie se pencha pour l'embrasser ; il lui tendit ostensiblement la joue, puis s'assit afin de manger son sandwich. Elle s'installa près de lui et le dévisagea avec attention. Seigneur, il avait bien besoin de ça, après une journée pareille… Tout ce dont il se souvenait de sa soirée avec Janie, c'était qu'il avait beaucoup bu et beaucoup chuchoté à l'oreille de la jeune femme. L'avait-il embrassée ou pas ? Il ne se le rappelait pas, mais il était sûr en revanche qu'elle n'avait oublié aucun détail.

Sam jeta un coup d'œil à Gray, affalé sur le divan. Il l'aurait tué. L'envie de révéler devant tout le monde le secret honteux de Gray l'effleura un instant.

Gray était un ancien camarade de fac de Sam et de Henry ; Sam et lui avaient lié amitié dès la première semaine de cours. De tous les étudiants de leur promotion, Gray était le plus émancipé : il portait des vêtements à la mode, occupait ses soirées dans des boîtes branchées, sortait avec des femmes insensées. Il avait entretenu longtemps une relation avec un professeur de sociologie nommée Henrietta, mais cette liaison s'était mal terminée et Gray ne s'en était jamais vraiment remis. La première semaine donc, un soir, dans la chambre de Gray, Sam aperçut par hasard une carte postale avec quelques mots tracés à la plume, d'une écriture bien formée : *Nous espérons que tout se passe bien. Nous sommes très fiers de toi. Nous t'embrassons. Papa et maman*. Quelque chose accrocha son regard. Il examina plus attentivement la carte : elle était adressée à *Gary*. Une fraction de seconde, Sam crut qu'il s'agissait de quelqu'un d'autre, mais d'un seul coup il comprit.

« D'où te vient ton prénom, Gray ? interrogea-t-il.

— Oh, tu sais, mes parents étaient hippies dans les années 1970 : la drogue, les tuniques indiennes, le mysticisme, les prénoms insolites…

— C'est pour ça qu'ils t'ont appelé Gary ? »

Gray le regarda, décomposé. Il connaissait à peine Sam et il était atterré à l'idée que son secret pût être divulgué et son prestige compromis. Il conjura Sam de ne rien dire à personne ; il le supplia, l'implora, le menaça. Eût-il mieux connu Sam, il aurait su que de telles précautions étaient inutiles : il suffisait de le lui demander, tout simplement. Sam n'avait jamais révélé le secret de Gray à personne, mais parfois la tentation le démangeait.

Janie lui tapota l'épaule. « Si on se mettait dans un coin tranquille pour bavarder ? suggéra-t-elle avec un sourire.

— Oui, bien sûr. Je voudrais juste finir ça », répondit-il en montrant son sandwich à demi mangé – il allait être obligé de le faire durer le plus longtemps possible. Son esprit s'emballait. De quoi voulait-elle lui parler ? L'atmosphère du bureau pesait encore sur Sam et la présence de Janie ne l'aidait pas à se détendre. Quels choix s'offraient à lui ? L'emmener dans sa chambre et coucher avec elle – mais elle ne lui plaisait pas vraiment et il n'en avait pas très envie. Ou alors : l'emmener dans sa chambre et s'endormir aussitôt – mais il y aurait le matin à affronter. Ou encore : l'emmener à la cuisine et être franc avec elle – « J'ai flirté avec toi parce que… eh bien, parce que je ne trouvais rien à te dire. J'étais soûl et je pensais que toi aussi. C'était juste une aventure d'une nuit. »

Sam écouta ses amis plongés dans une discussion sur l'érotisme des pieds. Il retira ses chaussures et sa cravate. Sara, agacée d'entendre Henry élucubrer à propos de pieds dont il était tombé amoureux, annonça qu'elle était fatiguée et qu'elle voulait rentrer. Henry, lui, désirait rester, il avait l'intention de passer une nuit blanche.

« Tu as l'air crevé, Sam, remarqua Sara en l'embrassant avant de partir. Il faut que tu dormes. Prends soin de toi. Regarde, dit-elle en lui effleurant la tempe gauche, ton premier cheveu blanc.

— Arrache-le, s'il te plaît.

— Non, ça te donne l'air distingué.

— Je n'ai pas envie d'avoir l'air distingué, j'ai vingt-cinq ans ! »

Gray et Lucy allèrent se coucher ; Sam, Henry et Janie demeurèrent seuls au salon. Il était deux heures du matin. Malgré son obligation de travailler le lendemain, Sam était bien décidé à ce que ce vendredi soir ne déroge pas à la tradition. Il avait renoncé à chercher quoi dire à Janie. Toute la soirée, Janie lui avait rappelé son désir d'avoir une discussion avec lui, toute la soirée, il avait fait semblant d'oublier sa requête. Maintenant elle était assise en face de lui, une cigarette à la main, un bouchon de bouteille dans l'autre.

« Nous parlions de chiens, tout à l'heure, dit soudain Henry. Janie a un beagle. Je voulais lui raconter comment tu as sauvé la chienne de Mark, mais j'ai pensé que tu préférerais lui en faire le récit toi-même.

— Tu as sauvé sa chienne ? » s'exclama Janie, tout excitée.

Sam jeta un regard noir à Henry. Ma parole, ses amis avaient sérieusement décidé de lui mener la vie dure, ce soir.

« Bah, répliqua-t-il, n'importe qui aurait réagi de la même façon, à ma place. Je la promenais dans Kensington Gardens, elle était toute petite et c'est une chienne des Pyrénées, donc pas du tout habituée à l'eau, tu comprends. »

Janie hocha la tête d'un air compréhensif. Henry sortit du salon pour ne pas éclater de rire. Sam et lui jouaient parfois à ce jeu quand ils s'ennuyaient dans une soirée. L'un des deux commençait une histoire invraisemblable que l'autre devait poursuivre. Ils lançaient le jeu chacun leur tour, et la règle exigeait qu'ils aillent toujours jusqu'au bout. Sam termina de son mieux le récit. Janie émit des murmures d'approbation. Puis elle se rendit compte que Henry avait quitté la pièce. Sam ferma les yeux. Janie tenait enfin l'occasion qu'elle attendait.

« J'aime bien tes amis, Sam.

— Vraiment ? Moi aussi. » Il agita les pieds, se passa la main sur le visage, sentit sur son menton un début de barbe.

« Écoute, Janie, l'autre soir… avança-t-il en se grattant la tempe.

— Oui ? dit-elle avec un petit rire.

— En fait, j'étais soûl. Toi aussi, d'ailleurs. Je crois qu'il vaut mieux qu'on oublie.

— Oublier quoi ? »

Merde ! songea-t-il. Merde, merde, merde.

« Euh… eh bien… ce qui… s'est passé.

— Je t'ai donné mon numéro de téléphone. De toute façon, tu as déjà oublié, apparemment.

— Non, non, c'est juste que j'ai été hyperoccupé, mais j'ai gardé ton numéro. » Qu'en avait-il fait ? Il lui semblait vaguement l'avoir jeté à la corbeille.

« Dans ce cas, téléphone-moi un de ces quatre. Je vais aller quelques jours dans la maison de mon père, dans le Norfolk. Tu peux m'appeler la semaine d'après, si tu veux. Bon, je me sauve, je monte à cheval demain matin, il faut que je sois debout à l'aube. »

Elle se leva et rassembla ses affaires, son manteau en poil de chameau, son sac Mulberry. Sam l'accompagna à la porte et l'embrassa sur la joue. Il était soulagé qu'elle ait oublié ce qui s'était passé l'autre soir, et en même temps un peu vexé : il avait en effet plus ou moins imaginé cette fille éperdue d'amour pour lui après quelques baisers et quelques caresses sans conséquence aucune.

Quand Sam revint au salon, il trouva Henry en contemplation devant ses orteils.

« Elle est partie.

— Vous n'êtes pas sortis vous faire un petit câlin dehors ? »

Sam secoua la tête négativement.

« Qu'est-ce qu'elle fichait ici, à propos ?

— Il faudra que tu poses la question à Gray, répondit Henry en allumant la télévision. Mais, au fait, elle n'est pas si abominable que ça, cette fille. Moi, je l'aime bien. Elle a une voix agréable, et elle possède… je ne sais pas… une certaine profondeur.

— Une profondeur… intérieure ? »

Henry haussa les épaules. « Par ailleurs, il y a toutes sortes d'avantages à entretenir une relation avec une fille riche.

— D'où sors-tu qu'elle est riche ? Elle est BCBG, rien de plus. » Sam s'étendit par terre de tout son long et déboutonna sa chemise. Sur l'écran, des pingouins avançaient le long d'une banquise.

« Non, non, non. Elle est millionnaire, son père est le directeur de la Barclays Bank.

— C'est ça, et moi je suis un pingouin volant.

— Je t'assure. Elle s'appelle Janie Brookes-Smith et elle est la fille de Guy Brookes-Smith, directeur de la Barclays Banks. »

Henry avait pour habitude d'inventer des histoires de toutes pièces, surtout passé une certaine heure de la nuit. Sans doute à cause de son métier de journaliste, pensait Sam, qui l'enviait.

« Et là, commenta Sam en fixant l'écran, de notre cachette dans les broussailles, nous avons la chance d'apercevoir un individu rare, le duconnaud commun, ou *Duconnus communis*, dont l'habitat naturel est, bien sûr, le pub, mais celui que nous voyons ici se repose pour l'instant chez un ami.

— Je te jure que c'est vrai, protesta Henry. Tu n'as qu'à regarder les rapports annuels de la banque, demain.

— Le pire, c'est que je vais réellement pouvoir vérifier demain : on prépare une pub pour des sous-vêtements en Thermolactyl et je dois passer le week-end au bureau.

— Putain ! Sammy, laisse tomber ce boulot. Tu as un salaire de misère, des horaires dingues, pourquoi restes-tu ? Tu gagnerais plus chez McDonald. Tu te fais complètement exploiter.

— Ouais, je sais », répondit Sam, les yeux toujours rivés sur l'écran. Les pingouins avaient disparu, remplacés par un immense glacier d'un blanc bleuté où avançaient de minuscules silhouettes reconnaissables uniquement à leurs tenues colorées. « Monte le son, s'il te plaît. »

Henry tendit la télécommande à Sam et remplit leurs deux verres. Sam but une gorgée, sentit le vin se répandre dans tout son corps, et commença à se décontracter. Vendredi soir. Janie était partie. Son front et ses paupières se relâchèrent, ses épaules aussi. Deux heures et demie du matin. Plus de bruits dans la rue. À part le son de la télévision, le silence était total. Tout le monde dormait.

Sam respira à fond et observa les images sur l'écran. Il vit de vastes espaces déserts, des étendues blanches à l'infini : *En hiver, la température descend parfois au-dessous de – 70 °C et le vent atteint des vitesses proches de 200 km/h. Le phoque de Weddell est le seul mammifère à pouvoir survivre en hiver dans l'Antarctique, grâce à sa…* Sam coupa le son et se contenta des images. Il n'avait pas besoin du commentaire, il connaissait déjà bien le sujet. Son corps se détendit peu à peu, membre après membre, son souffle devint plus régulier, les battements de son cœur ralentirent. Pourtant, il ne se sentait pas fatigué. Il éprouvait la sensation d'être détaché, dédoublé presque. Léger – une légèreté faite de blancheur, d'espace, d'air. Il se voyait, affalé contre le divan, en train de regarder la télévision dans le salon de son appartement. Sur l'écran, il reconnut des manchots empereurs : sitôt après avoir pondu leurs œufs, ils les faisaient rouler sur leurs larges pattes pour qu'ils ne restent pas trop longtemps sur la glace.

Dans cet état, rare, de calme absolu, quelque chose bougea à l'intérieur de Sam. Tel un bulbe enfoui sous la terre gelée qui commence à germer, quelque chose au fond de lui, au milieu des cendres et des ruines laissées par la mort de son père, reprenait vie.

# 7

Ce fut en fin de compte Avril qui réconcilia M. Glass et Kasia. Non qu'ils se fussent réellement disputés – ils ne se connaissaient pas assez pour cela –, mais dès le premier instant ils avaient éprouvé de l'antipathie l'un pour l'autre. Kasia jugeait M. Glass irritant et paresseux ; aux yeux de M. Glass, Kasia manquait d'humour et de tact, motif pour lequel il avait réclamé le retour d'Inge. Mais Inge avait changé d'activité, et c'est la mort dans l'âme que M. Glass attendit Kasia la semaine suivante.

Si Avril s'appelait ainsi, il y avait une raison. Semblable au mois du même nom qui, avec son soleil chargé de promesses de printemps, invite à sortir en veste légère, pour se retrouver un peu plus tard glacé jusqu'aux os lorsque la grêle se met à tomber, Avril était indécise. Voilà pourquoi, au moment où retentit dans l'appartement la phrase « Bonjour, monsieur Glass, c'est Kasia », elle était en train de rôder dans la cuisine, incapable de décider si elle allait sortir ou rester. Elle tergiversait donc quand Kasia entra dans la pièce.

Elles se regardèrent quelques secondes en silence, puis Kasia s'accroupit et avança la main en murmurant : « Bonjour. » Avril, prudente, leva le nez en direction de cette main tendue et renifla, mais, avant qu'elle ait eu le temps de prendre une décision, Kasia la souleva de terre et la posa sur son épaule. Leo n'avait jamais fait cela et Avril découvrit ainsi les lieux sous un tout autre angle. *Est-ce que ça me plaît*? s'interrogeait-elle, tandis que Kasia susurrait «*Kiciús*» en la caressant sous le menton.

Il faut dire qu'Avril était une créature remarquable, née d'un père chat errant et d'une mère de race *maine coon*. Le maine coon est un chat singulier qui a l'air d'un léopard qu'on aurait passé au lavage automatique pour voitures : il a une fourrure tout ébouriffée et mouchetée. Avril avait hérité pour l'essentiel de la couleur de son père, avec çà et là des taches de sa mère; le résultat donnait en fin de compte un chat roux tigré. De sa mère elle tenait les longs poils, les moustaches spectaculaires, pareilles à des défenses d'éléphant, et les oreilles extrêmement poilues. De plus, sa fourrure n'était pas brossée aussi souvent qu'elle aurait dû l'être. Bref, Avril avait une drôle d'allure.

Ce jour-là, donc, lorsque Kasia alla au salon voir M. Glass (qui avait jugé que faire semblant d'être mort n'était pas une plaisanterie appropriée, vu les circonstances), ses premiers mots furent cette phrase plutôt polie : «Vous avez un très joli chat.

— Elle vous plaît?

— Oui, elle est adorable.

— Elle s'appelle Avril.

— Avril, répéta Kasia avec application. Je la nommerai *Prima Aprilis*.»

M. Glass haussa les sourcils, puis expliqua l'origine du nom de sa chatte, les raisons de son apparence insolite, et raconta que c'était le plus jeune de ses petits-fils qui la lui avait offerte. Kasia l'écoutait, une main sur la hanche. Il lui dit tout au sujet d'Avril, sauf un détail qu'il omit à dessein.

Avril connaissait un tour qu'il lui avait appris quand elle était toute petite, à la grande surprise de

Mark qui prétendait : « Les chats sont incapables d'assimiler quoi que ce soit. Heureusement qu'ils ont des trous dans leur fourrure à la place des yeux, sinon ils n'apprendraient jamais à voir. » M. Glass avait pourtant réussi à enseigner à sa chatte le tour suivant : chaque fois qu'un invité ou un visiteur arrivait, il sortait du salon, refermait la porte en laissant un espace d'environ quinze centimètres, glissait Avril par cette ouverture et attendait qu'elle grimpe sur le haut de la porte ; puis il allait accueillir son hôte, s'effaçait derrière lui et lui indiquait le chemin. À l'instant où la personne poussait la porte du salon, Avril bondissait sur les épaules de sa victime, toutes griffes dehors pour pouvoir prendre appui. C'est peu dire que cette petite blague terrifiait immanquablement les visiteurs et réjouissait Leo ; il adorait le moment qui précédait l'entrée de l'innocent invité, et sa surprise effarée quand la chatte atterrissait sur son épaule. Voir sursauter le malheureux allumait une lueur narquoise dans les yeux de Leo, et il éclatait de rire lorsque Avril sautait par terre et filait vers d'autres amusements.

Kasia, qui ignorait ce talent particulier d'Avril, écoutait M. Glass lui parler de sa chatte. Tous deux se regardèrent vraiment pour la première fois : Kasia abandonna son air renfrogné, M. Glass enleva ses lunettes de lecture. Kasia s'acquitta des tâches pour lesquelles elle était payée, prépara du poisson et une tourte aux poireaux pour le déjeuner, nettoya la cuisine et la salle de bains et, cette fois, n'oublia pas la pile de chemises en velours côtelé qu'elle mit dans un sac en plastique pour les apporter à la laverie.

Leur conversation, ce jour-là, fut facile et assez banale : elle tournait autour de questions d'ordre pratique – les repas, le ménage, la date du prochain passage de Kasia. Peu importait car, malgré les différences qui les séparaient, ils avaient trouvé un terrain d'entente d'où pourrait naître l'amitié. Et c'était tout ce qui comptait.

« Monsieur Glass, qu'est-ce qu'un gérondif ?

— Un gérondif ? »

Kasia se tenait debout sur le seuil, les bras croisés, le dos appuyé au chambranle de la porte. Depuis quinze jours qu'elle travaillait pour lui, elle s'était rendu compte que M. Glass savait quantité de choses. Il y a des gens comme ça, voilà tout.

« Où avez-vous entendu ce mot ?

— Dans une émission à la radio. »

M. Glass se caressa la tempe. « Un gérondif est un petit mammifère, plus gros que la gerboise mais plus petit qu'un lapin ; il a des oreilles pointues et une longue queue, et vit dans les forêts.

— Oh ! fit Kasia.

— On appelle ses petits des "girondins". »

Kasia fronça les sourcils. « L'émission parlait des jeunes qui n'emploient pas correctement le gérondif ; on disait qu'ils n'apprennent pas cela à l'école.

— Exact. Autrefois, les fermiers utilisaient le gérondif pour lutter contre la prolifération des insectes, mais de nos jours on le considère de plus en plus comme un animal de compagnie.

— Alors, comment se fait-il que je n'en aie jamais vu ? interrogea Kasia en décroisant les bras.

— On en trouve uniquement en Grande-Bretagne, ils n'ont jamais franchi la Manche.

— Pourriez-vous me montrer à quoi ça ressemble ? demanda Kasia après un silence, une expression enfantine sur le visage.

— Bien sûr », répondit M. Glass, tandis qu'un sourire naissait sur ses lèvres. Il attrapa un stylo et un bloc de papier et commença à dessiner. Kasia s'approcha, s'assit sur le rebord d'un fauteuil recouvert d'un tissu bleu poussiéreux et inclina la tête pour mieux suivre les lignes que traçait M. Glass.

« Voilà. » Il lui tendit la feuille de papier et réprima avec peine une envie de rire. Elle examina avec attention ce qu'il avait dessiné, puis le dévisagea d'un air de reproche qui disparut presque aussitôt.

« Vous alors, grommela-t-elle en hochant la tête et en mettant les mains sur les hanches. Ce n'est pas juste. » Un sourire éclaira ses traits. Elle attrapa un coussin et le lança à la figure de M. Glass ; le coussin rata sa cible et atterrit sur le sol. « Ce n'est pas juste de vous moquer d'une étrangère qui ne connaît pas bien l'anglais. C'est très méchant », ajouta-t-elle en prenant l'air fâché, puis elle se leva et se dirigea vers la porte. « Pour la peine, vous mangerez des limaces à déjeuner. Des limaces et des vers, et peut-être aussi des pattes d'oiseaux. Vous êtes un menteur, monsieur Glass, et vous devriez avoir honte. » Mais quand elle lui jeta un regard par-dessus son épaule, elle riait malgré elle.

La semaine suivante, M. Glass estima que l'heure était venue pour Avril d'exécuter son tour. Le mercredi matin, avant l'arrivée de Kasia, il lui donna des instructions minutieuses. Avril ne savait pas trop si c'était une bonne idée ou pas. Elle aimait bien Kasia à cause de sa façon de la soulever de terre et de la poser sur son épaule, tel un bébé. D'un autre côté, elle devait reconnaître qu'elle partageait le goût de son maître pour les farces – de plus, il y avait longtemps qu'elle n'avait pas participé à l'une d'elles. Elle adorait la blague du saut et le défi qui consistait à atteindre une cible mouvante sans lui causer trop de dommage.

M. Glass resta une grande partie de la matinée, posté près de la fenêtre du salon, à observer le ciel, prédire le temps, identifier les nuages, consulter sa montre. Puis il chercha pendant un moment le bon angle d'ouverture de la porte – il laissa un espace de moins de trois centimètres. Avril rôdait dans la pièce, à la poursuite de proies imaginaires. Quand M. Glass aperçut Kasia dans la rue, il attrapa la chatte, la fit grimper sur le haut de la porte, puis il se précipita sur son fauteuil en agitant les mains en l'air, s'installa, ramena la couverture sur ses jambes et posa un livre grand ouvert sur ses genoux, pour lui faire croire qu'il n'avait pas bougé de là depuis des heures.

« Bonjour, monsieur Glass, lança Kasia depuis l'entrée.

— Bonjour », répondit-il, certain que sa voix ne portait pas assez pour qu'elle l'entende. Il perçut les pas de la jeune femme dans la cuisine, puis dans le couloir. Il faut préciser que M. Glass ne connaissait pas très bien Kasia lorsqu'il décida de lui jouer son meilleur tour. Il ignorait quel âge elle avait, où elle avait grandi, vécu. Il ne savait pas quelle petite fille, quelle adolescente elle avait été. Il ne l'avait jamais entendue chanter, il ne l'avait jamais entendue crier.

À mesure que Kasia approchait, l'excitation de M. Glass grandissait. Il avait envie d'agiter les doigts mais il se retint : il devait donner l'impression d'avoir passé une matinée calme. La porte s'entrebâilla, Kasia s'apprêta à franchir le seuil, et soudain, semblant surgir de nulle part, Avril bondit, toutes griffes dehors.

Dès qu'elle sentit la chose lui effleurer la nuque, Kasia ouvrit la bouche pour crier. Quand elle sentit sur son épaule le poids de la chose qui l'avait attaquée, un cri sortit de sa gorge. Et quel cri ! La bouche grande ouverte découvrant ses dents, le fond de sa gorge clairement visible, elle poussa un cri qui n'avait rien d'humain. Un cri atroce, qui résonna dans tout l'appartement, dans toute la maison. Un cri qui terrifia M. Glass, fit battre son cœur et trembler ses mains. Un cri qui fit fuir Avril avant même d'avoir atteint son paroxysme : la chatte fila tel un éclair devant

M. Glass, médusé, qui essayait de comprendre ce qui avait bien pu se produire.

Le cri s'arrêta aussi brusquement qu'il avait commencé. Il y eut un silence durant lequel Kasia et M. Glass se dévisagèrent. M. Glass était tout pâle.

« Ça va ? » demanda-t-il dans un souffle.

Elle le regarda fixement.

« C'était une blague… juste une blague… » Souriez, je vous en supplie, pensait-il tout bas. Il faut avoir le sens de l'humour, voyons.

Elle traversa la pièce et se laissa tomber dans le fauteuil bleu, près de lui, puis elle replia les jambes, les entoura de ses mains et posa la tête sur ses genoux, sans un mot.

« Que se passe-t-il ? » s'inquiéta M. Glass, qui échafaudait toutes sortes d'hypothèses affreuses : Peut-être quelqu'un l'avait-il agressée un jour en lui sautant dessus ? Peut-être ses parents étaient-ils morts en recevant un bloc de pierre sur la tête ? Peut-être avait-elle eu dans son enfance un chat qui s'était tué en sautant par la fenêtre, prenant pour des coussins le linge qui séchait au balcon ?

Elle se taisait toujours et fixait le mur derrière lui. Il avait assez d'expérience pour reconnaître les symptômes d'une personne en état de choc, et il savait ce qu'il fallait faire en pareil cas. Il se leva, attrapa sa couverture et la posa sur les épaules de Kasia, qui tremblait. Il fit le tour du fauteuil pour vérifier que la jeune femme était bien couverte et remarqua un pli qui se formait à la commissure de ses lèvres – un pli à peine esquissé mais qui l'obligea à s'arrêter.

Kasia ne put se contenir plus longtemps : elle suffoqua, puis éclata d'un rire colossal. M. Glass hocha la tête d'un air admiratif. Il avait trouvé quelqu'un à sa mesure.

La sonnerie du téléphone retentit.

« Voulez-vous que je réponde ? proposa Kasia en se levant à demi de son fauteuil.

— Non, répondit M. Glass, ça me fera le plus grand bien de bouger un peu. » Elle le regarda se mettre debout avec des gestes lents et chercher son équilibre.

« Allô ?

— Oh… fit Sam, interdit. Grand-père ?

— Bonjour, Sam, dit M. Glass d'un ton affectueux.

— Je… » C'était Henry que Sam avait voulu appeler, mais il jugea préférable de ne pas le mentionner. « Comment vas-tu, grand-père ?

— Je me fais vieux, Sam. Et toi ?

— Ça va bien, merci.

— Écoute. » M. Glass baissa la voix et confia dans un murmure :

« J'ai de la visite en ce moment.

— Ah bon, s'étonna Sam. Je peux te rappeler plus tard ?

— Oui, d'accord. Merci. Au revoir.

— Au revoir. »

« Vous ai-je raconté l'histoire de la mousse, Kasia ? »

Kasia fit un signe de tête négatif, s'assit dans le fauteuil bleu poussiéreux, enleva ses chaussures et replia les jambes sous elle. Elle avait fini de nettoyer la salle de bains et était venue lui apporter ses médicaments.

« Il y avait une fois un jeune homme du nom de Leo Glass qui étudiait tout sur les plantes et les fleurs à l'université. » M. Glass attendit l'interruption habituelle *(« C'est toi, hein, grand-père ? – Évidemment que c'est lui, espèce d'idiot ! »)*, puis se rappela que ce n'était pas à ses petits-enfants qu'il s'adressait. Il s'éclaircit la voix.

« Un jour, il décida de partir à la recherche d'une mousse. Mais attention, pas n'importe quelle mousse. Leo avait voyagé en Amérique du Sud et avait tout appris au sujet des mousses auprès d'El Professero del

Mosso à l'université de São Paulo. » (« *Comment s'appelait-il, en vrai ? – Lorenzo Lopez* », répondait Leo. « *Lorenzo Lopez, Lorenzo Lopez* », scandaient les enfants, si bien qu'on avait l'impression qu'il s'agissait d'un seul nom, *Laurensolopez*.) « Il connaissait toutes les variétés de mousses : de la plus petite, qui pousse uniquement sur les grains de sable d'un sablier oublié dans une cabane abandonnée, quelque part très loin, sur la grève d'une île perdue, à la plus grande, qui couvre une montagne entière de la chaîne de l'Himalaya. Il connaissait les mousses qui aiment la chaleur, celles qui aiment le froid, celles qui croissent vite, celles qui croissent lentement. Il savait que la mousse pousse de l'intérieur, qu'elle s'autodétruit si elle ne peut s'accrocher nulle part, et qu'il existe une espèce qui ne pousse que sur les pierres qui roulent. Il avait appris que certaines mousses ont des fleurs aussi grosses que des lis, et qu'une variété mange les mouches et les insectes. Et il avait aussi entendu parler de la mousse la plus rare du monde. » M. Glass but une gorgée d'eau et s'éclaircit la voix encore une fois. Puis il se caressa la tempe avec la main gauche.

« La mousse la plus rare du monde était vraiment très rare. Si rare, en fait, qu'on en avait recueilli un seul et unique exemplaire, en 1896, et que les botanistes n'avaient pas réussi à la faire pousser, si bien qu'elle mourut. Cette espèce était tellement rare que certains botanistes ne croyaient même pas à son existence. C'était un mystère, un mythe, une légende que les vieux botanistes racontaient aux jeunes botanistes, et les discussions à ce sujet divisaient la communauté scientifique. Quant à El Professero del Mosso (*"Laurensolopez, Laurensolopez"*) de l'université de São Paulo, il se situait sans hésiter dans le camp de ceux qui pensaient qu'elle existait. Il y croyait tant, à la mousse la plus rare du monde, qu'il avait consacré toute sa vie à la chercher. Il l'avait cherchée partout, dans les hauteurs du ciel et dans les profondeurs de la terre. Il avait parcouru le monde entier, de la Chine au Mississippi, mais il n'avait pas trouvé *Muscus hirsutus*. Il avait scruté les nuages, contemplé le sol sous ses pieds. Il avait discuté avec des astronomes et avec des géologues. Il avait cherché, cherché, pendant des années et des années, mais il n'avait pas trouvé, et maintenant sa vie arrivait à son terme. Aussi, quand il fit la connaissance de Leo Glass, il le prit à part et lui dit ceci : "J'ai passé toute ma vie à chercher *Muscus hirsutus* mais maintenant je ne peux plus voyager. J'ai quatre-vingt-huit ans et je crois toujours à son existence. Elle se trouve quelque part, et je pense savoir où. Il faut que quelqu'un la trouve avant que je meure, et ce quelqu'un ne peut être qu'un botaniste de talent, un botaniste qui, de surcroît, me rapportera la mousse sans la revendiquer pour lui-même. Il y a un seul endroit où je ne suis jamais allé ; je l'avais gardé pour la fin parce qu'il me semblait improbable d'y découvrir *Muscus hirsutus*. Aujourd'hui je suis convaincu qu'elle se trouve là-bas, et je voudrais vous demander d'aller la chercher pour moi."

« Le jeune Leo Glass accepta. Il avait très envie, lui aussi, de trouver cette mousse, et il désirait aider El Professero. Le vieux professeur se racla la gorge et dévisagea Leo. "Comme je vous l'ai dit, je suis allé partout sauf là-bas. J'ai voyagé en Inde, en Nouvelle-Zélande, en Sibérie, au Kenya, en Europe, au Groenland. Le seul endroit que je n'ai jamais exploré est situé bien plus près de mon pays que tous les autres. La région où pousse *Muscus hirsutus* est l'Antarctique. Leo, je veux que vous alliez au pôle Sud." Sur ces mots, le professeur s'éloigna d'un pas traînant et se retira dans sa bibliothèque. »

Kasia éternua. M. Glass hocha la tête. « Vous pouvez éternuer, oui. Il allait faire très froid là-bas. Si j'avais pu imaginer à quel point, peut-être ne serais-je jamais parti. Si l'on m'avait dit que je ne sentirais plus mes orteils pendant les huit mois à venir, peut-être y aurais-je réfléchi à deux fois. Mais qui sait ? L'idée ne m'avait jamais effleuré d'aller en Antarctique avant que Lorenzo Lopez ne me la mette en tête. Pour être franc, je n'avais sans doute pas consacré plus de dix minutes dans toute ma vie à penser à cette région. Pourtant, à partir du jour où le professeur me parla de l'Antarctique, tout fut différent ; j'ignore encore aujourd'hui ce qui s'est produit en moi, pourquoi j'ai réagi ainsi ; en fait, pour la première fois de ma vie je suis tombé amoureux : à vingt-cinq ans, je me suis pris de passion pour une région que je n'avais jamais visitée et dont je ne savais rien. Un véritable coup de foudre – ou plutôt un coup de glace.

« Du jour au lendemain, c'est devenu une obsession. J'ai commencé à lire tout ce qui existait sur le sujet, réalité et fiction. J'ai appris par cœur le poème de T.S. Eliot, *La Terre Gaste*, j'ai lu et relu *Le Pôle Sud*, d'Amundsen. Je n'arrêtais pas d'y penser, d'y voyager en esprit ; j'essayais de me représenter ces immenses paysages immaculés, ces horizons de blancheur, je m'efforçais d'appréhender la taille de ce continent et d'imaginer son silence. Amundsen a atteint le pôle Sud en décembre 1911 et ensuite la région a été abandonnée – conquise mais pas vraiment explorée. »

Leo se tourna vers Kasia, immobile sur son fauteuil. « Je me posais une foule de questions à propos de cette contrée. Tout en elle me fascinait. Je passais mes journées à imaginer de vastes plaines neigeuses avec des montagnes dans le lointain, ou une mer presque blanche. Je me figurais d'énormes grottes avec des stalactites et des stalagmites qui étincelaient à la lumière du soleil. Je voyais de profondes crevasses s'ouvrir devant moi, des icebergs turquoise surgir de l'océan. Le paysage que je concevais était une gigantesque étendue de crème fouettée saupoudrée de sucre glace, sous un ciel d'un bleu éclatant. J'avais beaucoup de mal à tout saisir et mes connaissances étaient très limitées. Quelle trajectoire suit le soleil quand il fait jour vingt-quatre heures sur vingt-quatre ? Est-ce vrai que, si on lance de l'eau bouillante en l'air, elle retombe quelques secondes plus tard sous forme de glace ? De quel côté se trouve le nord quand on est au pôle ? Et de quel côté le sud ? On a l'impression que là-bas les notions habituelles n'ont plus cours, que c'est un continent qui obéit à ses propres règles. Lorsque l'équipage de Shackleton s'échoua sur l'île de l'Éléphant, les hommes, à court de tabac, fumèrent des plumes de pingouin. Vous voyez un peu : des plumes de pingouin. À mes yeux, l'Antarctique était un paradis blanc et bleu, et le pôle un sanctuaire, un refuge secret, un lieu immobile dans un univers en perpétuel mouvement. Il me semblait que c'était le seul endroit de la Terre hors du temps – un endroit d'où je pourrais enfin observer le monde avec du recul.

« Chaque matin en me réveillant, j'entendais l'appel de la contrée du silence, chaque soir dans mon lit, quand j'essayais de m'endormir, elle chuchotait à mon oreille. Si elle n'avait été que belle, j'aurais pu fermer les yeux et détourner le regard, mais elle était présente dans ma tête, dans mon esprit, dans l'air que je respirais. Séduit par sa blancheur et son mystère, par le charme de sa voix douce, j'étais contraint de l'écouter. » Leo regarda par la fenêtre. Son visage était en feu et ses cheveux plus ébouriffés que d'habitude : des épis se dressaient çà et là sur son crâne, il avait l'air d'un épouvantail. Kasia se taisait.

« J'ai dû attendre trois semaines avant d'avoir un vol – trois semaines qui m'ont paru trois mois. Pendant ce temps, avec Lorenzo, je préparais le matériel et les récipients qui devaient me permettre de préserver la mousse durant le transport, j'emballais les pellicules et les appareils photo destinés à fixer les images de la mousse dans son milieu naturel, je testais les tentes et les sacs de couchage. Je me rendais compte chaque jour de l'importance que revêtait cette expédition pour Lorenzo et à quel point il était déçu de ne pas pouvoir m'accompagner, lui qui avait consacré la majeure partie de son existence à chercher sa mousse. Il tenait tant à ce que je la trouve qu'il passait ses soirées, penché sur une carte de l'Antarctique, à calculer les courants et les gradients de température, et à tenter de déterminer sur quelle parcelle rocheuse la mousse était le plus susceptible de pousser. Je suis parti muni d'une carte annotée avec un luxe de détails inouï : il y avait douze endroits où Lorenzo me conseillait de chercher d'abord ; ensuite je devrais me débrouiller seul, même si nous avions discuté de lieux qui étaient, selon son expression, “improbables mais possibles” également. Nous avions décidé que je resterais là-bas durant tout l'été – de la mi-octobre à la fin février –, que je visiterais les sites marqués par Lorenzo sur la carte et que je tiendrais un journal de voyage afin qu'il puisse le lire à mon retour. Nous avions pris contact avec les quelques personnes sur place – une poignée d'Anglais et autant de Chiliens – pour régler les problèmes de logement et de transport.

« Je suis donc parti. Dans l'avion, je me suis installé près des sacs postaux, j'ai attaché ma ceinture et je me suis endormi. Je dormais au moment du décollage et durant le vol au-dessus de l'océan, je dormais au moment où nous avons franchi le point de non-retour (c'est-à-dire une fois consommée la moitié de la réserve de carburant), et je ne me suis réveillé qu'à l'atterrissage car, à cause des turbulences, les sacs postaux avaient glissé et s'étaient arrêtés à quelques centimètres de mon nez. Alors j'ai détaché ma ceinture et je suis sorti de l'avion. En descendant la passerelle, j'ai regardé autour de moi et j'ai vu une plaine d'un blanc étincelant. J'ai entendu le vent et rien d'autre.

« J'ai donc commencé mon voyage et, chaque jour, je découvrais quelque chose qui me coupait le souffle. J'ai vu d'immenses cascades gelées, et traversé des vallées qu'on appelle des "oasis", où l'on avait retrouvé, intact, un phoque mort trois mille ans plus tôt. J'ai vu un étang dont l'eau était tellement salée qu'elle ne gelait pas à – 60° et avait la consistance de la mélasse au bout de mon bâton de ski. J'ai vu la lumière australe, le mont Erebus, qui est un volcan actif, et les parhélies – des taches brillantes dues au soleil, formées par les cristaux de glace dans l'air. Ce fut un voyage pénible – les aliments se désintégraient quand on les réchauffait, et nous finissions par perdre complètement la notion du temps –, mais notre état d'émerveillement constant nous aidait à supporter les épreuves.

« En février, je n'avais toujours pas trouvé la mousse et j'ai écrit à Lorenzo pour qu'il m'autorise à prolonger d'au moins deux mois mon séjour. Je ne supportais pas l'idée de revenir chez lui les mains vides. La quête de la mousse était une entreprise délicate car, même si je pouvais désigner les endroits où elle avait des chances de pousser, nous étions obligés de marcher avec précaution. En effet, une empreinte de pas sur une mousse de l'Antarctique peut mettre dix ans avant de disparaître, et nous ne voulions laisser aucune trace. J'ai donc demandé à poursuivre ce patient travail, ce qui signifiait passer là-bas une partie de l'hiver – période où il fait nuit vingt-quatre heures sur vingt-quatre – et risquer d'être atteint d'un genre d'insomnie particulier, provoqué par l'obscurité perpétuelle.

« Un jour – l'hiver avait débuté depuis un mois environ –, l'équipe de la base britannique où je logeais fut appelée à se réunir d'urgence. Je n'avais toujours pas découvert la mousse et peu à peu je perdais espoir. Nous nous sommes rassemblés dans la salle de réunion et là, un des Anglais, un ornithologue d'un certain âge nommé Alfred, s'est levé et a pris la parole. Il nous a expliqué qu'il effectuait une expérience avec un couple d'araignées qu'il avait rapportées du zoo de Londres, dans le but de vérifier si elles pouvaient survivre à l'hiver dans l'Antarctique, auquel cas elles seraient mangées en été par les mouettes pillardes, ce qui favoriserait la repopulation de ces oiseaux. Il nous a parlé un bon moment des mœurs de ces araignées, dont le nom savant était *Sloof lirpa* mais qu'on appelait plus communément "araignées du pied". Puis il nous raconta qu'en se levant, le matin même, il avait constaté la disparition d'une des deux araignées ; il avait besoin de notre aide pour la retrouver, sinon elles ne pourraient pas se reproduire et son expérience serait fichue. Si on les appelait "araignées du pied", nous expliqua-t-il, c'est parce qu'elles avaient un faible pour les pieds. En fait, cette espèce avait la particularité de se faufiler dans les chaussettes et de se nicher entre les orteils – généralement entre le quatrième et le cinquième – jusqu'à ce que quelqu'un ou quelque chose les déloge. Des frissons parcoururent l'assemblée, car même les hommes les plus endurcis peuvent avoir peur des araignées et, d'autre part, nous n'étions pas dans une région de forêt pluviale ou de désert, où l'on peut s'attendre à rencontrer toutes sortes d'insectes. Alfred invita donc toutes les personnes présentes à enlever leurs chaussures et leurs chaussettes, à examiner avec soin les espaces entre leurs orteils, et à lui signaler sur-le-champ la présence d'une chose large et sombre, aux pattes repliées.

« Nous avons fait ce qu'il nous demandait. Lentement, avec précaution, nous avons retiré nos chaussures et nos chaussettes. Comme d'habitude, mes pieds étaient deux blocs de glace et j'ai eu quelque peine à séparer mes orteils; j'ai commencé par le pied droit, puis le gauche. Et là, entre le quatrième et le cinquième orteil, j'ai aperçu quelque chose de sombre. Le cœur battant, j'ai écarté mes orteils autant que j'ai pu et j'ai regardé. Ce n'était pas une araignée. C'était autre chose. Quelque chose que je reconnus immédiatement.

« C'était la mousse. Je n'en croyais pas mes yeux : j'avais passé de longs mois dans le froid, et pendant ce temps elle poussait dans l'espace entre mes orteils, où elle formait une petite tache foncée de la taille d'une pièce de monnaie. Je suis retourné dès que possible dans mon abri et j'ai soigneusement transféré la mousse dans les récipients préparés à cet effet par Lorenzo. Puis je me suis installé pour relater ma découverte dans mon journal; il y avait plusieurs semaines que je n'avais rien noté – j'avais renoncé, croyant ne jamais trouver la mousse – et j'éprouvais une impression étrange à tenir un stylo. En écrivant la date en haut de la page – 1er avril 1938 –, j'ai pensé à Lorenzo. Puis je me suis arrêté. Le 1er avril, le jour du poisson d'avril. J'ai souri. J'ai revu la salle de réunion, avec tous ces hommes qui examinaient leurs orteils, et je me suis mis à rire. J'ai regardé la mousse, en sécurité dans son bocal, et j'ai ri de plus belle.

« Je suis retourné au Brésil dès que j'ai pu. Chaque jour, je contemplais durant des heures la mousse, pour guetter le moindre signe de flétrissure, de maladie ou de dépérissement. Il m'a fallu attendre un mois avant de pouvoir rentrer, et j'ai fait le voyage dans les mêmes conditions qu'à l'aller, avec un avion postal qui apportait le courrier à la base chilienne. Chaque jour, je retrouvais la mousse dans le même état que la veille, ce qui ne m'empêchait pas de craindre qu'elle ne meure juste avant que je la rapporte à Lorenzo. Vous ne pouvez pas imaginer ma fierté quand je suis arrivé près de chez lui et que j'ai franchi la porte de son immeuble. J'ai gravi les dernières marches avec mille précautions, redoutant de laisser tomber le bocal, d'éternuer dedans, ou de le voir soudain disparaître sous mes yeux. Une femme âgée m'a ouvert la porte et m'a dévisagé avec stupeur. Depuis six mois, je ne m'étais guère préoccupé de mon apparence : j'avais une longue barbe, les cheveux hirsutes, et j'étais très maigre. La dame – c'était la sœur de Lorenzo – m'a invité à entrer et je lui ai expliqué le but de ma visite. Elle m'a conduit au salon, m'a fait asseoir sur le divan et s'est installée en face de moi sur une chaise à haut dossier. Elle m'a proposé de prendre un bain mais j'ai refusé et j'ai réitéré mon désir de voir Lorenzo. Nous sommes restés là sans rien dire – je me rappelle avoir pensé que Lorenzo était peut-être sorti et que nous l'attendions –, puis la femme a fini par m'annoncer que le professeur était mort depuis plusieurs semaines, quelques jours avant son quatre-vingt-neuvième anniversaire. »

Kasia et Leo se turent pendant un moment et écoutèrent les bruits de la ville : la circulation, les avions, les trains, les sirènes, les klaxons. Puis Kasia rompit le silence.

« Alors, qu'est-ce que vous avez fait ?

— J'ai rebaptisé la mousse *Muscus lopezii*, d'après le nom de Lorenzo. Elle continue de grandir, dans le département des mousses, au jardin botanique de Brasília. Je me suis efforcé de penser à autre chose : j'avais tenté de croiser deux variétés de clématites et jusque-là j'avais échoué ; je me suis donc replongé dans ces travaux.

— Mais vous ne vous remettiez pas du fait que Lorenzo était mort avant votre retour ?

— Oh ! non, il ne s'agissait pas de cela. C'était triste, bien sûr, mais, vu son âge, on pouvait s'attendre à ce qu'il meure d'un jour à l'autre.

— Seulement il n'a jamais su que vous aviez trouvé la mousse, il est sans doute mort en croyant que personne ne l'avait découverte.

— Si, il l'a su. Comment, je l'ignore, mais il l'a su. D'une manière ou d'une autre, il a appris avant de mourir que j'avais trouvé sa mousse. J'en suis persuadé.

— Alors, qu'est-ce qui vous tracassait ?

— Dans mon enthousiasme à avoir découvert la mousse, dans mon souci de rapporter l'échantillon intact, j'avais oublié que je quittais l'Antarctique. Je ne reverrais plus jamais l'Antarctique, et je ne lui avais pas fait mes adieux. »

# 8

« **Brûler ses vaisseaux** : *franchir un pas irréversible, s'engager dans une action sans possibilité de retour en arrière. En brûlant leurs vaisseaux, les envahisseurs furent contraints de vaincre ou de mourir, car tout retour en arrière était impossible.* »

Sam relut ces phrases en s'attardant sur chaque mot. Certains passages le frappaient plus que d'autres et il les répétait inlassablement à voix basse : « *Sans possibilité de retour en arrière... vaincre ou mourir...* » Il n'y avait rien dans le dictionnaire pour l'expression « brûler les ponts », et Sam supposa qu'elle signifiait la même chose. Peut-être était-ce une version moderne de la première, actualisée au XX^e^ siècle à cause des guerres qui se déroulaient sur terre, au-dessus des rivières, des canyons, et qui utilisaient des avions et des chars. Sam répétait ces mots : *brûler les ponts, brûler ses vaisseaux, brûler les ponts, brûler ses vaisseaux*, et il imaginait les ponts de Londres en feu, les flammes qui s'élevaient dans le ciel tandis qu'au-dessous les navires glissaient sur l'eau, véritables brasiers mobiles transformés peu à peu en une couche de cendres qui se répandait sur le fleuve avant d'être entraînée vers la mer.

Lauren, assise à son bureau, téléphonait. Sam croisa son regard et forma avec les lèvres la question : « Ça va ? » Lauren fit avec la main un geste qui signifiait « comme ci, comme ça », puis elle griffonna quelques mots sur un bout de papier qu'elle lui glissa. *Connard de client au QI inférieur au nombre d'heures que j'ai dormi cette nuit.* Sam sourit, déchira la feuille, la froissa et la jeta à la corbeille.

Il était arrivé au bureau en courant, ce matin. Plutôt paradoxal, car autant il aimait courir, autant il détestait l'endroit où il se rendait. Il poussa son sac sous la table et avança les pieds vers la corbeille à papier. Angela, en retard, entra dans la pièce en faisant son possible pour passer inaperçue.

« Bonjour, Angela ! » beugla Sam en souriant intérieurement.

« Putain de merde ! »

Michael s'occupait des voitures Soma. Il voulait être journaliste mais en attendant il travaillait dans la publicité.

« Un problème, Michael ?

— Ces putains de clients, est-ce qu'ils croient que je n'ai rien d'autre à foutre que d'appeler les renseignements à leur place pour obtenir les numéros de téléphone dont ils ont besoin ?

— Tu ne peux pas le leur dire ?

— Je ne pense pas que ce serait une bonne idée, surtout en ce moment.

— Comment ça ?

— Ben, avec le climat actuel, tu comprends.

— Quel climat ? interrogea Sam en pivotant sur sa chaise et en prenant appui sur la table pour relancer le mouvement dès qu'il ralentissait.

— Tu n'es pas au courant, pour Chloe ?

— Non, qu'est-ce qui se passe ?

— On vient de la virer, expliqua Michael en baissant la voix.

— Virer ? » Sam s'immobilisa net. Il avait parlé avec Chloe à peine une heure plus tôt. « Pour quel motif ?

— Enfin... on l'a licenciée, ce qui revient au même.

— Tu plaisantes !

— Pas du tout. C'est fini pour elle, je t'assure. Demande à Lauren, tu verras. Quoique... Lauren est de l'autre côté, maintenant, elle ne voudra peut-être pas débiner les managers.

— Qu'est-ce que tu racontes ?

— Tu sais ce que c'est : on ne peut pas coucher avec le directeur de la création et critiquer les responsables de la boîte, hein ? »

Sam se tut et feignit d'avoir connaissance de la liaison de Lauren avec Zach. Il était écœuré. La phrase de Sebastian lui trottait dans la tête : *La baisse des bénéfices va nous obliger à nous séparer de plusieurs de nos collaborateurs, vous serez donc amené tôt ou tard à combler le vide laissé par leur départ. Je pense que Chloe partira en premier, puis Phil.* Sam jeta un coup d'œil du côté de Phil. Ce dernier discutait au téléphone, un papier à la main, les pieds sur son bureau, sans se douter un instant de ce qui l'attendait.

Quand Sam rentra chez lui ce soir-là, il n'y avait personne et l'appartement était en pagaille. Pire, les assiettes avaient disparu. Sam, perplexe, vérifia dans le placard, puis dans l'évier et dans l'égouttoir ; il alla même voir dans la chambre de Gray, mais aucune trace d'assiettes nulle part. Il mangea ses pâtes directement dans la casserole et laissa un mot pour Gray – *ASSIETTES* ? – qu'il colla sur sa porte.

Un message de son grand-père sur son répondeur lui rappela l'achat qu'il avait fait à l'heure du déjeuner. Il retourna dans l'entrée, fouilla dans son sac et en sortit une pochette en papier qui contenait une carte géographique. Il débarrassa la table de la cuisine, déplia la carte devant lui et l'aplatit des deux mains. Puis il s'installa et parcourut méthodiquement du regard les différentes parties de la carte, comme s'il voulait assembler les pièces d'un puzzle.

Une fois dans sa chambre, il ouvrit la fenêtre et sortit s'asseoir sur la terrasse. Dommage que je ne fume pas, pensait-il souvent, car c'était l'endroit idéal pour griller une cigarette. Mais il ne fumait pas – pas plus qu'il ne mangeait de croque-monsieur ni ne s'intéressait au tennis. Il contempla le ciel avec l'air d'attendre que quelque chose en descende. Un nouveau boulot peut-être, ou une autre vie, ou une fille qui le sauverait, ou même une étoile venue le secourir. Il se passa la main dans les cheveux et se gratta le crâne. Il cherchait un plan. Un plan pour s'échapper. Fuir la pub. Mais pour aller où ?

Sam luttait contre le sommeil. Après avoir observé le ciel et les étoiles, il ferma les yeux, prit sa tête entre ses mains et écouta la rumeur de la ville – le bruit des voitures, des trains, des avions, l'électricité dans l'air, une musique au loin et, plus près, Gray qui préparait du café à la cuisine. Sam ne l'avait pas entendu rentrer; Gray ne le dérangeait jamais quand il le savait sur la terrasse, et Sam lui en était reconnaissant. Gray semblait comprendre que ces moments-là étaient pour Sam des moments privilégiés.

Le lendemain soir, Sam ressortit la carte et un compas, mais cette fois dans l'intimité de sa chambre, car Gray traînait dans l'appartement, hésitant sur le choix de sa tenue vestimentaire. Sam s'amusait d'observer son ami dans ce genre de circonstance, car Gray n'aurait jamais admis devant personne, sauf devant Sam, qu'il accordait la moindre importance à ses vêtements : il aimait donner l'impression qu'il les jetait sur lui avec une suprême désinvolture, alors qu'en réalité il y apportait un soin extrême et passait des heures devant la glace. Gray était le plus grand bluffeur que Sam connaissait – mais aussi le plus habile, le plus convaincant, le plus drôle.

Quelques instants plus tard, Gray déboula dans la chambre de Sam. Il portait une paire de chaussures neuves – des mocassins en daim rouge foncé –, une chemise neuve également, bleu marine à rayures rouges, et un pantalon vert.

« Tu crois que ça va ensemble ? interrogea-t-il en pivotant devant Sam.

— Je pense que c'est bien d'avoir des chaussures assorties. »

Gray fronça les sourcils. « Les chaussures et la chemise ?

— Le pantalon n'est pas mal.

— Pas mal ? Il est cool, tu veux dire, et les pompes sont hyperbranchées. Tu n'as aucun sens de la mode, voilà le hic. »

Sam examina les mocassins de Gray et hocha la tête.

« Je ne peux rien attendre de toi, Sam, il faut que je demande l'avis d'une femme. Voyons, où se trouve la femme la plus proche ?

— Eh bien, il y a celle à qui tu achètes tes cigarettes, à la station-service. (Sam consulta sa montre.) Elle sera là, à cette heure-ci.

— Bonne idée.

— Et Aphrodisiaque ? Elle n'est pas dans les parages ? »

Gray fit non de la tête et s'assit sur le lit, puis il contempla ses nouvelles chaussures en remuant les pieds. « Terminé, mon pote.

— Ah bon ? Pour quelle raison ?

— On s'est disputés. D'où la disparition des assiettes. Elle les a attrapées une par une dans le placard et les a balancées contre le mur, sans même me viser, d'ailleurs : pendant tout ce temps, j'étais au téléphone, dans ma chambre, j'ai juste entendu le bruit. Il y a quelques impacts sur la porte, aussi.

— Tu es triste ?

— Plus maintenant. Pas depuis que j'ai acheté ces chaussures. Il existe quelque part une femme qui aura la chance de me rencontrer ce soir.

— Une daltonienne, oui. »

Gray sourit. « Vas-y, remue le couteau dans la plaie. Tu es jaloux, tout simplement. » Il se leva et se pavana dans la pièce, les yeux rivés sur ses mocassins.

« Bon, eh bien, j'y vais. Salut, passe une bonne nuit. »

Sam se replongea dans l'étude de sa carte et traça d'un trait léger, au crayon 2B, un itinéraire dans le quadrant inférieur gauche.

« Sam ? » Il se retourna. Gray se tenait dans l'embrasure de la porte. « Tout va bien ?

— Oui, pourquoi ?

— J'sais pas, t'as une drôle d'expression dans le regard, répondit Gray en s'éloignant pour de bon, cette fois.

— Adieu ! » cria-t-il d'un ton théâtral juste comme il sortait. Sam ne put s'empêcher de sourire.

Installé devant sa carte, ce soir-là, Sam pensa encore à son grand-père. Quand Sam était tout petit, trop jeune pour savoir lire, Grand-Père de La Mousse leur racontait des histoires, à Mark et à lui. Ils éteignaient toutes les lumières de leur chambre et rouvraient les rideaux ; leur grand-père s'installait alors près de la fenêtre, désignait un moment les étoiles, puis commençait son récit. En réalité, Grand-Père de La Mousse ne s'appelait pas comme cela, au début. À l'époque où Mark était bébé, on l'appelait simplement « grand-père ». Ce fut un soir où il était absent, et où Sam et Mark ne parvenaient pas à s'endormir, qu'il reçut ce nom. Les deux frères, ne trouvant pas le sommeil, se relevèrent au bout de dix minutes et descendirent au rez-de-chaussée où leurs parents regardaient la télévision.

« Où est grand-père ? s'enquit Mark en se glissant entre son père et sa mère sur le canapé.

— À Londres, répondit son père en lui caressant la tête. Il donne une conférence dans un colloque. »

Sam était debout à la porte ; son père lui fit signe d'approcher, et il vint se blottir contre lui.

« On n'arrive pas à dormir, expliqua Mark. J'aimerais que grand-père nous raconte une histoire.

— Vous voulez que je vous la raconte ? » proposa leur père.

Sam acquiesça d'un signe de tête et mit son pouce dans sa bouche. « Tu peux nous raconter l'histoire de grand-père de la mousse ? » demanda-t-il. Ses parents éclatèrent de rire. Sam regarda leurs visages réjouis et se sentit heureux. Il ne comprenait pas vraiment ce qui les faisait rire. Il avait voulu dire : « l'histoire de la mousse de grand-père » mais avait inversé les deux compléments de nom – les « compliments », comme il disait. Leur père raconta donc ce soir-là l'histoire de la mousse de Grand-Père de La Mousse, seulement ça n'avait pas du tout l'air d'être le même récit, et Sam et Mark s'endormirent, ce soir-là, convaincus que leur père devait avoir en tête une tout autre histoire, en fin de compte.

Il y eut une période où Sam avait honte de son grand-père. À cette époque Leo éprouvait le brusque désir, en fin d'après-midi, de sortir faire un tour et d'aller attendre Sam ou Mark – ou les deux – à la sortie du collège. Sam s'attardait souvent devant les grilles de l'établissement avec ses copains, parfois même avec des filles, et il avait des sueurs froides en apercevant son grand-père qui tournait en rond ou observait le ciel, nez en l'air.

Même sans rien faire, son grand-père attirait l'attention. Pas seulement à cause de ses cheveux rebelles qui se dressaient sur sa tête, telle une crête d'oiseau tropical, ni à cause de son grand nez en bec d'aigle, ni même à cause de sa façon de se tenir très droit, un peu comme un danseur mais plus raide – c'était dû aussi à sa manière de s'habiller : il portait des vestes en velours côtelé, avec une multitude de poches, et des pantalons à larges revers, de même tissu, qui découvraient ses chevilles maigres. À cause de tout cela, et aussi de sa démarche énergique, les gens se retournaient sur lui. Quand Sam l'apercevait, il aurait bien aimé passer devant lui en faisant semblant de ne pas le connaître, mais il savait que c'était impossible, et il avait honte de nourrir de pareilles pensées. Alors il s'avançait vers lui, l'air penaud, et il sentait dans son dos les regards de ses copains qui détaillaient son grand-père, ricanaient en mettant la main devant la bouche et chuchotaient entre eux. Sam marmonnait un « bonjour » à Leo, et il s'éloignait, le dos courbé, désireux d'échapper le plus vite possible à l'œil narquois de ses camarades.

C'était l'époque où Sam aurait bien aimé que ce soit son père qui vienne le chercher au collège, et non cet étrange personnage qui était son grand-père. C'était l'époque où Sam occultait complètement tout ce que Leo faisait pour lui.

« Sam ! Comment ça va ? » Sebastian, le sourire aux lèvres mais la mine fatiguée, grimpait les marches deux par deux.

« Très bien, merci, et vous ?

— Impeccable. Sam, j'ai une opportunité formidable pour vous. Bon, je sais que vous travaillez déjà sur Thermlex, et que Shadows et Reynolds vous occupent pas mal, mais nous tenons une bonne occasion d'impressionner Robert, et j'aimerais vous confier ça à vous, parce que je pense vraiment que vous irez loin, et dans très peu de temps. Nous allons effectuer une présentation de notre agence devant le groupe Heron – vous avez sûrement entendu parler d'eux, ils gèrent les Drugstores et les magasins Lady Clara, entre autres. Robert n'a jamais mis les pieds dans une boutique Lady Clara, il a donc demandé que quelqu'un lui prépare un topo indiquant la place de cette marque sur le marché, ses concurrents, des photos des boutiques, etc. »

*Plutôt crever,* se disait Sam. « Avec plaisir », répondit-il, et, tout en écoutant la tirade de Sebastian, il repensait à un incident survenu le matin : il était arrivé en retard au bureau à cause de perturbations dans le métro. Un employé avait présenté les excuses de la compagnie et expliqué que si les rames avaient du retard, c'était à cause d'« un voyageur sous un train à la station Waterloo ». Cette expression avait paru étrange à Sam à cause de sa simplicité, et parce qu'elle excluait toute idée de motivation, de choix, de volonté. Cela ressemblait au début d'une histoire pour enfants : *Il y a quelqu'un sous un train. Qu'est-ce que cette personne fait là ? A-t-elle sauté ? Est-elle tombée ? L'a-t-on poussée ? Ou bien est-ce là qu'elle habite, tout simplement ?* Tandis que Sebastian le soûlait de paroles, Sam avait l'impression que c'était lui qui se trouvait sous un train. Ses propres désirs, ses choix personnels n'entraient absolument pas en ligne de compte, il se contentait de glisser « génial » ou « super » chaque fois que Sebastian s'interrompait pour reprendre son souffle.

« Excusez-moi, j'ai un rendez-vous et je suis en retard, mais je suis ravi que vous vous chargiez de ce travail. Venez me voir en fin de journée et je vous indiquerai exactement ce que nous voulons. À propos, il nous faut ça pour demain soir, ne me ratez donc pas aujourd'hui. Au revoir, Sam. »

Sebastian fila et Sam s'assit sur les marches. Il avait la tête qui tournait. Son récepteur d'appels afficha : *Réunion Reynolds* TOUT DE SUITE *salle de conférences n° 3. Gail.* Son téléphone sonna, il le coupa, et coupa aussi son récepteur d'appels. Il tendit l'oreille mais il n'y avait pas beaucoup de bruit dans l'escalier. Des bribes de discussions et le son d'un téléviseur filtraient sous les portes coupe-feu, mais il parvint facilement à en faire abstraction. La tête sur les genoux, il savoura quelques minutes de paix et de tranquillité. Et soudain il songea : *Il faut que ça cesse.*

« D'accord pour un verre ce soir, Lauren ? » Sam s'installa à son bureau et posa les pieds sur la corbeille à papier.

« Je suis complètement crevée, tu sais.

— Bon, bon. Je voulais juste bavarder », dit Sam avec une grimace.

Lauren sourit. « Qu'est-ce qui te met d'humeur si joyeuse ? Brian Rod est en vacances ? »

Brian Rod était le nom d'un client imaginaire que Sam et Lauren avaient inventé pour représenter l'ensemble des clients en général. Brian Rod parlait d'une voix nasillarde, avec l'accent de Birmingham, conduisait une voiture familiale, habitait dans une maison préfabriquée, portait des pulls bordeaux à col en V, avait un début de calvitie, une petite bedaine, et des érections en dansant le slow le samedi soir en boîte ; il trouvait drôle de péter, mesurait un mètre soixante-cinq, et aimait persécuter les gens.

« Non, il est là et bien là. Mais si tu viens prendre un pot avec moi, je te dirai ce qui me rend si heureux.

— OK, mais je ne resterai pas longtemps. »

Le téléphone de Sam retentit. « Juste un verre, chuchota-t-il à l'adresse de Lauren.

— Qu'est-ce que tu bois ?
— Gin tonic, s'il te plaît. »

Sam et Lauren s'installèrent au bar et contemplèrent leurs verres. Après une journée au bureau, ils étaient épuisés.

« Alors, pourquoi tant de gaieté ? demanda Lauren.

— Tu ne le répéteras à personne ? Surtout pas à Zach. »

La jeune femme fit non de la tête et rougit. Tout le monde à l'agence savait que Zach et elle sortaient ensemble, mais elle n'en parlait jamais et Sam n'aborda pas le sujet.

« Je vais partir, dit Sam en avalant une gorgée.

— Toi et le reste du département, répliqua Lauren. Que comptes-tu faire ?

— Pour l'instant, je l'ignore, mais je trouverai une solution. Je te conseille de commencer à chercher ailleurs, toi aussi. Je pense que ça serait super si on démissionnait le même jour. On quitterait le bureau, on appellerait Sebastian en PCV d'une cabine, on lui annoncerait notre décision, et on ne remettrait plus jamais les pieds à l'agence.

— Géniale, ton idée ! approuva Lauren avec un sourire. Seulement tu ne peux pas t'en aller comme ça, il faut que tu aies autre chose en vue, que tu saches où tu vas. »

Sam garda le silence un instant.

« Tu as raison, bien sûr, mais je me débrouillerai ; à ce moment-là je te préviendrai, et on partira tous les deux en même temps. Marché conclu ? dit Sam, en tendant la main à Lauren.

— Marché conclu », répondit Lauren en serrant la main de Sam.

Le délai pour la pub Thermlex avait été porté de deux semaines à six, mais Sam fut quand même obligé de travailler le week-end, car les clients devaient venir le jeudi suivant découvrir quelle stratégie les brillants cerveaux de l'agence McLeod Seagal Gale comptaient leur proposer. La présence de Sam serait requise afin de vérifier que les noms sur les cartons étaient correctement écrits, que le thé et le café étaient servis à l'heure prévue, que les toilettes étaient propres, que la vidéo fonctionnait, que les documents de présentation étaient dans le bon ordre, que les mots avaient bien la signification adéquate, que tout le monde disposait d'un bloc-notes et d'un stylo, que la lumière était réglée à la bonne intensité, que c'était bien jeudi, que le climatiseur marchait, que les hôtesses à la réception connaissaient les noms des clients, que Dieu existait, que le monde tournait rond, et... que Sam n'avait rien oublié. (C'était la principale recommandation qu'on lui avait faite quand il avait débuté à l'agence : Dites-vous *toujours* que vous avez oublié quelque chose – de quoi flanquer une dépression même aux gens les plus sûrs d'eux.)

Quand il se leva le samedi et se regarda dans le miroir de la salle de bains, il décida de courir pour se rendre au bureau. Son état physique était lamentable. Il avait mangé quatre fois des hamburgers cette semaine, et les trois autres jours des bricoles achetées à la station-service. Son grand-père, au téléphone l'autre fois, lui avait demandé : « Alors, comment s'écoulent tes vertes années ? » Il avait répondu : « Mes vertes années sont des années noires. » Il n'avait pas le temps de faire du sport, buvait tous les vendredis soir, et, à force de fixer les yeux sur l'écran de l'ordinateur, sa vue baissait. En observant dans la glace son petit ventre et ses poignées d'amour, il constata que tout cela commençait à se voir ; des rides se formaient autour de ses yeux, et par endroits il avait des cheveux blancs. Courir pour aller au bureau serait un début, d'ailleurs il avait besoin de courir parce qu'il était en colère.

Il régnait une paix insolite à l'agence le samedi. Sam respira à fond et regarda la pile de magazines d'activités de plein air entassés sur son bureau ; il devait en extraire toutes les publicités concurrentes, les découper avec soin et les coller sur un tableau. Ce travail ne nécessitait pas beaucoup de réflexion et, tout en feuilletant les revues, Sam se laissait peu à peu distraire par les articles : l'un parlait de trekking en Sibérie, l'autre de week-ends de survie en Écosse, un autre encore racontait l'aventure d'un homme qui, tous les étés, traversait les Pyrénées d'ouest en est : il démarrait à Saint-Sébastien et finissait à Port-Bou.

Sam tourna la page et là, sous ses yeux, une annonce en pleine page retint son attention. Il la regarda un bon moment en se grattant la tempe avec le pouce, puis, dans le silence des bureaux vides, il la lut à voix haute, lentement, pour lui seul :

**L'Institut britannique de recherches antarctiques engage des assistants de recherche**

*L'Institut britannique de recherches antarctiques a besoin de cinq assistants de recherche pour une durée de six mois. Leur tâche consistera à observer, quantifier et évaluer l'impact du tourisme sur le continent.*

*Les candidats devront posséder :*

*— une expérience de six mois en expédition ;*

*— un diplôme en biologie/chimie/géologie/physique/botanique ;*

*— l'esprit d'équipe.*

*Les assistants de recherche devront financer eux-mêmes leur voyage aller et retour en Antarctique, et s'engager pour six mois minimum (voyage compris). Toutefois, au cas où l'expérience se révélerait concluante, ces postes pourraient être prolongés de six mois. Les candidats doivent être en bonne condition physique et mentale. Une expérience préalable du pôle est souhaitable.*

*Dates : 20 juillet-28 février (incluant une formation d'un mois en Nouvelle-Zélande).*

*Pour plus de détails, prière d'envoyer une enveloppe timbrée à l'adresse suivante : Boîte postale 518, Londres W1R 5GH, en précisant la référence SP78 THD3.*

Sam jeta un coup d'œil sur le bureau désert et imagina à la place les vastes étendues blanches dont il rêvait depuis l'enfance, cette contrée lointaine où son grand-père avait voyagé, ce paysage qu'il gardait depuis toujours dans un coin de la tête. Il revit son père grimper sur le toit, avancer avec détermination, lui tendre la main en lui disant : « Viens là. » Juste ces deux mots : « Viens là », avec un petit signe de tête pour l'encourager. Sam se représenta le désert de cristal, le silence absolu, la princesse endormie. Il avait follement envie d'aller là-bas.

Il découpa soigneusement la page et la plaça devant lui, sur son bureau. Il se rappela l'annonce que Shackleton avait passée dans un quotidien de Londres en 1860 – son grand-père la lui avait montrée un jour. Shackleton, qui cherchait des hommes d'équipage, avait indiqué : *Engage hommes pour voyage périlleux. Bas salaire. Froid intense, longs mois d'obscurité, risques constants. Retour non assuré*. Les conditions avaient dû pas mal changer depuis cette époque, mais certains éléments restaient identiques : le froid, l'obscurité, les dangers du voyage. Sam s'apprêtait à décrocher le téléphone quand son portable sonna.

« Allô ?

— Sam, ici Clive.

— Clive ? On est samedi.

— Oui, je sais, mais je viens de m'apercevoir qu'il y a une émission sur le marché des serviettes hygiéniques ce soir, et il faut que quelqu'un l'enregistre. Vous pourriez vous en charger ?

— Bon, d'accord. En fait, je suis au bureau en ce moment, mais je rentrerai sans doute chez moi un peu plus tard.

— Oh, vous êtes… Bien, bien. Ça ne vous ennuierait pas de me faxer une copie du planning de la promotion presse, pour que je l'aie lundi matin à la première heure ? Ah, et puis aussi les dates des réunions de brainstorming, parce que nos agendas se remplissent à toute allure.

— Mais bien sûr, pas de problème.

— À propos, l'émission, c'est sur BBC2 ce soir à vingt heures trente. D'accord ? Parfait. » Et Clive raccrocha.

« Au revoir, passez un bon week-end. Merci, Sam, vous de même. Je suis désolé d'apprendre que vous êtes au bureau aujourd'hui. Merci mille fois pour votre aide. C'est vraiment très gentil à vous, je ne manquerai pas d'en parler à Sebastian. Vous irez très loin, Sam, et dans peu de temps. » Sam hocha la tête et leva les yeux vers les lumières artificielles du plafond. Il consulta les dates à la fin de l'annonce. *Vous irez très loin et dans peu de temps, vous irez très loin et dans peu de temps*. Il sourit et, dans le silence des locaux vides, il dit à voix haute : « Ça se pourrait bien, Sebastian, vous savez. »

Sam demeura toute la journée assis seul à son bureau, à se prendre pour Ranulph Fiennes ou Michael Palin, voire un mélange des deux – le sérieux de Ranulph, plus les succès féminins de Palin. Ou, mieux encore, il s'imaginait dans la peau d'Amundsen ou de Shackleton. Le summum, c'était d'être Sam Glass, oui, le fameux Sam Glass, l'étonnant, l'audacieux, l'héroïque – mais aussi le sensible et, bien sûr, le superbe Sam Glass. Quand il commença à faire nuit, il téléphona à Henry et lui donna rendez-vous dans leur pub favori, non loin de l'agence.

Sam était tout excité. Il éprouvait un sentiment qu'il n'avait pas connu depuis des mois : l'enthousiasme, qui circulait dans ses veines telle une eau vive. Il avait envie de sauter, de crier, de chanter, de courir. De sourire, aussi. Ce qu'il fit : assis à sa table de travail, il souriait béatement, et on aurait pu le prendre pour un simple d'esprit. Sans avoir rien fait, il se sentait enfin maître de la situation et non plus victime d'une horrible farce. Il n'avait plus l'impression d'être le spectateur de sa propre vie : il en était désormais l'acteur, et c'était lui qui décidait de la direction à prendre.

« Tu t'es fait couper les cheveux, remarqua-t-il, dès qu'il vit Henry.

— Juste rafraîchir. Ça me donne un look bizarre ?

— Pourquoi, c'est le but recherché ? Qu'est-ce que tu bois ?

— Une Stella. »

Sam commanda les boissons et Henry dénicha une table.

« Quoi de neuf ? s'enquit Sam.

— La police est venue hier soir parce que j'ai cru que quelqu'un se faisait agresser dans le passage en bas de chez moi.

— Qu'est-il arrivé ?

— En fait, c'était juste l'ombre d'une énorme plante qu'on avait jetée et d'un sac-poubelle en plastique noir. J'ai eu l'air très con. Pourtant, on aurait vraiment cru un mec et une nana, et le pot de fleurs, qui était tout contre la canalisation, gémissait chaque fois que le vent soufflait. Franchement, vu de la fenêtre de la cuisine, il n'y avait aucun doute possible.

— Pourquoi n'es-tu pas sorti voir ? »

Henry haussa les épaules.

« Il pleuvait. Et puis j'avais peur. Le bruit était affreux.

— Comment va Sara ?

— Démise de ses fonctions.

— Tu plaisantes ?

— Presque. Elle n'est pas si accro que ça, en fin de compte, ça se passe donc plutôt bien. D'ailleurs, elle part en week-end avec des copains de fac, dont son ex, alors me voilà libre d'infliger ma compagnie aux personnes du beau sexe. (Henry jeta un coup d'œil autour de lui.) On va ailleurs, après ?

— Bien sûr, approuva Sam. Cela dit, je me demande quel est le beau sexe à Soho, les garçons sont plus attirants que les filles. D'autre part, on est obligés de rester jusqu'à huit heures, j'ai proposé à Gray de venir nous rejoindre ici. Lui aussi, c'est fini avec Lucy, nous sommes donc tous les trois célibataires. Tu apprécies ta nouvelle liberté ?

— Je crois que ça va me plaire, oui. Sara n'était pas désagréable, seulement j'aurais aimé qu'elle soit plus compréhensive vis-à-vis des autres filles.

— Et les autres filles, elles étaient compréhensives vis-à-vis de Sara ? » demanda Sam avec un sourire ironique.

Henry hocha la tête pour acquiescer.

« Ce n'est pas beaucoup exiger, non ? »

Sam fit tourner son verre dans sa main et en essuya la buée du bout du doigt.

« Henry, je peux te poser une question ?

— Tu viens de le faire.

— J'ai eu une idée.

— Eh bien, ça c'est une première ! »

Sam pensa à son grand-père, et à son expression « être sûr et certain ». Maintenant, il comprenait ce que Leo voulait dire, car c'était exactement ce qu'il ressentait. Là, dans ce bar, il éprouvait la certitude que le sol était solide sous ses pieds, et que lui-même était fermement ancré dans le sol. Pour la première fois depuis son enfance, Sam ne doutait pas.

Avec des gestes lents, il sortit de sa poche l'annonce qu'il avait découpée dans la revue le matin même. Il déplia la feuille de papier et la posa devant la chope de Henry. Il ne quitta pas Henry des yeux pendant qu'il lisait l'annonce.

Henry fixa la feuille quelques instants, puis avala une gorgée de bière. Il demeurait sans voix, ébahi devant le visage rayonnant de Sam, son énergie, sa détermination. Sam souriait. Henry avait envie de lui sauter au cou et de l'embrasser, mais il se contenta de lui serrer la main. Et voilà comment, dans un petit pub tranquille de Soho, un samedi du mois de mai, en début de soirée (au moment précis où Sam était censé enregistrer l'émission pour Clive), Sam et Henry décidèrent de partir pour l'Antarctique.

# 9

Quelques jours plus tard, M. Glass décida que le moment était venu de soumettre à Kasia la suggestion à laquelle il pensait depuis un certain temps déjà. Maintenant qu'une bonne entente semblait établie entre eux, l'instant lui paraissait propice. Il lui demanda donc si elle accepterait de venir une heure de plus chaque jour pour lui faire la lecture – cette heure supplémentaire lui serait payée, naturellement. Kasia se montra surprise mais contente ; elle était heureuse de passer davantage de temps avec lui, et flattée qu'il le lui ait proposé.

Elle travaillait toujours à la maison de la presse et arrivait donc une heure plus tôt chez M. Glass le matin, vers onze heures, vaquait à ses tâches habituelles, puis lisait pendant une heure avant de repartir aux alentours de deux heures et demie. C'est ainsi que Kasia, lovée au creux du fauteuil bleu – tandis que M. Glass regardait dans le vague –, fit la connaissance de Dickens, de V.S. Naipaul, de Charles Darwin, de Daphné Du Maurier et de Lampedusa. Parfois, elle oubliait qu'elle lisait à voix haute et continuait pour elle-même en silence, impatiente de savoir le dénouement tout en désirant ne jamais parvenir à la fin. Dans ces cas-là, M. Glass toussait discrètement, ce qui la ramenait à la réalité ; elle reprenait alors sa lecture à l'endroit où elle s'était laissé submerger par le récit.

Voilà comment M. Glass réussit à instruire Kasia sans que jamais celle-ci s'en rende compte. Elle ne voulait rien apprendre de lui ? Parfait. N'empêche qu'en lisant ces livres elle emmagasinait malgré elle des connaissances. De plus, il choisissait les ouvrages avec soin, s'efforçait de couvrir tous les genres et toutes les époques, sautait allègrement les siècles, alternait récits de faits réels et œuvres de fiction. Au moindre bâillement de Kasia, au moindre signe d'inattention, il changeait de livre car il ne voulait pas qu'elle s'ennuie. Il lui arrivait même quelquefois d'attraper un vieux journal qui traînait et de demander à la jeune femme de lire un article, même s'il récriminait en général contre ce genre d'écrits (« Je n'en voudrais même pas comme papier toilette », déclarait-il, avant de se mettre en quête d'un autre livre).

Kasia appréciait beaucoup ces temps de lecture, non seulement parce que c'était l'unique moment de la journée où elle pouvait rester assise sans être assaillie par une multitude de choses à faire, mais aussi parce qu'ils lui permettaient de mieux situer M. Glass. En observant son choix de livres, elle devinait que chaque ouvrage représentait une petite partie de lui-même, à la manière d'un album de photos ; elle se sentait dans une position privilégiée, qui lui offrait un aperçu incomparable sur la personnalité de M. Glass.

Au fur et à mesure qu'elle apprenait à le connaître, elle se rendait compte qu'il avait des phrases à lui, tout un stock de phrases et de mots qu'il s'était constitué au fil des ans et qu'il ressortait chaque fois qu'il le jugeait à propos, et même souvent hors de propos. M. Glass affectionnait ses phrases, elles lui donnaient l'impression que les choses n'avaient pas changé, même s'il savait que c'était une illusion. Il y en avait qu'il employait depuis sa jeunesse et il appréciait le sentiment de continuité qu'elles lui procuraient, comme si, à travers elles, il pouvait approcher un tant soit peu l'immortalité.

Parfois, Leo oubliait certaines phrases pendant des années, voire des décennies, et elles resurgissaient dans son esprit à des instants tout à fait inattendus. Un jour Kasia, ayant rendez-vous chez le médecin le vendredi, vint chez M. Glass un samedi, après avoir acheté un billet de la Loterie nationale (c'était le premier, mais ce ne devait pas être le dernier : à partir de cette date, elle en acheta tous les samedis). « Il y a trois facteurs auxquels il faut penser, affirma M. Glass quand elle lui montra le billet. Trois facteurs de nature différente qu'il est nécessaire de prendre en considération, précisa-t-il en chuchotant presque. Le hasard, l'aptitude et la chance. Quelles sont vos probabilités de gagner ? Avez-vous une aptitude à gagner ? Avez-vous de la chance au jeu ?

— De toute façon, je ne crois pas que je gagnerai. Je joue uniquement pour faire comme tout le monde, répondit Kasia, sur la défensive.

— Ah bon ? s'étonna Leo. Vous ne pensez pas du tout à gagner ?

— Peut-être, si », admit Kasia en s'installant dans le fauteuil à haut dossier, tapissé de bleu et toujours plein de poussière.

Elle alluma la télévision et sélectionna la chaîne ITV, où elle avait vu une fois les résultats de la Loterie. « Mais même si je gagne, cela n'a rien à voir avec une aptitude quelconque. Quant aux probabilités de gagner, elles sont si minces que j'aurais pu tout aussi bien ne pas acheter de billet. Je n'ai besoin que de chance, et le problème, c'est que la chance est imprévisible. Sinon, je ne me trouverais pas ici en ce moment, n'est-ce pas ? »

Leo sourit. Pas facile d'argumenter avec elle…

« Êtes-vous sûre d'avoir la compétence requise ? Il faut choisir les chiffres, non ? Ne s'agit-il pas d'une aptitude ? Cela exige de réfléchir et de choisir, d'examiner méthodiquement tous les nombres passés et présents, de chercher des combinaisons, des codes secrets. Jamais de série constante, parfois deux chiffres qui se suivent, etc.

— Je ne tomberai pas dans le piège, rétorqua-t-elle en hochant la tête. Je ne me laisserai pas entraîner dans une discussion oiseuse avec vous. » Elle souriait en disant cela.

Leo se pencha pour attraper sa bouteille de whisky et la tendit à Kasia d'un air interrogateur ; la jeune femme refusa d'un signe de tête. Il se versa une petite dose d'alcool, et ils regardèrent le feuilleton ensemble.

« Que feriez-vous au cas où vous gagneriez ? » questionna soudain Leo. Ses grandes mains pendaient à l'extrémité des accoudoirs et il agitait les doigts comme s'il jouait un morceau de musique moderne, avec de nombreux changements de rythme et de ton.

« Au cas où je gagnerais à la Loterie ? » Kasia s'enfonça dans son fauteuil, allongea les jambes et les croisa à hauteur des chevilles. Tous deux restèrent silencieux quelques minutes. « Je m'achèterais un cottage dans une région chaude, sans doute à l'étranger, un pays où poussent des citronniers et des fleurs qui embaument. Je vivrais seule et j'aurais plein de chats, des petits d'Avril. »

Sans cesser de fixer l'écran, elle baissa le son à l'aide de la télécommande. « Et vous ?

— Moi, je crois que je louerais une grande tente et j'ouvrirais une crêperie. J'engagerais un très bon cuisinier, j'utiliserais des produits du coin, et on fabriquerait des quantités de crêpes : des crêpes jambon-champignons-fines herbes, des crêpes au chocolat, des crêpes au sucre et au citron, des crêpes au sirop d'érable. J'organiserais des festivals de crêpes, des concours, des courses. Et je me goinfrerais sûrement... » Leo se mit à rire et fut pris d'une quinte de toux qui le suffoqua et se prolongea quelques instants. Kasia avait toujours les yeux rivés sur l'écran. « Et je donnerais de l'argent à la Fondation de cardiologie, poursuivit M. Glass. Mon fils est mort d'une attaque, il y a de nombreuses années. »

Kasia fut déconcertée par ce brusque changement de ton. Elle savait que le fils de M. Glass avait disparu, mais elle ignorait qu'il était mort, et depuis si longtemps. Embarrassée, elle remua sur son siège.

« Je suis navrée », murmura-t-elle, incapable de dire autre chose. Il hocha la tête lentement, et elle comprit à son expression qu'il ne lui en voulait pas.

« Et votre famille ? questionna-t-il avec gentillesse, en inclinant la tête et en se caressant la tempe. Vous leur envoyez de l'argent ? » Puis il ajouta aussitôt : « Excusez-moi, je suis indiscret. Je vous prie de me pardonner. »

Kasia indiqua d'un geste de la main que cela n'avait pas d'importance. Ce qui ne l'empêcha pas de mentir.

« Je n'en ai pas », répondit-elle en détournant les yeux pour éviter que Leo ne lui pose d'autres questions. Elle agissait mal, elle le savait : il lui avait parlé de son fils, à elle maintenant d'expliquer d'où elle venait, ce qu'elle avait fait, pourquoi elle était ici, seule dans une ville étrangère, à s'occuper de personnes âgées dans la journée et à travailler dans un bureau de tabac le soir.

Elle fixa de nouveau l'écran. Le feuilleton était terminé, elle remonta le son pour la publicité. Une fille courait sur une plage et souriait aux anges parce qu'elle trouvait sa serviette hygiénique confortable.

« Bonjour, monsieur Glass, comment allez-vous aujourd'hui ?

— Bah ! comme d'habitude, je me sens vieux. Mais regardez-vous donc, ajouta-t-il avec un sourire. Une vraie Calamity Jane.

— Calamity Jane ?

— Une cow-girl du Far West. Dans la réalité c'était Doris Day, mais dans le film elle incarnait une cow-girl qui montait à cheval comme un homme, tirait au pistolet comme un homme, et s'habillait comme un homme. Un jour elle tomba amoureuse et pour la première fois enfila une robe. » M. Glass se tut, soudain conscient de ce qu'il disait. « Et elle était ravissante », ajouta-t-il. Avril, lovée sur ses genoux, s'étira et sauta sur le sol.

« Vous n'êtes pas amoureuse, n'est-ce pas ?

— Non, évidemment. De qui voulez-vous que je sois amoureuse ? » répondit Kasia en secouant la tête.

Puis elle annonça : « J'ai rendez-vous pour un entretien.

— Ah ! bon. Et... pour quoi ?

— Vous voulez dire : pourquoi est-ce que je vais à un entretien, ou pour quoi a lieu cet entretien ?

— Pour quoi a lieu cet entretien, bien sûr.

— Pour faire le ménage chez une dame, Mme Reaper, qui habite à Hampstead. Elle possède aussi une boutique et elle aura peut-être besoin de quelqu'un pour le nettoyage.

— N'oubliez pas votre parapluie, il va pleuvoir d'ici peu, avertit Leo en scrutant le ciel.

— Comment le savez-vous ?

— Venez ici. » Kasia approcha. « Vous voyez ce nuage, là, le gros ? » Elle s'accroupit près de lui et acquiesça d'un signe de tête. « C'est un cumulo-nimbus, un nuage de pluie. Si vous observez bien, vous remarquerez qu'il se dirige par ici. Tenez, regardez, il est plus sombre à la base qu'au sommet.

— Que signifie cumulo-nimbus ?

— *Nimbus* signifie « nuage », et *cumulus,* « amas ». On les classe selon leur hauteur et leur forme, et on en distingue trois types principaux : cumulus, stratus et cirrus, c'est-à-dire en amas, en couches, et en flocons. » Assis l'un près de l'autre, M. Glass et Kasia contemplaient le nuage qui se déplaçait dans le ciel gris de Londres.

« Vous ne devriez pas rechercher des travaux ménagers, Kasia.

— Pourquoi ?

— Parce que vous pourriez faire beaucoup mieux. Vous pourriez être enseignante, avocate ou médecin. »

Kasia se releva brusquement. « Je vous en prie, monsieur Glass. Les gens riraient de vous entendre parler ainsi. Vous êtes tellement... Pourquoi éprouvez-vous le besoin de dire des choses pareilles ? Il n'y a pas de honte à faire le ménage chez les autres. Je serais très contente d'obtenir cet emploi, alors ne commencez pas à tout gâcher avec vos métiers d'intellectuels. »

Elle se dirigea vers la porte d'un pas furieux.

« Pardonnez-moi, dit M. Glass en baissant la voix. Je ne voulais pas dire que ce travail n'était pas honorable, mais je pense que vous êtes une personne intelligente et capable et que, si vous aviez envie de faire autre chose, vous le pourriez. Je suis sûr qu'il existe un moyen. »

Kasia se retourna à l'entrée du salon. « Et moi, je suis sûre que non. Compris ? », et elle fonça à la cuisine pour préparer le déjeuner. Elle fit claquer les portes du placard, lança les assiettes sur la table en Formica, referma le réfrigérateur avec tant de force que les bouteilles de lait s'entrechoquèrent. Comment avait-il réussi à lui saboter sa journée avec une simple remarque ? Ne se rendait-il pas compte que c'était idiot d'évoquer ce genre de sujet, de parler de choses qui ne se réaliseraient jamais ? En prenant l'épluche-légumes dans l'égouttoir, Kasia remarqua que ses mains tremblaient.

Elle avait prévu de faire un ragoût de bœuf – le genre de plat que M. Glass pourrait réchauffer le lendemain au micro-ondes. Tandis qu'elle découpait les carottes en rondelles, des idées de vrais métiers se bousculaient dans sa tête. Enseigner, par exemple. Elle se vit devant une classe de gamins dont elle s'efforçait d'éveiller l'intérêt, de vaincre les préjugés et les inhibitions, et surtout à qui elle essayait de donner confiance pour qu'ils puissent enfin apprendre quelque chose. Ses gestes devinrent de plus en plus rageurs, elle se mit à découper des rondelles de plus en plus grosses, de plus en plus irrégulières, qui débordaient de la planche en bois et qu'elle jetait en vrac dans la casserole. Au moment où elle sortit la viande du réfrigérateur, elle était tellement furieuse que l'envie la prit de déchiqueter le morceau de bœuf à pleines mains. En fait, elle imaginait que c'était du steak de M. Glass – du gîte de Glass, de la poitrine de Glass, du rumsteck de Glass.

Le ragoût déborda et Kasia lâcha un torrent de jurons en constatant que des taches avaient maculé sa veste ; elle la retira, la posa sur le dossier d'une chaise et respira à fond.

Quand enfin elle apporta son repas à M. Glass, celui-ci regardait la fin d'une émission de télévision, les pieds sur un petit tabouret, un journal sur les genoux. Que se passerait-il si elle lui balançait le ragoût à la figure ? Succomberait-il à ses brûlures ? Ou l'assiette (une assiette creuse en porcelaine blanche épaisse) tournoierait-elle lentement dans les airs, avant d'atterrir, ou plutôt de rebondir sur le crâne de M. Glass ? L'impact creuserait un trou dans le cuir chevelu, le sang jaillirait, le crâne enflerait et, au bout de quelques secondes, un filet de sang s'écoulerait de son nez et de ses oreilles.

Kasia, horrifiée, s'imagina en train de commettre cet acte – elle se le figura d'autant mieux qu'elle ne voulait surtout pas le commettre. Elle considéra un instant les conséquences possibles de ce geste, puis se sentit affreusement coupable de nourrir de telles pensées. Mais elle était en colère et elle avait envie d'être violente. Elle imaginait l'expression stupéfaite, incrédule de M. Glass lorsqu'il tournerait les yeux vers elle juste après avoir reçu le choc – l'expression incrédule de quelqu'un qu'elle aurait poussé sous un train, au bout d'un quai désert –, et c'était cela qui faisait trembler ses mains, vaciller sa raison, et qui lui glaçait le sang dans les veines. Elle ne voulait surtout pas blesser M. Glass, et elle était terrifiée à l'idée de perdre le contrôle d'elle-même et de gâcher sa vie entière à cause d'une impulsion éphémère. Voilà pourquoi elle agrippa l'assiette de toutes ses forces et, après l'avoir posée en bonne et due place, fut incapable d'émettre un son, tant sa tension était vive. Elle partit sitôt son travail terminé, car elle redoutait de mettre le feu à l'appartement « exprès sans le vouloir ».

Elle tournait le coin de la rue, en route pour son rendez-vous, quand le téléphone sonna. Avec des gestes lents, Leo posa son assiette de ragoût et se leva. Avant même d'arriver à la cuisine, il savait que la personne qui appelait était quelqu'un de proche, sinon elle aurait déjà renoncé.

« Allô ?

— Bonjour, grand-père, c'est Sam. »

Un sourire éclaira le visage de Leo.

« Bonjour, Sam, comment vas-tu ?

— Bien, et toi ?

— Je me fais vieux. »

Ce fut au tour de Sam de sourire. « Vieux comme Mathusalem ?

— Davantage encore.

— Grand-père, je voulais juste te dire que, si tu as besoin de quelque chose pour le mariage de Mark, demande-le-moi, je m'en chargerai. Ton costume, le cadeau, tout ça… D'accord ?

— J'ai l'intention de porter mon vieux costume en velours. »

Il y eut un silence au bout du fil. « Tu plaisantes, je suppose ? »

Sam imagina Leo avec sa veste à larges revers et son pantalon qui laissait voir ses chevilles.

« À vrai dire, je pensais mettre le pantalon et offrir la veste à Mark comme cadeau de mariage.

— Bon, n'hésite pas à me rappeler, entendu ?

— Entendu, Sam. »

« Bonjour, monsieur Glass.

— Bonjour, Kasia, comment allez-vous, ce matin ?

— Bien, merci, et vous ?

— Oh, je suis vieux. »

Kasia sourit. « Mais vous êtes vieux tous les jours. En réalité, vous êtes plus vieux aujourd'hui que la dernière fois où je vous ai vu. Ça n'a rien de nouveau. »

Leo joua dans l'air un concerto imaginaire.

« Alors, votre entretien s'est bien passé ? Vous avez obtenu la place ?

— Vous connaissez la réponse, murmura Kasia, les yeux fixés sur ses mains. Pourquoi posez-vous la question ? Vous saviez déjà la réponse l'autre jour, vous n'avez rien dit par politesse.

— Pourquoi êtes-vous si en colère ?

— Je ne suis *pas* en colère. »

M. Glass marmonna quelque chose tandis que Kasia s'installait dans le fauteuil bleu. Elle prit le livre qu'elle lui lisait à ce moment-là – *Rebecca* – et une phrase se forma dans sa tête : *Je ne sais pas quoi faire*. Pourquoi est-ce que je n'arrive pas à la prononcer ? songea-t-elle. Allez, vas-y, sors-la.

« Je ne sais pas quoi faire », articula-t-elle, puis elle enleva ses chaussures et se pelotonna sur son siège tel un chat. Elle s'efforçait de paraître sûre d'elle et décontractée, mais intérieurement elle était en miettes. Elle se mit à marteler les accoudoirs avec ses poings.

« Je le sais. Ce n'est pas grave, vous trouverez, vous aurez une idée. Il faudrait que vous rencontriez mon petit-fils – le plus jeune –, lui non plus ne sait pas quoi faire. C'est un garçon charmant, vous devriez bien vous entendre, tous les deux. » Leo inclina la tête et dévisagea Kasia, qui contempla ses paumes de main, l'air gêné.

« Je ne… il ne… (Elle secoua la tête.) Et d'ailleurs, pourquoi les gens travaillent-ils ? Pourquoi s'embêtent-ils à travailler ?

— Eh bien, ces personnes ont besoin d'avoir un métier. Ou, dans certains cas, plusieurs.

— Mais pourquoi ? Pour quoi faire ? »

M. Glass la regarda. La tête appuyée sur l'accoudoir, le menton reposant sur ses poings fermés, le regard dans le vague, elle avait l'air d'une enfant. Leo aurait aimé la ramener à son enfance, lui raconter des histoires, lui expliquer des choses, l'observer quand elle le contredirait, comme font toujours les enfants. Mais il était trop tard.

« Pour l'argent. Pour leurs enfants. Pour leur mari. Pour elles-mêmes. Pour les crêpes. »

Il se mit à pleuvoir. M. Glass consulta sa montre ; il la tourna vers la lumière pour mieux voir, sans succès.

« Quelle heure est-il ? grommela-t-il.

— Midi et demi. Il faut que je prépare votre déjeuner.

— Exactement ce que j'avais prédit : de la pluie à midi et demi. Je l'ai écrit tout à l'heure sur un bout de papier… je l'ai mis quelque part par là. » Kasia se redressa. « Ne vous inquiétez pas au sujet du travail. Ça ira bien pour vous, un jour ou l'autre.

— C'est *maintenant* que je veux que ça aille bien », se rebiffa-t-elle, mais sans réussir à introduire dans sa réplique toute l'amertume souhaitée : il semblait que, d'une certaine façon, M. Glass avait réussi à la dissiper.

Kasia attrapa le bol de soupe dans la main droite, un verre d'eau et une cuillère dans la main gauche, et éteignit la lumière de la cuisine en appuyant sur l'interrupteur avec le bout de son nez. Puis elle retourna au salon ; la porte était presque fermée pour garder la chaleur de la pièce, et son premier réflexe fut de regarder en l'air, au cas où un félin s'apprêterait à bondir. On était vendredi, jour où elle ne travaillait pas au bureau de tabac et restait donc plus longtemps chez M. Glass, pour terminer ce qu'elle n'avait pas eu le temps de faire plus tôt dans la semaine. Ensuite elle rentrait chez elle et passait la soirée toute seule. La nuit tombait et c'était un moment où M. Glass aimait bien avoir de la compagnie, Kasia ne l'ignorait pas ; à bien y réfléchir, elle aussi aimait avoir de la compagnie à cette heure-là.

M. Glass, assis dans son fauteuil, regardait la télévision – ou, plus exactement, comme il le disait lui-même, il *voyait* la télévision. C'était l'heure des jeux télévisés. Kasia posa le bol, le verre et la cuillère par terre, débarrassa la petite table des livres, des tasses et des flacons de médicaments qui l'encombraient, et la rapprocha de M. Glass.

« Merci, Kasia. »

Elle leva les yeux et sursauta. M. Glass avait une araignée sur l'épaule – au creux de son épaule gauche, une grosse araignée absolument immobile mais prête à se sauver d'un instant à l'autre et à dégringoler le long de son cou ou sur sa poitrine, une araignée aux pattes assez longues pour enserrer une balle de tennis, une araignée qui paraissait d'autant plus noire qu'elle ressortait sur le coton blanc de la têtière.

Kasia frémit. Elle n'avait aucune idée de la façon dont M. Glass pouvait réagir. Eût-elle mentionné la présence de cette bête sur son épaule, il lui aurait expliqué que les araignées possèdent la faculté de demeurer complètement immobiles pendant de longues périodes – état qu'on nomme l'« immobilité tonique » et qui est utile à leur survie. Il lui aurait raconté qu'un jour, au Brésil, une araignée s'était aventurée sur la voûte de son palais alors qu'il dormait, qu'il s'était réveillé la gorge encombrée par une chose pleine de pattes, et qu'il l'avait fait descendre avec du café brûlant. Mais Kasia se tut et imagina sa propre réaction si elle avait eu une araignée sur l'épaule, supposant que M. Glass ferait de même : il risquait de se figer sur place et de ne plus jamais bouger, ou bien, pris de panique, de vouloir bondir de son fauteuil et de tomber par terre au moment où son cœur lâcherait. L'espace d'une seconde, Kasia songea à hurler de manière hystérique en montrant du doigt l'araignée, juste pour voir la suite, mais elle se retint. Honteuse de ses pensées, elle se rappela qu'il s'agissait de M. Glass et qu'elle n'avait aucune raison de lui causer du tort.

Elle s'approcha et se pencha sur lui en posant la main gauche sur son épaule ; elle referma le poing en évitant de serrer trop fort, pour ne pas tuer l'araignée. Celle-ci, affolée, se débattit et menaça de s'échapper par l'interstice entre le pouce et l'index. Kasia résista à la tentation de crier et de se débarrasser de la bestiole. Un frisson la parcourut ; elle crut un instant que l'araignée avait réussi à se sauver et grimpait le long de son bras.

M. Glass la regarda, confus de la voir debout près de lui, la main sur son épaule. Il éteignit la télévision.

« Tout va bien ? » s'enquit-elle en s'accroupissant devant lui et en posant la main droite sur la jambe gauche de M. Glass. Elle sentait l'araignée prête à s'échapper et à courir sur le visage de M. Glass, qui en aurait une attaque. Kasia serra le poing de toutes ses forces, jusqu'à enfoncer ses ongles dans sa paume de main.

« Très bien, oui. C'est gentil de vous soucier de moi, Kasia. Et vous, vous allez bien ? » L'animal avait presque cessé de se débattre, mais continuait pourtant à la chatouiller ; son bras commençait à devenir douloureux.

« Oui, merci. Je vous ai apporté un peu de soupe. » Ils restèrent silencieux puis, au moment où elle allait se relever, M. Glass lui effleura le menton, d'un geste aussi léger qu'une caresse d'araignée.

« Bonté divine, murmura-t-il, l'air surpris. Je ne l'avais jamais remarqué jusqu'à présent, mais vous avez une étoile qui veille sur vous. » Il laissa retomber sa main et fixa un point au-dessus de l'épaule gauche de Kasia.

« Quoi ? » fit Kasia en se relevant et en fronçant les sourcils. M. Glass contemplait toujours en silence un point dans l'espace.

« Une étoile, au-dessus de votre épaule. Elle est là, simplement, et elle veille sur vous. »

Les yeux de Leo pétillaient et Kasia ne savait quelle attitude adopter. Elle était embarrassée.

« Que voulez-vous dire ?

— Cela signifie que vous ne devez pas vous inquiéter, tout ira bien. Elle se tient juste au-dessus de votre épaule gauche et elle vous protège. »

Kasia sentit l'araignée gigoter encore un peu au creux de sa main.

« La soupe est au poulet et au maïs. Si vous avez besoin de moi, je suis à la cuisine. »

Elle sortit du salon, le poing gauche toujours fermé. Une fois dans la cuisine, elle fit couler de l'eau et ouvrit la main : au milieu d'une bouillie noir et rouge, quelques pattes intactes, couvertes de poils courts, remuaient encore ; sous ses ongles, la membrane externe de l'animal formait des traces noires.

Elle frémit en mettant ses mains sous l'eau et regarda les débris de l'araignée se détacher de sa paume et tournoyer dans l'évier avant de disparaître dans le trou d'écoulement. Le bruit de l'eau qui giclait dans l'évier en aluminium et le chuintement du réservoir couvraient un autre bruit : si quelqu'un avait regardé du côté de la cuisine, il se serait aperçu que Kasia avait la tête penchée, les épaules légèrement courbées, et qu'elle pleurait. Tout en ôtant de sa paume de main rougie les petits bouts de pattes de l'araignée, elle était secouée de sanglots et des larmes roulaient sur ses joues. Elle ne pleurait pas pour l'araignée, elle s'en fichait, maintenant. Kasia pleurait à cause de ce que M. Glass lui avait dit à propos de l'étoile : elle souhaitait tellement que ce fût vrai…

« Vous êtes pressée, ce soir ? » s'enquit M. Glass d'une voix rauque, et il baissa le son de la télévision. Kasia hocha la tête négativement. « Vous savez, ma femme m'appelait "Leo le Modéré". On ne croirait pas, à me voir aujourd'hui, n'est-ce pas ? » Il rit et se tapota l'estomac. « Elle pensait que je mettais de la modération dans tout ; parfois elle trouvait ça bien, et à d'autres moments elle jugeait que cela faisait de moi un homme médiocre, moyen, propre à tout et bon à rien. Elle estimait que tout faire avec modération révélait un manque de caractère, que c'était conformiste et raisonnable, deux mots très péjoratifs à ses yeux. »

Kasia haussa les sourcils. Pour elle, devenir conformiste et raisonnable était précisément ce vers quoi tendaient tous ses efforts.

« Je me rappelle, un jour – nous nous connaissions depuis peu –, elle devait aller chez le coiffeur ; je lui ai demandé si elle avait l'intention de se faire faire une permanente, ou une mise en plis, et elle m'a répondu qu'elle voulait se faire couper les cheveux plus court.

J'ai éclaté de rire et je me souviens de lui avoir dit : “Tu peux difficilement les faire couper plus long.” Peut-être à cause de cette réflexion, je ne sais pas, elle est revenue de chez le coiffeur avec les cheveux courts comme un garçon. De nos jours, ce ne serait pas choquant, mais à l'époque… Je ne savais quelle attitude adopter avec elle, mais qu'aurais-je pu faire ? C'est ma nature, je suppose.

— Où l'aviez-vous rencontrée ? »

Kasia s'installa dans le fauteuil bleu, libéra ses cheveux de l'élastique qui les retenait et les démêla avec ses doigts.

« Au Brésil. Elle était brésilienne. Natália. » Dans la bouche de M. Glass, ce prénom avait une riche sonorité, on aurait dit du miel qui coulait de ses lèvres. « Quand je l'ai épousée, j'avais vingt-huit ans, elle vingt-cinq. À peu près votre âge, sans doute.

— J'ai vingt-trois ans.

— Ah oui ? Je vous croyais plus âgée. (Il se gratta la tempe d'un air songeur.) C'était une créature fort étrange. Je pense que mes parents ne l'ont jamais comprise. Elle avait le caractère d'un ours et la volonté d'un bœuf. Mais je l'aimais. »

M. Glass esquissa un sourire. « Ou plutôt, c'est pour cela que je l'aimais. Et je l'aimais très fort. »

Kasia enleva ses chaussures et ramena ses jambes sous elle.

« Nous nous sommes mariés en Angleterre, dans le Lincolnshire, ma région natale, puis nous sommes allés vivre à Oxford, où j'avais obtenu un poste de professeur. Elle détestait Oxford. Au début, elle disait que c'était une belle ville, qui avait du charme sous la pluie, mais au bout de quelque temps elle lui a paru guindée et arriérée. Quand il faisait beau, elle enfilait sa robe rouge, sortait nu-pieds et marchait, sans but précis, à travers les rues pavées. Bien sûr, beaucoup de gens savaient qui elle était (Oxford était une toute petite ville, à l'époque), mais elle, elle les ignorait superbement, regardant droit devant elle quand elle croisait le président de la faculté où j'enseignais, ou faisant semblant de ne pas voir le recteur de mon université. Je l'ai suppliée de se comporter correctement, je l'ai implorée de se montrer bien élevée, et après cela ce fut pire, évidemment. Je m'en rends compte aujourd'hui, j'aurais dû m'abstenir de toute remarque. Ensuite, elle est tombée enceinte et elle a retrouvé sa joie de vivre. Les gens la regardaient toujours dans la rue, mais parce qu'elle resplendissait et que c'était insolite de croiser cette femme imposante, à la peau sombre, dans les rues d'une petite ville d'Angleterre.

« Lorsque notre fils Robert a eu douze ans, elle est repartie au Brésil pour des vacances. À son retour, ça a recommencé, elle récriminait contre tout : l'Angleterre était un pays mortel, les habitants étaient guindés et hostiles, le temps exécrable, la nourriture insipide. Elle répétait cela indéfiniment et son attitude a empiré ; quand il pleuvait, elle courait dans les rues en injuriant le ciel, et un jour on l'a surprise en train de danser sur les tables de la bibliothèque de la faculté. Elle me parlait à peine et elle prit l'habitude de se mettre en colère contre les objets de la maison : elle s'emportait contre le fourneau, la rampe de l'escalier, le fauteuil. Je lui ai proposé d'aller vivre à São Paulo avec elle, mais elle a refusé. "C'est *toi* qui deviendras comme *moi*", m'a-t-elle dit. Quand Robert a eu quinze ans, elle est retournée là-bas, et cette fois elle n'est jamais revenue. J'ai écrit à ses parents, ils n'ont pas répondu, j'ai écrit à tous les gens que je connaissais, suppliant qu'on me donne des nouvelles, qu'on me dise au moins si elle allait bien. Personne ne savait rien. Voilà tout. (Leo se gratta le visage.) Je n'ai plus jamais entendu parler d'elle, et Robert non plus.

— Mais où était-elle allée ? interrogea Kasia, déçue par la fin de l'histoire.

— Je l'ignore, répondit Leo avec un haussement d'épaules. Je l'ignore complètement. »

Le temps était clair, aujourd'hui. Leo avait passé la plus grande partie de la matinée à guetter le bruit de la clé de Kasia dans la serrure ; il avait contemplé le ciel, en avait admiré la couleur, il avait parlé avec Avril, et c'était à peu près tout.

« Vous faites ce travail depuis longtemps ? Cela vous plaît de vous occuper de vieillards grincheux ? questionna-t-il quand la jeune femme lui apporta son déjeuner.

— J'avais besoin de travailler, la municipalité m'a dit de faire ça, alors je le fais. » Elle s'assit dans son fauteuil et examina ses mains, sèches et craquelées à force de laver sans gants la vaisselle.

« Mais si vous aviez la possibilité d'exercer le métier que vous préférez par-dessus tout, que choisiriez-vous ? insista M. Glass en manipulant les boutons de la télécommande.

— Je n'en sais rien et ça n'a pas vraiment d'importance. Je n'ai pas le choix, de toute façon.

— Vous pourriez faire tout ce que vous voulez, absolument tout. Vous êtes trop intelligente pour vous occuper d'un vieux bonhomme comme moi, voyons. »

Kasia sentit monter en elle un sentiment qu'elle eut du mal à identifier – était-ce de la colère ? – et qu'elle dissimula de son mieux. « Non, répondit-elle avec le sourire, je ne peux pas faire tout ce que je veux.

— Mais pourquoi ? Vous êtes jeune ! »

Ne t'énerve pas, s'exhortait Kasia, ce n'est pas sa faute, garde ton calme. « Parce que j'ai un casier judiciaire. » Ça y est, je l'ai dit. Maintenant je vais partir d'ici et ne plus jamais revenir. Quelle personne saine d'esprit accepterait de laisser son vieux père aux mains d'une femme qui a un casier judiciaire ? Pourquoi venait-elle de fiche en l'air son boulot ? Était-ce à cela que la psychologue de la prison faisait allusion en disant que Kasia était autodestructrice ?

Le silence s'installa. Rien ne bougeait dans la pièce, ni les rideaux à la fenêtre, ni les gravures sur les murs, ni les livres sur les étagères. Kasia réalisa pour la première fois l'immobilité absolue de l'existence de M. Glass, l'absence totale d'événements dans sa vie.

« En quoi cela a-t-il une incidence du point de vue du travail ? Vos employeurs sont-ils obligés de le savoir ? » interrogea M. Glass en hochant la tête.

Kasia en eut presque le souffle coupé mais s'efforça de ne pas montrer sa surprise. « Oui, ils sont au courant. Ils ont besoin de savoir ce que vous avez fait dans la vie, pour quelle raison vous n'avez pas travaillé avant. On ne peut pas faire grand-chose de sa vie quand on est en prison. »

M. Glass hocha la tête, une fois de plus, et tous deux restèrent silencieux un moment, prêtant l'oreille au bruit de la circulation dans la rue.

« Alors, quel métier pouvez-vous exercer ? » questionna gentiment M. Glass.

Kasia s'agita sur son siège. Elle n'aurait jamais dû raconter tout ça, elle s'était pourtant juré de ne rien dire. En même temps, sans savoir pourquoi, elle se sentait soulagée : elle avait gardé cela trop longtemps pour elle-même. « Actuellement, je suis en contrat de réinsertion, expliqua-t-elle. L'association me procure du travail, du moins le genre d'emplois pour lesquels elle reçoit de l'argent du gouvernement et qui lui permet de me surveiller de près. Mais je ne peux pas envisager de me mettre sur le marché du travail, je n'ai aucune chance d'obtenir un véritable emploi. Je suppose que je passerai ma vie en contrats de réinsertion. » Elle se tut quelques instants. « Vous ne voulez pas savoir ce que j'ai fait ?

— Avez-vous envie de m'en parler ?

— Et si j'avais assassiné une personne âgée, si j'avais versé du poison dans son thé ? »

M. Glass ferma les yeux. « Cela n'a pas d'importance.

— Comment ça ? Pour moi, ça en a ! D'abord, ma peine aurait été plus longue.

— Oui, bien sûr, vous avez raison, excusez-moi. Ce que je voulais dire, c'est que, pour *moi*, cela n'a pas d'importance. Ça ne change rien.

— Eh bien, pour moi, ça fait une sacrée différence, éclata brusquement Kasia. Une différence colossale ! Ça change tout, dans ma vie, figurez-vous ! Comment pouvez-vous affirmer tranquillement que cela ne change rien, alors qu'en réalité ça change tout ? Parce que, si ce n'était pas arrivé, je ne serais pas assise ici, dans ce fauteuil, en ce moment même, et je n'aurais pas besoin de m'occuper de personnes âgées ! »

Kasia éructait et lui lançait des regards furieux.

M. Glass la fixait de ses yeux bleus ; il ne voulait perdre aucune des expressions de la jeune femme. Kasia soupira mais son souffle se transforma en hoquet ; elle porta une main tremblante à son visage pour vérifier qu'elle ne pleurait pas. Il fallait toujours qu'elle gâche tout, c'était son talon d'Achille, le défaut de sa cuirasse. Elle avait honte. Pourquoi s'en prenait-elle systématiquement à la mauvaise personne ? Il lui avait dit des choses tellement gentilles. Des choses que personne d'autre ne lui dirait jamais. Elle n'avait pas rêvé, il avait dit que ce qu'elle avait fait ne changeait rien pour lui. *Ce qu'elle avait fait ne changeait rien pour lui.*

Elle serra les mâchoires et se tut. M. Glass regarda par la fenêtre. Kasia essaya de recouvrer son souffle.

« Je suis désolée », murmura-t-elle, le regard baissé.

Au moins il est au courant, songeait-elle. J'ai peut-être tout fichu en l'air, mais au moins il est au courant. Et, soudain, elle se sentit beaucoup mieux, parce que plus rien ne semblait avoir d'importance.

« Vous devriez manger avant que ce soit froid. Désirez-vous du thé ? demanda-t-elle en se levant.

— Oui, acquiesça-t-il en la dévisageant. Avec un nuage de lait, et un sucre. Mais pas de poison. »

Il l'avait prise au dépourvu : elle ne put s'empêcher de sourire. Il rit. Elle resta là un instant, surprise de ne plus ressentir de colère.

# 10

Sam avait été surpris que Henry veuille venir avec lui. Il savait qu'en tant que journaliste Henry était toujours à l'affût de nouvelles expériences, de nouveaux sujets sur quoi écrire. Cette fois, pourtant, il s'agissait d'un engagement de taille, qui exigeait une préparation et un apprentissage, une mise en condition physique, un changement de régime alimentaire, une recherche de financement. Cela n'effrayait pas Sam, en réalité il y pensait à peine : il était obnubilé par le résultat final et rien d'autre ne comptait à ses yeux. Il s'inscrivit à un club de sport près de l'agence et décida de se lever à six heures le matin pour s'entrainer pendant une heure environ avant d'aller au bureau. Il se mit aussi à courir davantage : il courait pour rentrer chez lui le soir et dépassait en chemin les ivrognes qui traînaient dans les rues ; exalté par l'air nocturne, tout lui semblait merveilleux : le ciel, l'espace, les boutiques, les passages piétons. Il courait jusqu'à en avoir mal, et même un peu au-delà. Il se réjouissait des possibilités de son corps, était heureux de voir jusqu'où il pouvait aller s'il en avait la volonté. Du coup, il en oubliait l'heure. Cela ne le dérangeait pas le moins du monde de se coucher à minuit et demi, après avoir couru durant une heure. La seule chose qui lui importait, c'était de courir, et chaque fois il avait l'impression de pouvoir courir toute la nuit.

Sam attrapa sur sa table une pile de pubs Shadows et fila au service du courrier. Chaque fois qu'il pénétrait dans ce bureau, il éprouvait le sentiment qu'il allait mourir étouffé : c'était une petite pièce sombre et malodorante, située au rez-de-chaussée, avec une porte fermée en permanence et un guichet où frappaient les coursiers. Sam entra en retenant sa respiration. Simon était assis à son bureau, entouré comme d'habitude de paquets de biscuits de différentes sortes. Sur la table s'étalaient aussi trois paires de ciseaux ouverts, tels des crocodiles bâillant au soleil, deux canifs, ouverts également, ainsi qu'un couteau de cuisine, « au cas où ». Tout le long du bureau de l'Homme aux Couteaux (ainsi surnommait-on Simon derrière son dos), une rangée de punaises, pointes en l'air, ressemblait à une armée de toupies prête au combat.

« Simon, j'ai besoin d'un tube pour ces affiches, tu en aurais un ? demanda Sam d'une seule traite.

— J'ai un canif », répliqua Simon sans esquisser le moindre mouvement.

Sam perçut un bruit de pet. Oh non ! pas ça, pria-t-il en silence.

« Super, mais ce qu'il me faut, c'est un tube. Je voudrais éviter de les plier, tu comprends.

— Ah, je vois. Pourquoi tu n'utiliserais pas l'intérieur d'un rouleau de papier toilette ?

— Euh, non, fit Sam, en évitant de justesse de s'asseoir sur le bord du bureau. J'ai besoin d'un tube épais, fermé aux extrémités par un couvercle en plastique, tu vois ce que je veux dire ? » Il jeta un coup d'œil circulaire, aperçut des tas d'enveloppes mais pas de tubes. L'Homme aux Couteaux saisit une paire de ciseaux et un canif, puis frotta la lame du canif entre les branches des ciseaux.

« Je t'aime bien, Sam, déclara Simon en accélérant son mouvement. Alors, je te permets de chercher toi-même. »

À cet instant, quelqu'un frappa au guichet ; Simon s'empressa d'ouvrir la vitre.

« Un paquet urgent pour M. Z. Bennett. Signez là, s'il vous plaît. »

L'Homme aux Couteaux posa l'enveloppe matelassée sur un meuble de rangement et signa le reçu. Le téléphone sonna. Simon se leva pour aller à l'autre bout de la pièce. Sam, tout en cherchant les tubes, s'approcha du meuble de rangement, posa ses affiches par terre et avisa une boîte avec un couvercle : les tubes s'y trouvaient, il en prit un, ramassa ses affiches et sortit du bureau. L'Homme aux Couteaux était toujours au téléphone. L'enveloppe matelassée avait disparu.

Une fois dans l'escalier, Sam hésita : allait-il descendre ou monter ? Quelle importance ? Il avait un colis à remettre, mais le livrerait-il ? Il entra aux toilettes, ferma le verrou, rabattit le siège et s'assit ; puis il déposa par terre tout son fourbi et se mit à examiner le paquet – une enveloppe matelassée blanche, pas très grande, sans indication d'expéditeur, avec les coordonnées de Zach écrites au feutre noir épais. Pourquoi l'avait-il emportée ? Il s'agissait sans doute d'une cassette ou d'un catalogue, Zach devait recevoir plein de trucs de ce genre. Sam ramassa l'enveloppe et la palpa ; il fut surpris de constater qu'elle était très souple et pouvait se plier dans les deux sens. Il la secoua, la flaira, la leva dans la lumière – qu'espérait-il voir à travers une enveloppe matelassée ? –, puis glissa le doigt dans l'interstice à une des extrémités et commença à tirer. Qu'est-ce que je suis en train de faire ? s'interrogea-t-il. Il regarda à l'intérieur mais ne vit pas grand-chose ; il introduisit sa main dans l'enveloppe et ressortit deux petits sachets en plastique transparent, à l'intérieur desquels il découvrit de la poudre blanche.

« Oh merde ! jura Sam entre ses dents. Merde de merde de merde de merde ! » Complètement ahuri, il contempla un moment le paquet entre ses mains. « Putain de bordel de merde ! Mais qu'est-ce qui t'a pris, Sam Glass ? »

Que faire, maintenant ? Il réfléchit à toute vitesse. Remplacer l'enveloppe et la remettre à sa place dans la salle du courrier (mais on risquait de le surprendre, et il perdrait son boulot). Vendre les sachets à quelqu'un de l'agence (mais il serait découvert et perdrait son boulot). Mieux encore, il pourrait les revendre au fournisseur de l'agence, Jake, du département télé, qui était sollicité en permanence – « T'aurais pas un peu de coco pour le week-end, Jake ? » Mais Jake était-il digne de confiance ? S'il parlait, Sam perdrait son boulot. Quoi d'autre ? Téléphoner à la police (là, il était certain de perdre son boulot). Cacher l'enveloppe – mais Simon se rappellerait sûrement que Sam était la dernière personne à avoir quitté la salle du courrier, et Sam perdrait son boulot. Sam imaginait le scénario : Zach attend ce paquet, le paquet n'arrive pas, Simon se souvient de ma présence dans la salle du courrier, je perds mon boulot.

Sam regarda une nouvelle fois les sachets de poudre et l'évidence s'imposa à lui : j'ai perdu mon boulot. Seulement, je ne veux pas perdre mon boulot, je souhaite le redonner aux gens qui me l'ont offert, j'ai envie de le leur restituer en leur disant : « Voilà, je vous rends ce boulot de merde, je déteste la pub et je pars pour l'Antarctique. »

D'autres idées lui vinrent peu à peu à l'esprit. Puisqu'il avait l'intention de démissionner de toute façon, pourquoi ne pas se payer une bonne partie de rigolade ? Il pourrait téléphoner à Henry – il avait sûrement des amis journalistes qui seraient intéressés. Mais était-ce si intéressant que cela ? Un titre du genre

*De grands pontes de la publicité trouvent l'inspiration dans les paradis artificiels* attirerait-il davantage l'attention que des articles sur les écrivains en panne d'inspiration ou les acteurs au chômage ? Jamais, au grand jamais, la presse n'écrivait noir sur blanc le mot « cocaïne ». Sam songea soudain que, s'il devait perdre son travail à cause de ces deux sachets de poudre blanche de Colombie, alors autant le faire avec panache. S'il devait perdre quelque chose, l'agence allait elle aussi y laisser des plumes.

Sam était assis à son bureau, un téléphone dans chaque main, quand, deux jours plus tard, un mercredi, une grande enveloppe parvint au ministère de la Santé. Elle était adressée à Tim Jade, un homme d'une trentaine d'années, gras, aux cheveux clairsemés et au sourire hypocrite. Tim était responsable, entre autres, des relations avec les agences de publicité qui travaillaient sur un certain nombre de projets du ministère. L'une de ces agences avait été chargée de la campagne en faveur de l'insertion des jeunes, quelques années plus tôt ; une autre avait réalisé une action auprès des écoles pour la prévention de la rubéole et du tétanos. Actuellement, l'une d'entre elles préparait, pour une opération antidrogue, des affiches qu'on collerait à l'extérieur des collèges et dans les grandes cités.

Ce matin-là, Tim était en retard ; lorsqu'il arriva enfin à son bureau (à dix heures dix), l'enveloppe l'attendait sur sa table. Il mit en marche son ordinateur, échangea quelques mots avec sa secrétaire, partit se chercher une tasse de thé, revint dans son bureau et passa un moment au téléphone. Ensuite, il commença à dépouiller son courrier. Tim ne recevait pas souvent de grandes enveloppes par la poste et elles excitaient sa curiosité ; il réserva donc celle-ci pour la fin et éplucha tout le reste avant.

À onze heures précises, l'air anxieux, il frappait à la porte de sa supérieure hiérarchique. Il lui montra la grande enveloppe, dont il sortit d'abord une enveloppe plus petite, puis – à la manière des poupées russes – deux sachets transparents contenant une poudre blanche. Sa supérieure était une personne calme ; elle pria Tim d'étaler le tout sur la table : la grosse enveloppe adressée à Tim (avec l'étiquette tapée à la machine), la petite enveloppe adressée à M. Z. Bennett, et les deux sachets en plastique transparent.

« Il serait extrêmement gênant que cette affaire parvienne aux oreilles des journalistes, dit la supérieure hiérarchique de Tim Jade. Je vois d'ici les titres dans la presse : *Saisie de cocaïne dans une agence de publicité responsable d'une campagne anti-drogue*. C'est nous – vous et moi – qui paierions les pots cassés, sans l'ombre d'un doute. (Elle poussa un soupir.) Dommage, j'aimais bien leur travail. Ça ne vous ennuie pas de les appeler, ou préférez-vous que je m'en charge ? »

Les formulaires d'inscription leur parvinrent le jeudi suivant, et Sam courut jusque chez Henry pour étudier avec lui la façon de les remplir. Il se perdit en route (d'habitude il prenait le métro) mais peu importait : courir dans des rues de Londres qu'il ne connaissait pas lui procurait un tel sentiment de liberté qu'il avait l'impression de pouvoir voler. Il avait envie de crier, de sauter, de plonger, de faire des bonds en l'air.

Ils eurent plus de mal à remplir le dossier de Henry que celui de Sam, car, même si Henry avait choisi géographie à la fac, son mémoire portait sur l'Écosse et il n'avait donc jamais participé à une véritable expédition.

« Je suis allé à Venise avec le collège, on effectuait des recherches sur "L'homme et les marées". Tu crois que ça compte ? »

Ils remplirent les fiches avec soin, omettant ou modifiant certains renseignements. Sam envisagea brièvement d'ajouter une note qui mentionnerait Leo (« Mon grand-père est allé en Antarctique, autrefois ! N'est-ce pas le signe que je dois m'y rendre à mon tour ? »), puis il y renonça. Il observa Henry qui mâchouillait son stylo et tapait du pied : il était manifestement très excité à l'idée de ce voyage – une excitation à fleur de peau.

« Tu sais, Henry, il nous reste des tas de choses à faire avant de partir. Pour l'instant, nous avons juste rempli des formulaires, ce n'est rien. » Sam enleva ses lunettes et les essuya sur sa chemise.

« On va s'en occuper, Sammy, ne t'inquiète pas. L'Antarctique ! Tu imagines ? Toutes ces étendues blanches ! Quand mon père saura ça… Et Sara ! Tu l'as dit à Gray ?

— Non, pas encore. Il faudra choisir avec précaution les personnes à qui on en parlera, et le moment propice.

— Bon sang, j'ai l'impression d'entendre mon père ! s'exclama Henry en s'affalant sur le canapé.

— Et moi, j'ai l'impression d'entendre un gamin ! Il faut qu'on réfléchisse à la façon de réunir les fonds. Il faut qu'on soit en bonne condition physique, et il ne s'agit pas seulement de perdre quelques kilos superflus mais de pouvoir survivre dans des conditions extrêmes. On doit lire des bouquins, aussi. Que sais-tu de l'Antarctique, tu peux me le dire ? Par exemple, quelle en est la superficie ?

— Grande.

— Le climat ?

— Neigeux.

— La faune ?

— Les pingouins.
— La flore ?
— Les perce-neige.
— La densité de la population ?
— Deux Esquimaux et un husky. Le double quand on y sera, toi et moi.
— Source de nourriture ?
— Crème glacée.
— Menaces pesant sur l'environnement ?
— Nulles pour le moment. J'aurai le droit de fumer, là-bas ?
— Situation politique ?
— Calme. Il y a eu des émeutes de pingouins en 1979, dues à une pénurie de smokings ayant engendré des problèmes d'identité. Depuis, seuls les phoques ont manifesté, et toujours de façon pacifique : ils s'allongent sur la banquise et, à la manière des manifestants antinucléaires, scandent : "Nous ne... nous ne... nous ne bougerons pas !"
— Le pays le plus proche ?
— L'Australie. Tu peux imaginer deux régions plus dissemblables ? »

Sam hocha la tête. « Tes connaissances au sujet de l'Antarctique se résument à peine à quelques lignes.
— Mais quelles lignes ! En tout cas, je connais l'essentiel : je sais qu'Amundsen a devancé de peu Scott au pôle Sud, et je connais aussi l'histoire de ce capitaine qui, sur le chemin du retour, a dit quelque chose du genre : "Je sors faire un tour" et qui est mort en se baladant.
— Oates. Le capitaine Lawrence Oates. "Je sors, et serai peut-être quelque temps dehors." Il n'est pas parti en balade, il a rampé hors de la tente, sans mettre ses chaussures. » Sam se tut, puis reprit : « L'Antarctique est le continent le plus froid, le plus aride, le plus élevé et le plus venté de la Terre. Cette contrée comporte, au-dessous de son plateau polaire, une

chaîne de montagnes aussi hautes que les Appalaches. Elle représente un dixième de la surface des terres du globe. Elle est une fois et demie plus étendue que les États-Unis. Elle est située à l'extrémité inférieure de la Terre, tout en bas. La plupart du temps on l'oublie – ce qui lui convient. »

Henry regarda Sam avec surprise.

« Elle est bleu et blanc. Parfois, le bleu est presque transparent, parfois il est d'une telle intensité que tu n'as jamais vu un bleu pareil. Le blanc aussi est éclatant, plus que tu ne saurais l'imaginer – il étincelle presque autant que le rouge ou l'orange, et il t'aveugle. Ce blanc s'étend à perte de vue, sur des kilomètres et des kilomètres, et ces étendues de blanc sont absolument désertes.

« Je ne t'ai posé que des questions faciles. Il y en a un tas d'autres auxquelles nous devrons être capables de répondre : Quelle trajectoire suit le Soleil quand il fait jour vingt-quatre heures sur vingt-quatre ? Est-ce vrai que, si on lance de l'eau bouillante en l'air, elle retombe quelques secondes plus tard sous forme de glace ? Quelle direction indiquent les boussoles quand on est au pôle ? De quel côté se trouve le nord ? De quel côté le sud ? Qu'est-ce qu'une cascade gelée ? Une oasis ? Des parhélies ? Où se situe le mont Erebus ?

— D'accord, d'accord, tu as gagné », admit Henry, qui se gratta le crâne puis examina ses ongles.

Sam poursuivit : « En hiver, la température descend à – 70 °C et le vent atteint une vitesse de près de 200 km/h. Le continent double alors de volume, à cause du gel des mers, et un seul mammifère ne déserte pas la région à cette période de l'année : le phoque de Weddell, dont le lait contient soixante pour cent de matière grasse. Tu te rends compte ? Téter une maman phoque, ça doit être comme sucer une glace Häagen-Dazs ou de la crème fraîche bien épaisse. Il existe un seul oiseau au monde dont les plumes ne poussent pas par plaques : le pingouin. Les pingouins ont des plumes qui poussent sur chaque centimètre carré de leur peau, on dirait de la fourrure – on imagine bien pourquoi.

— Les pingouins ne sont pas des mammifères ? »

Sam éclata de rire et tendit à Henry un gros volume intitulé *L'Antarctique*. « Lis ça, je t'en prie, sinon nous n'avons pas l'ombre d'une chance d'être pris. »

Ce soir-là, lorsque Sam rentra chez lui, il se mit à relire sa fiche d'inscription ; parvenu au bas de la feuille, il se rendit compte qu'il avait bêtement oublié de la signer. Cela lui arrivait souvent à l'agence : il avait envoyé un nombre incalculable de fax, et même de lettres, non signés ; il avait envie de rentrer sous terre chaque fois qu'il s'en apercevait.

Il attrapa un bic dans le tiroir de son bureau et hésita avant de signer, à cause de la déclaration sur l'honneur. Il se leva, bic en main, et contempla la carte de l'Antarctique épinglée au-dessus de son lit à la place de celle de l'Asie. Ses yeux suivirent la côte, qui lui rappelait les bords dentelés d'une crêpe, mais au lieu des lignes de la carte il imagina des falaises, des glaciers et de vastes paysages blancs – si vastes qu'il ne pouvait les embrasser d'un seul regard.

« C'est beau, une carte », se dit-il, mais celle-ci n'était pas excellente. En réalité, aucune carte ne pouvait le satisfaire, car ce que désirait Sam c'était voir l'Antarctique de ses propres yeux. Il avait envie de sentir les effets du froid sur sa chair, de fouler ce continent où l'homme ne peut pas vivre, d'entrevoir une petite partie du grand secret de cette région du bout du monde. Quelque chose en lui frémissait, vibrait, tremblait, chaque fois qu'il pensait à l'Antarctique. Il voulait contempler cette étendue déserte, éprouver son inhospitalité, saisir son esprit, goûter son silence. C'est le seul continent qui ne peut être apprivoisé, pensait-il. Le cœur battant, il signa le formulaire d'inscription.

Quand Lauren entra dans son bureau, le lendemain, elle avait l'air éreintée. Elle était toujours belle, mais manifestement épuisée. Son téléphone portable sonna toute la matinée ; chaque fois, elle allait s'isoler dans une pièce inoccupée pour répondre. À un moment donné, tandis qu'elle tapait à la machine, Sam la surprit esquissant le geste d'essuyer une larme ; il regarda mieux et pensa qu'il avait dû se tromper. Il lui envoya un e-mail : *Ça va ? Sxx*.

Gail descendit de l'étage de la direction et annonça que l'agence avait perdu le contrat pour la pub antidrogue du ministère de la Santé, mais qu'apparemment personne ne savait pourquoi. Sam feignit d'être surpris et consterné comme les autres mais, peu sûr de ses talents d'acteur, il retourna s'asseoir à son bureau. Un e-mail de Lauren l'attendait : *Quelques difficultés du côté Z. On déjeune ensemble* ?

Lorsqu'ils s'attablèrent à la pizzeria, Lauren avait une mine encore plus effrayante que le matin. Trois savons coup sur coup, plus une discussion interminable avec un client avaient élargi les cernes sous ses yeux et accentué la pâleur de son visage.

« Tu as l'air fatiguée.

— Je suis restée debout la moitié de la nuit. Je me suis couchée à quatre heures, et j'avais un rendez-vous à huit. Et nous ne sommes que mercredi, tu imagines mon état vendredi. En plus, Gordon m'a dit ce matin que j'étais "puérile" à propos d'une pub pour Hitsui qui doit passer le mois prochain, et dont le script ressemble en tout point à des pubs qu'on vient de vendre à Askhams.

— C'est une spécialité de l'agence McLeod Seagal Gale : depuis des années, la plupart de nos pubs tournent autour d'un seul concept. Qu'est-ce qui t'a tenue éveillée jusqu'à quatre heures du matin, si ce n'est pas indiscret ?

— En tout cas, pas la baise. Surtout, ne le répète à personne, Sam : j'avais l'intention de plaquer Zach parce que j'en avais marre, mais il n'a rien voulu entendre. Il m'a empêchée de partir de chez lui pour rentrer me coucher, il a exigé que je m'explique, j'ai dû répéter cent fois la même chose. »

On leur servit les pizzas, et ils commencèrent à manger.

« Il ne t'a pas brutalisée, au moins ?

— Non, non, ce n'est pas un homme violent, seulement… pour être franche, je suis désolée pour lui, il ne supporte pas d'être seul, tu comprends. Et puis, il est d'une humeur de chien pour une autre raison, aussi.

— Laquelle ?

— Tu ne diras rien à personne ?

— Promis.

— C'est à cause de lui qu'on a perdu le contrat avec le ministère de la Santé.

— Ah bon ? Comment ça se fait ? Un conflit ?

— Non. (Lauren respira à fond.) Zach faisait souvent livrer sa coke à l'agence par coursier. Quelqu'un a piqué la dope, qui se trouvait dans une enveloppe à son nom, et l'a envoyée au client.

— Tu blagues ! » s'exclama Sam en prenant un air stupéfait.

Lauren secoua la tête. « Il est bien décidé à connaître le fin mot de l'histoire. Il aimait vraiment le travail qu'on réalisait pour eux, et il estime qu'ils se sont montrés naïfs.

— N'empêche, on peut comprendre leur point de vue.

— Oh oui, absolument. J'aurais réagi de la même façon. »

Sam sourit à Lauren mais un frisson lui parcourut l'échine. Il changea de sujet.

« Alors, Zach n'accepte pas que tu le quittes ?

— Il dit qu'il est amoureux de moi.

— Plutôt sympa.

— Non. On est sortis très peu ensemble et, comme il est toujours sur sa planète blanche, il n'a conscience de rien. On n'a baisé que trois fois, bon sang !

— C'était bien ?

— Ne compte pas sur moi pour répondre à cette question, répliqua Lauren en riant.

— Oh ! allez, dis-le-moi. De toute façon, tu m'as demandé de garder le secret. Il a quel âge ? Quarante, quarante-cinq ? Il ne serait pas un peu... fatigué ? » Lauren ne put s'empêcher de rire.

« C'est oui, alors. Et ses pratiques ? Rien d'inhabituel ?

— Ça dépend de ce que tu entends par inhabituel. En général, je n'aime pas baiser avec des types qui jouissent trop vite, si c'est ce que tu veux dire. » Lauren essayait de garder son sérieux.

« Tu te moques de moi », dit Sam, un sourire aux lèvres.

Lauren secoua la tête. « Ne le répète surtout pas à qui que ce soit, je t'en prie, ou je perds mon boulot. À propos, tu es au courant pour Phil ? » Sam mastiqua sa pizza et fit un signe de tête négatif.

« Il a démissionné.

— Démissionné ? » Sam se réjouit : la lettre qu'il avait envoyée à Phil avait donc produit son effet. « Voilà une nouvelle fantastique, on devrait commander du vin pour fêter ça.

— Pourquoi es-tu si content ? Je croyais que tu aimais bien Phil.

— Exact, et je pense qu'il sera mieux n'importe où ailleurs.

— Gagné ! Le plus drôle, c'est qu'il a raconté partout avoir reçu une lettre le prévenant qu'il allait être licencié. Bizarre, non ? Une vraie énigme à la Sherlock Holmes. Maintenant, je m'attends à recevoir d'un jour à l'autre une enveloppe avec je ne sais quels indices bizarres à l'intérieur. »

Lauren repoussa son assiette ; la croûte de la pizza formait un cercle parfait autour du centre entièrement dévoré.

« Alors, Zach...

— Sam ! Tu es obsédé, ma parole !

— Combien gagne-t-il ?

— Non, non et non ! Plus un seul mot ne franchira mes lèvres.

— Dans ce cas, réponds en faisant oui ou non avec la tête. Deux cents ? Trois cents ? Un demi-million ?

— Deux cent cinquante.

— Deux cent cinquante mille livres sterling pour sniffer de la coke toute la journée et bafouiller de temps en temps. "Ça-c'est-une-bonne-pub" ! s'écria Sam en imitant Zach.

— Sois gentil, je t'en prie, n'oublie pas que j'ai baisé avec lui. »

Sam, la bouche pleine, hocha vigoureusement la tête.

« Mmmm... fit-il. Pourquoi ? »

Lauren se tut un instant et regarda par la fenêtre.

« Je l'ignore », répondit-elle dans un souffle.

Sam était assis dans une pièce avec Angela. Tous deux se taisaient. Kid et Dan arrivèrent enfin sans se presser, visiblement ennuyés de se retrouver loin de leurs bureaux et de l'atmosphère créative du quatrième étage. Ils s'installèrent à l'autre bout de la grande table de conférence.

« Je ne peux pas rester longtemps, annonça Kid. J'ai des rendez-vous à l'extérieur, des gens à voir.

— Bien, attaqua Angela. Votre script Shadows. Le problème, c'est qu'il faut que vous réfléchissiez sérieusement sur ce que les femmes attendent d'une marque de serviettes hygiéniques. Elles ont besoin de se sentir comprises, elles ont besoin de sentir qu'elles peuvent faire confiance à cette marque. Le garçon qui arrête la fuite du barrage avec son doigt n'inspire pas franchement confiance, vous ne croyez pas ? Il faut que la publicité utilise le capital confiance de la marque, il faut que les consommatrices, quand elles pensent à Shadows, aient chaud au cœur.

— Chaud entre les cuisses, plutôt », fit remarquer Dan.

Sam ne put réprimer un sourire. Lorsqu'il leva les yeux, il vit qu'Angela le regardait.

« Ce que tu ne saisis pas, c'est que nous parlons aux femmes leur propre langage, expliqua Kid. On laisse tomber le baratin et on va à l'essentiel. Notre script est complètement dans la ligne du matérialisme dialectique, je dirais même qu'il est carrément socialiste, et ça, ça va leur plaire. On est du côté des gens, on s'adresse directement à eux. » Il se leva. « Il faut que j'y aille », dit-il, et il sortit de la pièce.

« Bien, nous sommes tous d'accord : vous allez réécrire ce script. Pour tout ce qui concerne la conception, adressez-vous à Sam, et si vous avez des questions, téléphonez-moi. »

Dan émit un grognement et se dirigea vers la porte. Sam l'imita.

« Sam... une minute, l'interrompit Angela, en rassemblant ses papiers.

— Oui », répondit Sam, qui revint sur ses pas.

Angela avait l'air furieuse.

« Que je ne te surprenne plus jamais à te moquer de moi lors d'une réunion. Jamais, tu m'entends ? Je ne tolérerai pas qu'on rie de moi devant des gens avec qui je suis obligée de travailler. Est-ce clair ? Et ne t'imagine pas que ces types sont tes amis. Personne n'est ton ami, dans ce métier. »

Son front et ses joues étaient cramoisis, ses yeux lançaient des éclairs.

« Je ne me moquais pas de toi ! protesta Sam. Si tu as pu le croire, j'en suis désolé. Je souriais simplement à la plaisanterie de Dan. »

*Va te faire foutre, espèce de conne, avec ta parano*, pensait-il.

« La petite plaisanterie minable de Dan, digne d'un adolescent boutonneux ! éructa Angela.

— C'est bien ce que je disais, la "plaisanterie" de Dan.

— Qui se fichait de ce que je disais et sapait mon autorité. Comment peux-tu t'attendre à… »

Sur ces mots, Angela éclata en sanglots et sortit de la pièce en courant. Sam respira à fond. Il s'en fichait. Il doit bien y avoir, quelque part, quelqu'un qui aime Angela, raisonnait-il. Grâce à Dieu, si moi je ne l'aime pas, ça n'a guère d'importance.

Henry et Sam avaient décidé de passer le samedi après-midi à étudier. Sam admettait que cela avait un côté un peu scolaire, à cette différence près qu'il s'agissait d'un choix délibéré et non d'une obligation. Quand Henry franchit la porte, Sam éprouva un choc.

« Tu t'es fait percer l'oreille !

— Ouais.

— Qu'as-tu imaginé d'autre ?

— J'ai une barrette de métal de cinq centimètres de long fixée à chaque mamelon, de sorte que, quand on trouvera mon cadavre sous un mètre cinquante de glace, on pourra le hisser plus facilement. On pourra même utiliser des aimants, à moins que les aimants ne fonctionnent pas au pôle Sud ? »

Ils n'étudièrent rien, évidemment. Au lieu de cela, ils bavardèrent, puis s'installèrent par terre, l'un en face de l'autre, pour faire une partie de Risk, un jeu de société qui consistait à gagner des territoires et à les marquer par des pions sur une carte du monde. Juste au moment où Henry s'apprêtait à conquérir la Chine, Gray entra, un magazine à la main, et en essayant de se frayer un chemin jusqu'au divan il bouscula quelques pions.

« Désolé, les gars, s'excusa-t-il.

— Merde ! j'allais gagner, t'es vraiment con, protesta Henry, qui entreprit de ramasser les pions et de les remettre en place.

— Surveille ton langage, Henry, il y a des dames dans les parages.

— Ah bon ? s'étonna Sam.

— Oui, confirma Gray sans le regarder. Lucy est revenue. »

À la grimace qu'il fit, Sam comprit qu'il valait mieux ne pas poser de questions.

« Ce pion n'était pas ici, Henry, fit remarquer Sam en examinant le tableau de jeu. C'est moi qui possédais Madagascar.

— Non, tu avais gagné l'Indonésie. Madagascar, c'est à moi. »

Une élégante paire de jambes passa au-dessus du tableau, et Lucy rejoignit Gray sur le canapé.

« Hello, Sam.

— Hello, Lucy.

— Je t'ai à peine reconnu. Tu as fait du sport, non ?

— Oui, un petit peu, répondit Sam en retirant les pions que Henry avait replacés sur la partie est de l'Australie.

— À l'intention d'une femme ou simplement pour toi ? interrogea Lucy en s'asseyant sur les genoux de Gray et en détachant la page des petites annonces.

— Oh, juste pour moi. » Sam enleva, cette fois, un des pions de Henry posé sur l'Europe de l'Ouest. « Ça aussi, c'est à moi.

— Quoi ? L'Europe de l'Ouest m'appartient !

— Tu devrais te trouver une femme, suggéra Lucy en souriant à Sam. C'est vraiment du gâchis. »

Sam rougit. Il commençait à bien aimer Lucy, en dépit du fait qu'elle avait cassé toutes les assiettes. « Tiens, voilà quelqu'un pour toi, annonça-t-elle. Écoute ça : "Quarantaine épanouie, en quête de second souffle, cherche beau jeune homme vingt et quelques printemps pour partager joies de l'amour."

— Elle t'aiderait à te maintenir en forme, commenta Gray. *Plus* en forme, en tout cas.

— Voyons ça de plus près, Gray, dit soudain Henry en envoyant valdinguer le tableau de jeu. Et moi, alors ? J'ai fait du sport, moi aussi, ça ne se voit pas ?

— Mais qu'est-ce que vous avez, tous les deux ? s'étonna Lucy.

— On a l'intention d'aller loin, affirma Henry.

— Je n'en doute pas…

— Loin dans un endroit qui ne se trouve même pas sur cette carte.

— Dans l'espace ?

— Tu n'es pas loin de la vérité, intervint Sam.

— Dans l'Antarctique, chuchota Henry.

— Non ? fit la jeune femme.

— Si, confirma Sam. Du moins, on en a l'intention. On a rempli les dossiers d'inscription, on s'est mis à lire des bouquins, à fréquenter un club de gym, à réunir les fonds. »

Lucy se leva pour examiner la carte du monde étalée sur le sol. Sam sentit le parfum de ses cheveux quand elle se pencha. Elle tenait toujours la page d'annonces à la main.

« Et celle-ci, qu'en dis-tu ? "Balance, petite quinquagénaire, à Londres depuis peu, aimant l'opéra, la bonne cuisine, les randonnées et l'art. Cherche monsieur bonne situation partageant les mêmes goûts." À votre avis, "petite quinquagénaire", ça veut dire que la dame est petite ou qu'elle a juste un peu plus de cinquante ans ?

— Qu'elle a juste un peu plus de cinquante ans, affirma Gray. Ce qui ne change pas grand-chose, elle est vieille de toute façon.

— Oui, mais vous savez ce qu'on dit : une fois franchi le cap des cinquante, les femmes mettent les bouchées doubles, rétorqua Henry.

— Vous allez vraiment partir là-bas ? » murmura Lucy en effleurant du bout du doigt la partie inférieure du tableau. Sam l'observa ; combien de fois avait-il fait le même geste sur la carte de l'Antarctique ? Il acquiesça d'un signe de tête. « Ça en met plein la vue, reprit Lucy. C'est un truc qui va impressionner les filles. »

Henry la regarda. « Tu crois ?

— Oui, répondit Lucy en s'agenouillant près d'eux. C'est super pour draguer, genre James Bond, aventurier, etc.

— À ton avis, une annonce du style "Deux jeunes types cherchent nanas pour prendre du bon temps avant d'effectuer le voyage de leur vie" aurait des chances de marcher ? » questionna Sam en s'adressant à Lucy. Elle sourit et leva les sourcils.

« Ouais ! s'exclama Henry.

— Mais connais-tu quelqu'un qui ait passé une de ces annonces ?

— Les gens qui le font ne sortent jamais et ne connaissent personne, sinon ils ne mettraient pas une annonce dans la rubrique "rencontres", rétorqua Gray pour qui ce genre de démarche était le summum de la ringardise.

— Tu es injuste, objecta Lucy. Une de mes amies l'a fait, elle a obtenu une trentaine de réponses.

— Et comment étaient les mecs ?
— Normaux.
— C'est-à-dire qu'ils avaient deux bras, deux jambes, une tête, et qu'ils ne l'ont pas trucidée ? »

Henry envoya une tape à Gray, mais sans conviction.

« Si on y réfléchit, Sam, qu'est-ce qu'on a à perdre ?
— Votre amour-propre, votre décontraction, votre orgueil, et peut-être votre vie, répliqua Gray.
— Arrête, Gray ! dit Sam. On ne cherche pas une relation à long terme, on a envie de baiser sans que ça nous engage et, à partir du moment où on l'indique clairement, Henry a raison : on n'a rien à perdre. »

Henry ne l'entendit pas, car il rêvait déjà qu'il se réveillait le matin et trouvait une multitude de jeunes filles qui attendaient d'avoir l'honneur d'offrir quelques heures de plaisir au héros qui peut-être ne reviendrait jamais.

Deux heures plus tard, ils discutaient toujours de la manière de formuler leur annonce. Curieusement, pour un journaliste, Henry prétendait que cela n'avait pas une telle importance, qu'il suffisait de faire passer le message. Sam n'était pas de cet avis et affirmait que, selon la façon dont on tournait ces quelques mots, les gens décrochaient ou pas leur téléphone. Ensuite, ils débattirent des détails, à commencer par leur âge : fallait-il ou non le préciser ?

« On ne va pas nous appeler pour notre âge, soutenait Sam.
— Dans ce cas, pourquoi ne pas l'indiquer ? argumenta Henry. Bon, qu'est-ce qu'on recherche ?
— Euh… des filles jeunes, séduisantes, drôles… quoi d'autre ?
— Il faut qu'elles aient le look de Naomi Campbell, de Claudia Schiffer ou de Céline Dion, sinon elles ne m'intéressent pas.

— Céline Dion ? s'écria Sam, horrifié.

— Pourquoi pas ? Elle est toujours mieux que cette nana, Sandra, avec qui tu sortais à la fac. Un vrai boudin.

— Hum... Elle n'était pas très belle à l'intérieur non plus, mais j'ai mis du temps à m'en apercevoir. »

Sam gribouillait sur le papier. Il n'était réellement sorti avec aucune fille depuis sa relation avec Sandra – Sandra qui lui avait juré qu'elle voulait vivre avec lui, puis avait fichu le camp deux jours après avoir terminé ses examens. Sam, qui avait encore une épreuve à passer, était sorti de la salle bien avant la fin, en rendant une copie blanche. Aujourd'hui, allongé sur la moquette de son salon, il dessinait une rangée de montagnes aux cimes enneigées et il se sentait bien. Il était heureux de la décision qu'ils avaient prise, Henry et lui, de faire ce voyage. Son désir d'aller là-bas était si fort qu'il se lançait à tout instant des défis du genre : si j'ai la monnaie exacte dans ma poche pour acheter un paquet de chewing-gums, ça veut dire que je pars ; si j'atteins l'entrée de l'immeuble en moins de vingt pas, je pars ; si la porte du frigo ne se rouvre pas quand je la ferme d'un coup de pied, je pars. Il savait bien que tout cela ne changerait pas le cours des choses, et en même temps il y croyait. Il n'ignorait pas qu'un certain nombre de facteurs dépendaient de lui, mais aussi que beaucoup d'autres – tout comme pour n'importe quel entretien d'embauche – reposaient sur la chance, uniquement sur la chance.

« C'est absurde, on n'aboutit à rien. » Sam esquissait des arbres sur ses montagnes, non sans avoir conscience que c'était incongru puisqu'il n'y a pas d'arbres en Antarctique.

« Écrivons chacun notre texte et ensuite on trouvera une combinaison entre les deux. Va t'installer dans la cuisine.

— D'accord. »

Henry avala coup sur coup deux biscuits fourrés à l'orange, s'assit à la table de la cuisine et pondit ceci :

*Deux jeunes gens de 25 ans, quittant la Grande-Bretagne dans deux mois pour une durée indéterminée, cherchent jeunes filles pour s'amuser et folâtrer. Nous avons une pêche d'enfer et nous sommes très impatients (l'un est un beau Taureau blond, l'autre brun). Où êtes-vous ? Sosies Céline Dion bienvenus.*

Sam, toujours à plat ventre par terre, contempla le ciel un moment avant de rédiger ceci :

*Nous partons, peut-être pour quelque temps. Nous sommes deux garçons d'une vingtaine d'années sur le point de faire le voyage de leur vie en Antarctique. Nous quittons le pays dans deux mois et recherchons des femmes (20-35 ans) chaleureuses et rayonnantes pour chasser le froid de nos derniers mois en Angleterre. Pas d'engagement à long terme.*

Ils finirent par se mettre d'accord, puis allèrent jouer au football dans le parc. Un peu plus tard, Sam partit rendre visite à son grand-père, et Henry commença à appeler ses amis pour leur dire de guetter les annonces de la rubrique « Rencontres » dans le prochain magazine.

La semaine suivante à l'agence fut divine pour Sam. Son bureau lui paraissait soudain magnifique, son téléphone merveilleux, son récepteur d'appels un outil de communication extraordinaire. Tout le monde – enfin, presque – semblait désireux de l'aider, de lui faciliter la vie, de lui rendre l'existence agréable. La seule ombre au tableau, c'est qu'il pensait que Henry et lui tentaient peut-être le destin avec leur annonce :

affirmer qu'ils partaient pour l'Antarctique risquait de signifier qu'en réalité ils n'iraient pas. Ils avaient beau fréquenter le club de sport et parcourir quelques ouvrages, l'un comme l'autre avaient l'air d'oublier qu'il y avait une procédure de sélection. Sam n'était pas particulièrement confiant, mais il ne pouvait tout simplement pas imaginer la perspective de ne pas effectuer ce voyage, c'était comme ça et pas autrement.

Le samedi, leur annonce parut dans le magazine :

*Nous allons partir de ce pays, peut-être pour quelque temps.*

*Deux hommes de 25 ans, quittant la Grande-Bretagne pour l'Antarctique dans deux mois, cherchent femmes chaleureuses et bon vin pour chasser le froid de leurs derniers mois en Angleterre. L'un, Taureau blond, cherche sosie Céline Dion, l'autre, Scorpion brun, non. Nous avons la pêche et de l'humour. Où êtes-vous ?*

Henry était très satisfait de cette annonce ; il la découpa et l'épingla sur un panneau dans sa cuisine. Sam était très gêné mais secrètement fier de la première ligne ; il arracha la page avant de rentrer dans l'appartement, pour que Gray ne la voie pas.

Sitôt de retour chez lui, il appela le numéro qu'on leur avait attribué et écouta la description donnée par la voix enjouée de Henry ; trop timide pour enregistrer son propre texte, Sam avait demandé à Henry de le faire à sa place. Inutile de préciser que la description de Sam par Henry semblait un peu rajoutée après coup. Personne n'avait encore laissé de message, mais il n'était que deux heures de l'après-midi, les filles les plus mignonnes n'étaient sans doute pas encore levées. Et, de toute façon, ils n'avaient pas envie de filles trop empressées.

Sam raccrocha et contempla le téléphone. Il composa une nouvelle fois le numéro. Son cœur se mit à battre plus fort, sa gorge devint sèche : la ligne était occupée.

# 11

Un jour où il pleuvait, juste après le déjeuner, Kasia parla enfin à M. Glass de son enfance et de son adolescence. Il ne lui demandait rien – en réalité, il ne l'avait jamais interrogée –, mais le silence qu'il observait, chaque fois qu'elle faisait allusion à son passé, et le soin évident qu'il mettait à ne lui poser aucune question montraient clairement qu'il se sentait un peu frustré.

Pourquoi Kasia lui raconta-t-elle son histoire ? Elle n'en savait rien. Peut-être à cause du temps, ce mercredi de mai, à cause du livre qu'elle lui lisait à ce moment-là : *Adolphe*, de Benjamin Constant. Elle répugnait à parler de son passé, car elle n'aimait pas y penser, non qu'il fût abominable mais simplement parce qu'il lui paraissait sans lien avec elle. Son père et sa mère avaient quitté la Pologne en 1979, grâce à un parent qui vivait dans le nord de l'Angleterre. Ils s'établirent à Birmingham et son père trouva du travail dans une usine de vêtements, où son rôle consistait à vérifier que l'élastique des jupes était bien en place au niveau de la ceinture.

Kasia avait cinq ans, et sa mère décida de faire elle-même son instruction, pour qu'elle reçoive un enseignement en polonais. Elle ne se fit pas d'amis dans le voisinage, si bien qu'au fil des années elle ne voyait personne en dehors de ses parents. Elle réclama qu'on l'envoie à l'école mais ses parents refusèrent : ils insistaient sur l'importance de sa langue maternelle et ils étaient persuadés qu'elle apprendrait davantage à la maison. Quand elle eut dix-neuf ans, ils lui annoncèrent qu'ils allaient retourner en Pologne : ils se sentaient incapables de vivre plus longtemps en Angleterre. Kasia voulut rester ; ses parents n'ayant pas d'argent, elle serait obligée de subvenir elle-même à ses besoins.

Elle partit pour Londres où elle fit toutes sortes de jobs ; elle habitait à l'hôtel et, comme il lui était difficile de survivre, elle se mit à voler de temps à autre à l'étalage. Elle rencontra un homme avec qui elle vécut un temps dans un squat ; ils finirent par obtenir une HLM, et l'homme obtint un vrai travail dans le labo photo d'un grand magasin. Kasia avait vingt et un ans et la vie semblait plutôt s'améliorer pour elle, jusqu'au jour où son compagnon commença à rapporter à la maison des photos qu'il affichait autour du lit. Quand Kasia l'interrogea, il répondit que les filles qui figuraient sur ces photos étaient l'une, son ex-petite amie, l'autre une vieille copine, une autre encore sa sœur installée en Amérique. Toutes étaient très jeunes – quinze ou seize ans – et avaient été photographiées dans différentes circonstances : en vacances, lors d'une soirée, dans l'intimité de leur chambre, en compagnie de leurs chats. Kasia savait qu'il ne les connaissait pas et, une fois de plus, elle partit. « Cette fois-là, je ne fuyais pas », assura-t-elle à M. Glass, mais il en doutait. Elle reprit sa vie d'avant, fut arrêtée pour vol, et emprisonnée pendant huit mois.

« Tout ça pour un paquet de Shadows, vous vous rendez compte ! Des serviettes hygiéniques ! Si encore j'avais volé du chocolat, du parfum, mais ça, j'en avais besoin. Le juge n'en a tenu aucun compte. » Tout en parlant, Kasia entendait dans sa propre voix les intonations méprisantes de ses compagnes de prison, à

cela faisait partie des défis que l'humanité se lance à elle-même, comme aujourd'hui les recherches sur l'ADN ou sur les possibilités de vie sur la Lune. »

M. Glass remua sur son fauteuil et agita les doigts, puis il reprit la carte, toujours avec précaution.

« Ils se sont mis en route le 24 octobre 1911. Scott, jugeant d'après son expérience passée que les chiens n'étaient pas fiables, emmena des poneys pour tirer les traîneaux ; seulement les poneys ne sont pas faits pour tirer des traîneaux par des températures inférieures à zéro, et Scott et ses hommes ont été obligés de les abattre après avoir franchi la banquise de Ross, ici. » Leo désigna l'endroit sur la carte. « À partir de ce moment, ce sont les hommes qui ont dû tirer les traîneaux ; ils s'affaiblissaient de jour en jour, car la nourriture qu'ils avaient emportée ne suffisait pas pour compenser un effort physique de cette importance. Tous les cinq – Scott, Evans, Oates (qui boitait), Wilson et Bowers – atteignirent enfin le pôle Sud le 18 janvier 1912, mais en approchant ils eurent une vision épouvantable. À l'endroit précis du pôle, se détachant sur le bleu du ciel, flottait un drapeau – un drapeau norvégien. Amundsen était arrivé au pôle Sud avant eux, moins d'un mois plus tôt.

« Rien ne les avait préparés à se voir devancés ; ils étaient épuisés, sous-alimentés, découragés, et il leur restait 1 290 kilomètres à parcourir pour revenir à leur base. Le premier à succomber fut Evans qui, en descendant le glacier Beardmore, mourut de froid et de faim ; de plus, il avait fait une chute et avait été gravement commotionné. Un mois plus tard, à quelques kilomètres seulement de la base, une tempête de neige s'éleva et les quatre survivants plantèrent leur tente en attendant que le blizzard s'arrête. Quelques instants plus tard, Lawrence Oates rampa jusqu'à l'entrée de la tente et dit à ses compagnons : "Je sors, et serai peut-être quelque temps dehors." » M. Glass se racla la gorge. « Lawrence Oates était sorti depuis un bon bout de temps quand ses compagnons partirent à sa recherche ; ils le retrouvèrent à trois kilomètres de la tente, mort gelé. Oates, craignant de ralentir les autres parce qu'il boitait, avait préféré mourir plutôt que de mettre en péril la vie de tous les membres de l'équipe. Vous vous imaginez à sa place ? Vous auriez eu ce raisonnement : "Je ralentis les autres, je mange des rations égales que je ne mérite pas, il vaut mieux qu'ils continuent sans moi" ? Je peux me figurer que je serais capable de penser cela, mais de là à le faire ! Une fois dehors, n'a-t-il pas été tenté de rebrousser chemin ? Après tout il renonçait à la vie, il se sacrifiait. Le soir où il a quitté la tente pour s'enfoncer dans le blizzard et mourir de froid, c'était son anniversaire, il avait tout juste trente-deux ans. Un véritable Anglais, et un héros de surcroît. Un pur héros. »

Kasia, assise jambes croisées dans le fauteuil bleu, écoutait M. Glass en regardant par la fenêtre.

« Vous pensez que tout le monde devrait suivre son exemple et mourir pour que les autres puissent vivre ?

— À vrai dire, nous n'avons pas tous l'occasion de le faire, Dieu merci. Mais agir selon cet état d'esprit, oui ; je crois important de penser aux autres, d'avoir une claire conscience de soi et de l'effet qu'on produit sur les autres. Par exemple, vous devriez avoir conscience de l'effet que vous produisez sur moi. »

Il la regarda, puis détourna les yeux.

« Mais comment sait-on tout cela, à propos de cet homme ?

— Oates ? Scott tenait un journal. On l'a retrouvé dans la tente à côté des autres corps. » M. Glass fouilla dans sa poche, en sortit un petit sachet en aluminium, l'ouvrit, le tendit à Kasia qui déclina son offre ; il coupa un morceau de chocolat et le grignota.

« Alors, Oates n'est devenu un héros que parce que Scott a écrit à son sujet ? Son sacrifice aurait été totalement inutile si personne ne s'en était rendu compte ou n'avait pris la peine de le mentionner.

— Comme le soldat inconnu, c'est ce que vous voulez dire ? »

Kasia haussa les épaules. « Que ressentiriez-vous si vous aviez accompli une action vraiment héroïque et si personne ne le savait ?

— Qui vous dit que ce n'est pas le cas ? »

Elle le dévisagea avec perplexité.

« La motivation d'un acte héroïque ne devrait jamais être le désir de devenir un héros, reprit M. Glass. Cela rend l'acte par définition non héroïque. L'héroïsme, c'est faire quelque chose pour venir en aide à quelqu'un, sans penser un instant aux conséquences, en ignorant tout le reste, en n'ayant à l'esprit aucune idée de récompense ou de louange. Le héros ne pense pas à lui, l'héroïsme est absolument, entièrement désintéressé. Tout ce qui intéresse le héros, c'est l'acte lui-même. »

Avril sauta sur les genoux de M. Glass.

« Mais Oates devait savoir qu'on écrirait à son sujet ? Il devait savoir qu'on le considérerait comme un héros ? Dans ce cas, il n'est pas un véritable héros ! » Kasia ne semblait pas mécontente d'avoir pris M. Glass en flagrant délit de contradiction.

« Comment aurait-il pu le savoir ?

— Eh bien, il devait se douter que les autres partiraient à sa recherche et que, quand ils l'auraient retrouvé, ils raconteraient ça par écrit. Il ne devait pas se passer grand-chose là-bas, ils ont relaté la mort de quelqu'un, un point c'est tout.

— Mais ils sont tous morts.

— Alors ils sont tous des héros. Il était sûr de son coup, si vous voulez mon avis.

— Vous êtes terriblement cynique.

— Je vais vous dire ce qui est cynique. (Kasia se leva et s'étira.) Je suis persuadée que Scott et les autres avaient tellement faim qu'ils ont décidé de tuer un membre de l'équipe. Ils ont choisi Oates parce qu'il boitait, mais ensuite ils ont éprouvé de tels remords qu'ils ont inventé cette histoire pour faire d'Oates un héros et pour pouvoir dormir tranquilles. »

M. Glass leva les yeux et dévisagea Kasia. Puis il éclata de rire un rire qui fit tressauter Avril sur ses genoux et la contraignit à aller se réfugier ailleurs.

Kasia eut un coup au cœur en découvrant Leo complètement affalé sur son fauteuil. Il était endormi et respirait bruyamment ; il sentait le vomi et des bouts de nourriture commençaient à sécher sur le devant de sa chemise en velours bleu. La même odeur régnait de la salle de bains, où des éclaboussures constellaient le sol et le lavabo.

Kasia s'attaqua au ménage en s'efforçant de faire le moins de bruit possible pour ne pas réveiller M. Glass. Puis elle nettoya la cuisine et prépara du potage. Ensuite, elle chercha une chemise propre, mais tous les vêtements de M. Glass étaient dans sa chambre, une pièce où elle n'entrait jamais. Pouvait-elle se permettre d'y pénétrer pendant qu'il dormait ? Elle hésita un moment, écouta si aucun bruit ne venait du salon.

Quand elle poussa la porte, une odeur particulière, caractéristique d'une chambre de vieux monsieur, assaillit ses narines – mélange de talc, de bonbons à la menthe, de lotion pour les cheveux, de lait. La pièce, sombre et en désordre, était meublée d'un lit fait avec soin, d'une grande armoire et de deux ou trois tables recouvertes d'une quantité de choses : des tasses, des bouts de papier, des livres, de vieux magazines, des flacons de médicaments, des feuilles d'arbres. Sur le mur près de l'armoire, une photographie encadrée attira son attention : une photo ancienne, couleur sépia, représentant une femme qui ressemblait un peu à Kasia, avec ses longs cheveux bruns et ses yeux sombres ; en revanche, elle avait des traits plus accentués, des pommettes plus hautes, une bouche plus charnue, des yeux plus grands. Sa carrure imposante lui donnait l'air d'une Amazone et, sur la photo, elle paraissait irritée – irritée qu'on ose la photographier. Sans nul doute il s'agissait de Mme Glass. Eh bien, se dit Kasia, voilà qui explique peut-être pourquoi M. Glass est si patient. Il avait dû faire preuve de beaucoup de patience, en effet, si sa femme avait réellement le caractère que reflétait son portrait. Elle ressemblait à un dragon, mais un dragon magnifique. Kasia n'était pas surprise que le vieillard qui dormait à côté, du vomi sur sa chemise, ait pu un jour attraper dans ses filets une aussi belle femme : elle avait vu des photos de lui jeune.

Elle prit dans l'armoire une chemise et un maillot de corps, réveilla M. Glass et l'aida à se changer. Puis elle prépara du thé et lava à la main les vêtements tachés. M. Glass était confus, mais Kasia ne voulait pas qu'il se sente honteux ; il était âgé, après tout. Il n'évoqua pas le fait qu'elle avait pénétré dans sa chambre (peut-être ne s'en était-il pas rendu compte ?), ce dont Kasia se félicita, car elle préférait ne pas avoir à justifier son incursion, surtout quand elle songeait au temps qu'elle avait passé à contempler la femme irascible.

« Vous croyez que ça va aller ? s'inquiéta-t-elle. Je pourrai vous laisser seul ?

— Oui, oui. J'ai dû mal digérer, mais c'est fini, maintenant.

— J'ai peur que vous ne soyez malade à nouveau. Écoutez, demain c'est samedi. Si vous voulez, je pourrais dormir ici ce soir, sur le canapé, juste pour m'assurer qu'il n'y a pas de problème. »

M. Glass hocha faiblement la tête. « Je ne pense pas que ce soit nécessaire. C'est gentil à vous de le proposer, merci. »

Tout à coup, il fut à nouveau pris de vomissements; un liquide épais se mit à couler de sa bouche sur sa chemise et son pantalon, à la stupéfaction de Kasia, qui courut chercher une cuvette et demeura près de lui jusqu'à ce que ce soit fini.

« Je suis désolé, vraiment désolé. Ce genre de choses ne m'est jamais arrivé.

— Ne vous tracassez pas. Mon pauvre ami, comment vous sentez-vous ?

— J'ai encore mal à l'estomac.

— Je vais appeler un médecin, d'accord ?

— Ça me semble inutile. Je n'ai pas la malaria, de cela je suis sûr. »

Kasia sourit.

« Non, ni la typhoïde. Vous êtes un plaisantin, monsieur Glass. Bon, je vais l'appeler quand même, par précaution. »

Elle nettoya tout une fois de plus et aida M. Glass à se coucher; elle plaça une serviette sur l'oreiller et une cuvette à côté du lit. Le médecin déclara qu'il s'agissait d'un virus qui disparaîtrait en vingt-quatre heures. Il demanda à Kasia de rester pour le veiller et de le rappeler au cas où les vomissements recommenceraient.

Kasia passa la soirée au salon, à boire du thé et à regarder autour d'elle. En toute sincérité, elle était contente d'être une nuit ailleurs que dans sa petite chambre; elle en avait assez de se retrouver seule, soir après soir, sans personne à qui parler. Dans l'immédiat, elle ne conversait avec personne, pourtant elle ne ressentait pas le vide comme d'habitude à cette heure de la nuit, et elle éprouvait un sentiment de bien-être à savoir que M. Glass n'était pas loin et qu'il dormait dans sa chambre.

Elle n'avait jamais vraiment remarqué la quantité de livres qu'il possédait : il y en avait partout, et un mur entier était couvert de rayonnages. La plupart des ouvrages concernaient les plantes et les fleurs ; sur une des étagères étaient rangés de grands volumes poussiéreux qui ne contenaient rien d'autre que des illustrations de plantes sauvages rares et de fleurs tropicales. Kasia les sortit l'un après l'autre et admira les fleurs remarquablement dessinées ; elle caressa le papier lisse et brillant, comme si cela pouvait l'aider à imaginer les plantes dans la réalité. Un bout de papier rose dépassait d'un des volumes ; elle ouvrit le livre à cet endroit et regarda les dessins : sur chacune des deux pages était dessinée une fleur. D'un côté, une fleur pourpre avec des filaments crème et bordeaux au centre, et des feuilles minces et allongées qui s'enroulaient en vrille ; de l'autre, une fleur de la même espèce, mais sans les filaments au milieu, bleu roi avec une touche de turquoise. Kasia regarda en bas de la page le nom de ces fleurs : la rouge s'appelait clématite 'William Kennett', la bleue, clématite 'Natália'. Elle observa la seconde encore un moment. Quelle chance de trouver une fleur portant le même nom que soi ! Heureuse Natália, pensait-elle en effleurant la page du bout du doigt. Elle ne se doutait pas qu'il s'agissait d'une clématite créée et baptisée par Leo.

De temps à autre, elle allait vérifier si M. Glass allait bien ; il semblait dormir paisiblement. Peu après minuit, elle décida de se coucher. Elle n'avait pas ses affaires avec elle mais il faisait chaud dans l'appartement ; elle se déshabilla donc et s'installa sur le canapé.

Quand elle ouvrit les yeux, elle ne savait plus où elle était. Pendant quelques secondes, elle se crut revenue aux mauvais jours, puis elle se souvint de M. Glass et reprit pied dans la réalité. Elle avait besoin d'aller aux toilettes ; elle se leva, traversa le salon et se rendit à tâtons jusqu'à la salle de bains. Elle y resta un certain temps – sa vessie, trop pleine, mit du temps à se vider

– et ne tira pas la chasse d'eau, de peur de réveiller le malade. En retournant se coucher, elle entendit du bruit et soudain elle aperçut devant elle, debout dans le couloir, M. Glass, aussi embarrassé qu'elle-même. Il était en pyjama, elle était nue. L'espace d'un instant, elle ne vit pas le vieillard qu'elle avait soigné quelques heures plus tôt, mais un homme – un homme avec ses désirs. L'espace d'un instant, il ne vit pas la jeune fille qui lui préparait ses repas et avec qui il avait plaisir à discuter, mais une femme – une belle femme brune, mince, dont la peau brillait à la clarté de la lune. Et il se sentait furieux et frustré d'être obligé, parce qu'il était vieux, de prétendre que le sexe ne l'intéressait plus. Honteux, il détourna rapidement les yeux.

« Ça va bien ? » murmura Kasia qui frissonnait. Elle décida de se rapprocher de lui car, sous cet angle, il aurait plus de mal à contempler sa nudité. Il sourit : maintenant elle lui rappelait quelqu'un d'autre, cette femme qui se tenait là, nue, au beau milieu de la nuit, farouchement décidée à faire comme si de rien n'était.

« Oui, répondit-il. J'allais juste aux toilettes. » Il retourna dans sa chambre et en ressortit avec à la main un vêtement roulé en boule qu'il secoua pour le déplier : c'était une robe de chambre, qu'il tendit à Kasia à la manière dont les hommes dans les vieux films tendent un manteau à une femme, en détournant les yeux pour ne pas voir son corps. Kasia était stupéfaite qu'il s'intéresse si peu à sa nudité. Elle enfila le vêtement – une vraie robe de chambre d'homme, ample et rêche – et noua la ceinture autour de sa taille.

« Venez voir », dit M. Glass en avançant d'un pas hésitant vers la fenêtre du couloir. Le ciel était d'une clarté surprenante pour cette heure de la nuit, et la lune, entourée d'un léger halo brunâtre, répandait une lumière nacrée. « Là, fit-il en désignant le ciel d'une main tremblante mais précise, c'est la Petite Ourse. Vous voyez ces sept étoiles, dont deux brillent plus que les autres ? Si vous les observez assez longtemps, vous apercevrez une forme d'ours. Juste au-dessous, la Grande Ourse est constituée, elle aussi, de sept étoiles mais plus espacées ; vous remarquez la façon dont elles s'agencent ? », et il traça le dessin dans l'air avec sa main.

« Pourquoi les appelle-t-on ainsi ?

— Je l'ignore. Je suppose que les gens autrefois passaient beaucoup de temps à observer les étoiles. C'est encore le cas de certaines personnes aujourd'hui », ajouta M. Glass, qui pensait au plus jeune de ses petits-fils. « J'imagine que, tout naturellement, ils y ont vu des formes d'animaux. » Il se pencha vers Kasia et elle regarda cette main qui tremblait à force d'être tenue en l'air si longtemps. « Là, ces huit étoiles, vous voyez ? Elles forment le Chariot. Dommage qu'on n'aperçoive pas la Voie lactée, mais avec elle, il faut s'y attendre : certaines nuits elle n'est pas là – comme un père souvent absent, je suppose. »

Ils restèrent un moment à la fenêtre du couloir à contempler le vaste ciel. La robe de chambre était rêche sur la peau nue de Kasia, mais elle lui tenait chaud et la jeune femme éprouvait cette sorte d'intimité qu'on ressent quand on porte les vêtements de quelqu'un d'autre.

« Si l'on pouvait voir la totalité du ciel à plat sur une grande toile, je vous montrerais les étoiles de l'hémisphère Sud ; là-bas, elles sont plus nombreuses et il y a moins de villes, le ciel paraît donc plus sombre et les étoiles plus brillantes. » M. Glass se racla la gorge et continua en chuchotant presque : « Savez-vous ce qu'il y a de plus fascinant dans les étoiles ? » Kasia fit non de la tête. « Eh bien, elles sont si éloignées que nous ne les voyons pas telles qu'elles sont en réalité. Le Soleil se trouve tellement loin que nous le percevons tel qu'il était quatre minutes plus tôt ; la Lune a beau être plus proche, il existe tout de même un décalage de quatre-vingt-cinq secondes entre son aspect réel et la vision que nous en avons. Et cela à cause de l'énorme distance que la lumière doit parcourir. » Leo se tut quelques instants. « Parfois, reprit-il, je pense que ce serait merveilleux si la même chose pouvait nous arriver. Ainsi, malgré le fait que j'aie quatre-vingt-six ans, vous me verriez tel que j'étais à vingt-cinq. La lumière mettrait soixante et un ans à passer de vous à moi, et vous ne me verriez jamais tel que je suis aujourd'hui. »

Tous deux demeurèrent silencieux et contemplèrent l'obscurité calme et tranquille. La raison pour laquelle Leo voulait que Kasia le voie sous son apparence d'autrefois et non celle d'aujourd'hui n'effleura pas l'esprit de la jeune femme. La réponse, pourtant évidente, était inscrite dans le regard voilé de Leo, dans ses doigts déformés, dans les plis de sa peau parcheminée.

« Comment savez-vous tout cela ? demanda enfin Kasia, en basculant le poids de son corps d'une hanche sur l'autre.

— Bah, à mon âge, vous en saurez autant.

— Sûrement pas. À votre âge, j'espère bien être six pieds sous terre.

— Vieillir n'est pas si terrible que cela, vous savez, j'ai encore quelques plaisirs.

— Ah oui, lesquels ? Qu'est-ce que vous aimiez autrefois et que vous appréciez encore aujourd'hui ?

— Euh… j'apprécie la nourriture. Je… j'aime mes gravures de plantes et de fleurs. Et puis, j'ai ma famille, mes petits-fils. J'aime aussi parler avec les gens. J'aime discuter avec vous, par exemple. »

Kasia hocha la tête et observa les mains de Leo, appuyées sur le rebord de la fenêtre, le pouce droit serré dans la main gauche.

« Eh bien, moi, je n'aurai pas d'enfants et je ne suis pas très portée sur la nourriture non plus, alors je me demande ce que je pourrais bien apprécier.

— Pourquoi n'aurez-vous pas d'enfants ?
— Je ne rencontrerai jamais l'homme avec qui en avoir.
— Pourquoi ? »
Parce qu'il est trop âgé, pensa-t-elle. Le seul homme possible n'est plus que l'ombre de lui-même, aujourd'hui. Son corps est réduit à un reflet, un écho de ce qu'il fut autrefois, mais son esprit est resté le même. Un instant la traversa l'idée d'avoir un enfant de lui. Pouvait-il encore accomplir l'acte sexuel ? Pouvait-il encore procréer ? Et si oui, qu'arriverait-il ? Une nuit de passion ? De passion, sans doute pas. Une nuit d'efforts et de précautions, et elle pourrait avoir un enfant de l'homme qu'elle aimait. Seulement, cet enfant n'aurait pas de père, et elle n'aurait pas de compagnon. Telles étaient les pensées qui traversaient l'esprit de Kasia dans l'intimité de la nuit.

« Je ne sais pas », répondit-elle en levant la tête pour contempler le ciel. Leo la regarda du coin de l'œil et nota avec quelle douceur la lumière de la lune éclairait son visage. Il admira la peau lisse et délicate de la jeune femme, le reflet argenté sur ses joues, l'éclat de ses cheveux – il avait envie de les toucher.

« Vous le rencontrerez », affirma-t-il. Pourquoi disait-il cela ? Souhaitait-il qu'elle rencontre quelqu'un ? *Je suis là*, pensait-il, oubliant l'impossibilité d'une relation entre eux. Puis il réalisa qu'elle ne voudrait jamais de lui. « Il y a là-haut une étoile qui veille sur vous, une étoile qui vous protège. Vous rencontrerez un homme. Il vous attend quelque part », ajouta-t-il non sans peine.

Il a intérêt à l'attendre, songeait-il, et il a intérêt à être à la hauteur. De même que seul un diamant peut tailler un autre diamant, de même Kasia avait besoin de rencontrer quelqu'un de sa trempe, Leo ne l'ignorait pas.

Ils demeurèrent là, debout dans le noir, sans se toucher.

« Qu'est-ce qu'une étoile exactement ? Pourquoi les étoiles brillent-elles ?

— Ce sont des soleils miniatures, des boules de feu en combustion. La Lune brille parce qu'elle reflète la lumière qui provient du Soleil. Si vous étiez dans l'espace et que vous regardiez la Terre, vous constateriez le même phénomène. Mais ni l'une ni l'autre ne sont sources de lumière. Les étoiles, en revanche, sont des sources lumineuses. (Leo s'interrompit pour regarder Kasia.) Mais la lumière est toujours la lumière, qu'elle soit reflétée ou générée. Je n'ai jamais eu l'occasion d'en observer, mais il est possible de voir des arcs-en-ciel la nuit. Cela peut se produire quand le ciel est clair, qu'il pleut et que la lune est levée. Vous imaginez, un arc-en-ciel dans le ciel nocturne ? »

Non, Kasia n'imaginait pas. Elle trouvait cependant étrange que ce soit lui qui lui parle de cela, car elle songea aussitôt : Voilà exactement ce qu'il est pour moi, un arc-en-ciel dans la nuit – quelque chose de merveilleux, plein de couleurs et de lumière. Quelque chose qu'elle n'avait pas osé espérer.

« Vous devriez retourner vous coucher. Demain, vous avez du travail, moi je n'ai rien d'autre à faire que m'asseoir dans mon fauteuil.

— Vous vous sentez mieux ?

— Oui.

— Parfait. *Dobranoc*, murmura-t-elle en passant devant lui.

— *Dobranoc* », répéta-t-il avant de s'éloigner dans le couloir, de son pas traînant de vieillard – un vieillard capable, à cause de son âge, de ne pas prêter attention à la femme nue qui s'était tenue un moment plus tôt à côté de lui. Capable d'ignorer une femme nue ? Une fois aux toilettes, il eut de la peine à uriner parce qu'il était excité – pas excité comme il avait pu l'être dans le passé, mais excité tout de même. Il se regarda dans le miroir et vit quelqu'un qu'il ne reconnut pas : un homme aux cheveux blancs et à la peau constellée de taches de vieillesse. Un vieux cochon.

*Vieux cochon, vieux cochon, vieux cochon*, répétait une voix dans sa tête. À partir de quand l'homme charmant, attentionné, viril, qui savait faire rire les femmes et susciter chez elles un éclat particulier dans le regard, s'était-il transformé en *vieux cochon* ? À cinquante-cinq ans ? Soixante ? Soixante-cinq ? À soixante-dix sûrement il était déjà un *vieux cochon*. Mais jusqu'à aujourd'hui cela ne l'avait pas perturbé, pour la simple et bonne raison qu'il n'avait été excité que par des choses considérées comme normales – le genre d'excitation purement physique provoquée par une fille en tenue légère ou des blagues salaces à la Benny Hill. Mais aujourd'hui c'était différent. Il s'agissait d'un désir dont il ne voulait pas avoir honte – un vrai désir, qui résulte non seulement de l'attirance physique mais aussi de la tendresse. Un désir profond.

M. Glass fut réveillé le lendemain matin par une odeur délicieuse. Comme il émergeait du sommeil, son estomac se mit à gargouiller et ses papilles à picoter sous l'effet de ce qui ne pouvait être à coup sûr qu'une odeur de crêpes. Il se leva et chercha sa robe de chambre ; il se rappela la scène de la nuit et se traita de vieillard imbécile. Il se jura de ne plus jamais avoir envers Kasia les pensées qui l'avaient agité quelques heures plus tôt, et de l'encourager à rencontrer des hommes de son âge. Comment avait-il osé seulement imaginer qu'une fille de vingt-trois ans pouvait, ne serait-ce qu'un instant, s'intéresser le moins du monde à un homme qui n'était plus que l'ombre de lui-même ? Elle serait révulsée à l'idée même de le toucher, il le savait bien. Ah, si elle avait pu le voir tel qu'il était autrefois...

Il se fit le serment d'ignorer désormais ses propres sentiments. Il traversa le couloir pour se rendre à la cuisine et aperçut Kasia, vêtue de sa robe de chambre, debout devant la cuisinière. Elle chantonnait tandis que le beurre grésillait dans la poêle. Quand elle l'entendit arriver, elle tourna la tête vers lui et sourit. Elle se pencha en arrière, attrapa la queue de la poêle à deux mains et, rien que pour lui, lança la crêpe en l'air, lentement, avec hésitation. Elle réussit à rattraper la crêpe et rit de plaisir. M. Glass, debout sur le seuil, ne pensait plus à l'âge qu'il avait.

# 12

« Je suis présentable ? » s'inquiéta Sam. Henry et lui se trouvaient dans la salle d'attente de l'Institut britannique de recherches antarctiques, une grande pièce rectangulaire aux murs beiges, où des numéros du *National Geographic* et du *Financial Times* traînaient sur une table. Sam n'avait pas le cœur de faire semblant de lire : ses mains tremblaient et sa nervosité se serait d'autant plus remarquée s'il avait tenu un journal. Il n'avait ni dormi ni mangé, avait la migraine, la gorge sèche, et il mourait de peur.

« Ta cravate est affreuse.

— Ça, je sais, mais le reste ? La cravate est un peu fatiguée, je te l'accorde.

— Elle est carrément ringarde, oui !

— Merci, Henry. Tu peux compter sur moi pour te réconforter. »

Sam planta là son ami, qui s'efforçait désespérément de mémoriser les informations qu'il avait recopiées dans son *Atlas du monde* et gribouillées sur un bout de papier, tard dans la nuit.

« Chers collègues, je vous présente Sam Glass. Sam, voici le professeur Greg Hausmann, chargé de coordonner les recherches sur le tourisme en Antarctique, Emma Smith-Holmes, responsable du projet en Grande-Bretagne, et Osh Laird, qui conduira la mission au pôle Sud.

— Bonjour », dit Sam avec un signe de tête à l'assemblée. Il avait le trac et était obnubilé par sa cravate. Et si je ne partais pas pour l'Antarctique à cause de ce détail, songeait-il. Scott portait sûrement d'horribles cravates, lui aussi. Quant à Amundsen, c'était un fait avéré. Quelle idée d'avoir mis une cravate, bon sang !

« Eh bien, Sam, nous aimerions savoir ce qui vous a poussé à poser votre candidature », commença Jean, la femme qui les avait introduits.

« J'ai posé ma candidature parce que... (Sam hésita.)... parce que... (Il remua sur sa chaise, il se sentait l'esprit vide.)... parce que j'ai envie d'aller en Antarctique. »

Emma lui sourit comme à un enfant de cinq ans. Le professeur se racla la gorge et prit quelques notes. Jean refit une tentative : « Et pourquoi avez-vous envie d'aller en Antarctique ? »

Les réponses se bousculèrent dans la tête de Sam : parce que j'ai ce désir depuis que je suis tout petit, parce que mon grand-père y est allé, parce que mon père est mort, parce que cela a de l'importance pour moi, parce que je perds mon temps dans mon boulot actuel, parce que là-bas ce sera silencieux. Parce que c'est l'Antarctique, nom d'un chien ! L'Antarctique... qui n'aurait pas envie d'y aller ? Sam ne donna pourtant aucune de ces réponses ; il en cherchait une qui aurait davantage de sens pour ces gens étranges. Mon père, parce qu'il détestait son travail, a passé des années dans un emploi qu'il n'aimait pas, et ensuite il est mort. Pour lui, il faut que je fasse quelque chose qui me tienne à cœur, comprenez-vous cela ? Le silence se prolongeait. Emma regarda Sam d'un air interrogateur.

« Il m'est difficile de répondre en une phrase. Je dirais que j'ai l'impression que c'est mon destin d'effectuer ce voyage. » Sam se sentit devenir écarlate. Il essayait de se concentrer, mais ne cessait de penser à sa cravate et à la réflexion de Henry. Il avait conscience de ne pas présenter l'image d'une personne sensée et réfléchie – une personne sur qui on peut compter en cas de blizzard. Il contempla ses pieds.

« Qu'estimez-vous avoir fait de mieux jusqu'à présent dans votre vie ? De quoi êtes-vous le plus fier ? » questionna le professeur, manifestement las du silence de Sam.

Sam secoua la tête et fixa ses mains, posées sur ses genoux. Sa respiration s'amplifia et ses doigts s'agitèrent, comme s'il avait envie de faire de grands gestes mais n'osait pas.

« Je n'ai rien accompli dont je sois fier, dit-il, les larmes aux yeux. C'est pour cette raison que je suis ici, parce que j'ai envie de réaliser quelque chose d'intéressant, qui laissera une trace, qui sera utile, dans un domaine qui a de l'importance pour moi. »

Il observa les quatre personnes en face de lui : elles semblaient perplexes, vaguement intriguées, et le dévisageaient tel un individu bizarre, un cas pathologique, un exemple de névrose. Sam était certain d'avoir échoué, de ne pas être parvenu à se faire comprendre. Le reste de l'entretien consista en problèmes d'ordre médical et administratif. On lui posa quelques questions faciles au sujet de l'Antarctique : la taille de ce continent, son histoire, ses particularités – questions auxquelles il répondit correctement. Ces réponses-là, il les connaissait ; il savait qu'un ciel marron, presque noir, indiquait que la mer était libre de glace, un ciel blanc orangé, qu'elle était gelée – le genre de réponses qui figuraient dans les livres, et que Leo lui avait apprises.

« Nous vous remercions. » Jean se leva et le raccompagna à la porte. « Nous vous écrirons. »

*Ne vous donnez pas cette peine,* songeait Sam. Il se doutait d'avance du contenu de la lettre.

Il se trouva que Sam n'avait guère prêté attention à l'une des personnes qui étaient dans la pièce : Osh Laird, le chef de la mission, l'homme qui dirigerait sur place l'équipe de volontaires, qui distribuerait les tâches, assurerait la coordination des recherches, remonterait le moral chancelant du groupe. Osh était météorologue; il avait étudié la physique à Cambridge et obtenu un doctorat en mécanique des fluides. Il était allé une première fois au pôle Sud dans le cadre de son doctorat, et y était retourné souvent par la suite; son séjour le plus long avait duré dix-huit mois, mais cela faisait bien sept ou huit ans qu'il s'y rendait régulièrement. Des quatre personnalités présentes le jour de l'entretien, Osh n'était pas la plus importante, mais c'était lui qui savait le mieux évaluer les capacités mentales et émotionnelles d'un candidat à la vie dans le grand froid.

Dès que Sam entra dans la pièce, Osh sut immédiatement que ce jeune homme possédait les qualités requises : il avait de l'endurance et la faculté de ne compter que sur lui-même. Il est vrai que Sam passait beaucoup de temps seul et que la solitude ne l'effrayait pas. Il était en bonne condition physique, faisait preuve d'une certaine simplicité et d'une aptitude à la pensée claire et logique qui ferait merveille quand il s'agirait d'organiser le travail et d'élaborer des théories. Osh voyait tout cela chez Sam, et aussi la passion – cet élan qui le pousserait à se réveiller en plein milieu de la nuit, à observer le ciel pendant des heures, à courir un petit peu plus vite, à résister un petit peu plus longtemps. Un élan qui le distinguait de ses pairs. L'unique chose dont Osh n'était pas sûr à propos de Sam était sa façon de réagir vis-à-vis des autres et de se comporter avec son équipe. Mais c'était quelque chose qu'on pouvait tester, et Osh avait la ferme intention d'offrir une seconde chance à Sam et de lui donner l'occasion de montrer les capacités qu'il devinait chez lui.

En sortant du bureau, ce soir-là, Sam courut durant deux heures (« Regarde, peuple de Londres, regarde-moi ! ») et, une fois rentré chez lui, il étudia ses cartes. Les contours de l'Antarctique lui étaient maintenant si familiers qu'il lui suffisait, le soir dans son lit, d'évoquer le continent pour en visualiser aussitôt avec précision les moindres détails – un peu comme un de ces labyrinthes de foire où il faut avancer sans toucher les parois ; aujourd'hui, si le labyrinthe avait eu la configuration de l'Antarctique, Sam s'y serait dirigé les yeux fermés sans jamais heurter une seule paroi.

Il sortit sur la terrasse et, tout en observant une fourmi ailée qui se promenait sur le sol, il repensa à la première fois où son père l'avait emmené sur le toit. Tous deux étaient restés un moment le nez en l'air sans rien dire, Sam parce qu'il mourait de peur, son père parce qu'il avait autre chose en tête. Et tout à coup, Sam avait posé une question.

« Pourquoi dit-on de certaines personnes qu'elles sont dans la lune ? Elles ne peuvent pas être à la fois sur terre et dans la lune. »

Le père de Sam, d'abord surpris, avait paru trouver la remarque de son fils judicieuse.

« Je suppose qu'il s'agit d'une de ces expressions que les gens se transmettent de génération en génération. » Il s'adossa à l'une des deux cheminées et contempla le ciel. « Un peu comme quand on dit "avoir un appétit d'oiseau" à propos de quelqu'un qui mange très peu. Mais as-tu déjà observé les oiseaux ? Ils mangent en permanence, ils picorent toute la journée, et la quantité de nourriture qu'ils ingurgitent, par rapport à leur taille, est impressionnante. Je me demande d'où viennent des telles expressions. »

Sam était assis à califourchon sur le faîte du toit, là où son père l'avait installé, le dos contre l'autre cheminée ; ce n'était guère confortable mais il n'osait pas bouger et gardait les yeux fixés vers le ciel de peur de regarder le jardin qui semblait minuscule, tout en bas. Son père, assis face à lui à l'autre extrémité du toit, avait l'air parfaitement à l'aise et chantonnait en tambourinant sur les tuiles avec ses doigts et en agitant les pieds en cadence.

« Eh bien, Cheval Fou, que se passe-t-il là-haut, ce soir ?

— On constate des interférences entre deux étoiles de première grandeur, capitaine, et on a repéré un satellite d'origine inconnue au pied du Bélier.

— Bien observé, Cheval Fou. Croyez-vous qu'il va shooter dedans ?

— Qui ça ?

— Le Bélier. Vous pensez qu'il peut d'un coup de pied envoyer le satellite droit au but ?

— J'en sais rien. Les béliers sont capables de tirer au but ?

— C'est vous qui me posez cette question, Cheval Fou ? Vous n'avez donc jamais entendu parler de Vincent le bélier footballeur ? »

Sam secoua la tête avec précaution, de peur de tomber.

« Qu'est-ce qu'on vous apprend à l'école, de nos jours ? Les maths, l'anglais, des bêtises de ce genre ? Et vous ne connaissez même pas Vincent le bélier footballeur ! »

Sam hocha la tête une fois de plus. Il commençait à se sentir plus à l'aise. Tout en écoutant son père, il leva les yeux vers le ciel et imagina des béliers qui tapaient du pied dans le soleil, marquaient des buts avec les planètes, remportaient victoire sur victoire sous le regard des étoiles qui applaudissaient. Et il songea : Ça me plaît d'être ici sur le toit.

Les appels débutèrent. De tout Londres, des femmes et des jeunes filles se mirent à téléphoner, dans l'espoir de rencontrer deux garçons séduisants avec qui prendre un peu de bon temps. Sam fut sidéré quand il releva les premiers messages : en l'espace de douze heures, quatorze personnes avaient appelé. Henry ne cessait de lui téléphoner sur son portable pour lui demander d'écouter un message en particulier ou pour savoir avec quelles filles il avait pris rendez-vous. En fait, Sam n'en avait contacté aucune : il était encore sous le choc devant l'enthousiasme des réponses et le caractère explicite de certains messages (« Salut, je m'appelle Tina. Avant même de vous avoir rencontrés, j'ai envie de faire l'amour avec vous deux »). Alors que Sam s'interrogeait sur les conséquences de toute cette histoire, Henry prenait goût à l'aventure : il rappelait aussitôt les filles dont les messages lui plaisaient et multipliait les rendez-vous – il en prenait parfois deux par jour.

Le mardi qui suivit la parution de l'annonce, Sam se risqua à passer son premier appel. La fille s'appelait Jasmine et, d'après son message, elle semblait vraiment sympathique. Sam chercha un bureau inoccupé pour ne pas qu'on l'entende et s'y reprit à plusieurs fois avant de composer le bon numéro ; puis, au milieu de la conversation, l'occupant du bureau – un responsable de projet nommé Wayne – rcvint en compagnie d'un visiteur. Sam expliqua d'un ton nerveux à Jasmine qu'il était obligé de la quitter et qu'il la rappellerait tout de suite, mais il savait ce qu'elle penserait : après avoir bavardé un moment avec elle, il s'était dégonflé, il avait changé d'avis car il ne la trouvait pas assez intéressante. Wayne le regarda d'un air mécontent ; Sam sortit de la pièce et tomba sur Jeff, qui l'envoya dans un garage de l'Essex acheter un pare-chocs en vue d'une nouvelle série de photos pour la société Reynolds.

Au fil des semaines, Sam avait changé. Son expression soucieuse avait disparu, on aurait dit que ses cheveux blancs étaient redevenus bruns, sa respiration avait ralenti et la douleur qu'il ressentait parfois dans la poitrine, allongé la nuit dans son lit, s'était calmée. Il avait l'impression d'être un diable à ressort prêt à bondir de sa boîte, ou un petit enfant retenu par un harnais et qui n'a qu'une envie : échapper à ses parents. Il s'imaginait accomplissant toutes sortes d'exploits physiques : il traversait la Manche dans les deux sens à la nage, il grimpait à bicyclette à mille mètres d'altitude, redescendait puis, s'apercevant qu'il avait oublié un gant au sommet, y retournait en pédalant à une vitesse supérieure à celle d'une voiture. Lorsqu'il arpentait son bureau, il était, selon son humeur, soit l'homme le plus fort du monde, soit le plus célèbre explorateur du XX$^{e}$ siècle, signait des autographes, rédigeait ses Mémoires, intervenait comme conseiller auprès du ministère de la Défense. Soudain, il était invincible. Soudain, il était Sam Glass.

Le jeudi, Sam fixa rendez-vous à Rachel dans un bar de Soho après son travail. Elle lui avait dit au téléphone qu'il la reconnaîtrait à ses chaussures (« elles sont bleu roi, impossible de se tromper »). Sam l'attendait donc, en se tordant le cou tel un serpent sous le charme de la musique, pour tenter d'apercevoir les chaussures de chaque femme qui entrait. Il était nerveux : c'était la première fille à qui il donnait rendez-vous et, si Henry avait eu de la chance avec toutes celles qu'il avait rencontrées (il avait même déjà couché avec l'une d'entre elles), Sam était persuadé que toutes les filles sur qui il tomberait seraient un peu givrées. Elles l'étaient forcément, pour avoir envie de faire sa connaissance… De plus, il était gêné par toute cette histoire – gêné de fixer rendez-vous à des inconnues dans un bar de Soho, gêné d'avoir mis une annonce dans le journal, gêné d'avance pour les femmes qu'il n'aurait pas envie d'embrasser, et pour la façon dont il éviterait de les embrasser.

« C'est toi, Sam ? »

Il se retourna et vit une jeune femme de petite taille, à peu près de son âge.

« Oui, bafouilla-t-il, la gorge sèche. Que veux-tu boire ?

— Un Bacardi-Coca », répondit-elle avec un sourire.

Un silence s'installa entre eux.

« Assieds-toi, je t'en prie », dit Sam qui avait l'impression que tout le monde les regardait.

Il examina Rachel et s'efforça de noter le maximum de détails.

« Excuse-moi, je suis un peu en retard, la baby-sitter a raté le bus et j'ai dû attendre qu'elle arrive. »

Sam se figea. Malgré son malaise, il essaya d'adopter un comportement normal.

« Ah ! je comprends. C'est contrariant, ce genre de choses, s'entendit-il marmonner.

— Oui, et on a un mal de chien à trouver la personne adéquate, de nos jours. »

Sam jeta un coup d'œil sous la table ; Rachel portait des bottes noires. « Que sont devenues les chaussures bleu roi ?

— J'ai changé d'avis, expliqua-t-elle en riant. En fait, elles m'ont paru horribles et je les ai fichues en l'air. Puis j'ai à nouveau changé d'avis mais, quand je suis allée les rechercher dans la poubelle, elles n'étaient plus là : quelqu'un avait dû les ramasser.

— Hum. C'est contrariant, ce genre de choses. »

Merde ! jura intérieurement Sam.

« Bon, fit Rachel en avalant une gorgée, je cherche un homme capable de satisfaire tous mes désirs. » Elle le regarda bien en face. Ses yeux étaient très maquillés, et Sam crut apercevoir quelque chose de métallique dans sa bouche : elle avait peut-être la langue percée, ou alors un gros plombage ?

« C'est légitime, je pense, commenta-t-il.

— Oui, en effet, mais beaucoup d'hommes ne sont pas de cet avis.

— Ça dépend de quels désirs il s'agit, je suppose. » Sam avait l'impression de parler comme un professeur ou un présentateur du journal télévisé. Il aurait aimé que Henry soit là, sa présence aurait facilité les choses : Henry savait s'amuser de toutes les situations.

« Eh bien, as-tu envie de les découvrir ? »

Pour la deuxième fois de la soirée, Sam s'interrogea : avait-il bien entendu ? Puis il sentit la main de la jeune femme sur sa jambe, et son souffle près de son visage.

« Je n'ai pas beaucoup de temps, tu comprends. Il faut que je sois rentrée avant minuit, sinon la babysitter se demandera où je suis. »

Sam vit nettement le clou sur la langue de Rachel. La jeune femme le considéra avec un petit rire nerveux. Ils se levèrent et sortirent du bar. Une fois dans la rue, ils se dévisagèrent un moment, puis elle se jeta sur lui, et Sam eut la preuve matérielle de l'existence de l'objet qu'il avait aperçu. Qu'est-ce que je suis en train de faire, bordel ? Je ne la connais même pas, et j'ai sa langue dans ma bouche.

Confronté à cette intrusion forcée, à cette intimité non désirée, il se rendit compte de deux choses : premièrement, que cette fille ne lui plaisait pas, sinon il n'aurait pas ce style de pensées ; deuxièmement, qu'il ne devait pas être très normal. En effet, n'était-ce pas le rêve de tout homme de rencontrer des femmes inconnues et avides de sexe ? Sam comprenait ce que pouvait avoir d'excitant une aventure avec une inconnue, mais pas avec celle-ci ni sans doute avec la majorité de celles qu'il rencontrerait.

Sam embrassa Rachel et la laissa partir car il n'avait pas envie de faire l'amour avec elle. Il fit la connaissance de Monica et accepta de la revoir, mais plutôt au cinéma ou au théâtre, ce qui limiterait les conversations. Il rencontra Tanya et l'abandonna dès qu'il le put (« Je sors et serai peut-être quelque temps dehors »). Goldie – qui portait des sandales plates et un anorak en fibres ultra-légères – l'effraya en lui parlant de tentes et de crampons, et en suggérant qu'à son retour ils vivent ensemble au grand air. Kezza était sympa mais ne l'attirait pas. Shavi était belle mais pas attirée par lui. Scarlet était maigre à faire peur et avait les yeux trop fardés. Hannah – Sam le découvrit à la fin de la soirée – avait déjà un petit ami en Antarctique et voulait que Sam lui apporte du pain aux dattes et aux noix qu'elle fabriquait elle-même. Daisy, il fallait bien le dire, était ennuyeuse comme la pluie. Carmen ne parlait pas un mot d'anglais, ce qui n'avait guère d'importance – après tout, l'annonce était suffisamment claire quant à la nature des rencontres –, pourtant elle se crut obligée d'essayer, si bien qu'il fallut vingt minutes pour qu'on comprenne enfin ce qu'elle désirait boire. Sam dut faire une croix sur Ruth parce qu'il trébucha à l'entrée du pub et s'étala de tout son long ; il fila sans demander son reste et jeta le numéro de téléphone de la fille. Quant à Gaby, il ne la rencontra jamais car, obligé de travailler tard à l'agence, il ne réussit pas à la joindre à temps pour la prévenir et se sentit trop gêné pour la rappeler ensuite.

Cela n'avait guère d'importance : chaque jour apportait un lot supplémentaire de messages sur le répondeur. Vingt pour cent au moins émanaient de personnes qui paraissaient déprimées ou cinglées –

ou les deux. Ce qui laissait tout de même une large majorité de filles qui valaient la peine qu'on les rappelle. À cause de leurs métiers respectifs, Henry était toujours le premier des deux à contacter les candidates les plus intéressantes, tandis que Sam devait se contenter des cas limites, quand il avait un instant de libre pour téléphoner, avec plusieurs jours de retard sur son ami.

Chaque fois que Sam s'ennuyait, il appelait le numéro, juste pour s'amuser. Il y avait beaucoup de messages mystérieux : des femmes qui n'indiquaient pas leur nom, des hommes qui voulaient savoir si Henry ou lui étaient intéressés par une rencontre gay avant de partir, et des gens qui avaient tout simplement composé un mauvais numéro. « Salut, Steve, c'est Jenny. C'était super avec toi, la semaine dernière, mais je viens juste de me remettre avec mon ex, par conséquent je ne te reverrai probablement pas. » Sam mémorisa cette excuse, au cas où il en aurait besoin dans l'avenir. Gray leur déposait des messages tous les deux ou trois jours. « Bonjour, je m'appelle Nicole, j'aimerais vous avoir tous les deux dans mon Jacuzzi ce soir, pour m'aider à laver les endroits que je ne peux pas atteindre toute seule. » Un jour, une femme du département financier de McLeod Seagal Gale appela ; Sam fut paniqué à l'idée que Henry lui avait peut-être donné rendez-vous et risquait, sans savoir où elle travaillait, de lui citer le nom de Sam. Mais Henry était très occupé avec une certaine Gemma qui lui avait fait une fellation dans le taxi, et il n'avait pas écouté les messages pendant plusieurs jours. Il y eut même un message d'une universitaire de Leicester qui ne souhaitait les rencontrer ni l'un ni l'autre mais qui leur reprochait d'avoir paraphrasé les dernières paroles de Lawrence Oates pour ce qu'elle qualifiait d'« appel désespéré à des faveurs sexuelles ».

Après l'entretien, Sam craignit d'avoir plus ou moins compromis ses chances de partir en passant la petite annonce. Il avait prévu de rencontrer une fille chaque soir de la semaine et n'avait pas encore trouvé le temps d'observer le ciel de la terrasse de sa chambre ; mais, chaque fois qu'il avait un moment à lui – dans le métro en se rendant au club de sport le matin, ou lorsqu'il était aux toilettes –, une angoisse irrationnelle le saisissait soudain et il était terrifié à l'idée d'avoir involontairement saboté, à cause d'une initiative stupide, la seule chose qui lui importait vraiment.

« Henry, tu ne crois pas qu'on a tenté le destin avec cette annonce ?

— Non. Je pense que si, mentalement, on se persuade qu'on va partir, on obtiendra les postes et on partira.

— C'est peut-être aller un peu vite en besogne, non ? Pour l'instant, nous faisons beaucoup de suppositions. »

Henry, assis sur le divan de son salon, mangeait un bol de nouilles. Sam et lui avaient commencé à se bourrer d'aliments riches en glucides et étaient capables de finir en une soirée un paquet entier de pâtes ou de riz.

« Mmmm, fit Henry en hochant la tête et en déglutissant. Ne te tracasse pas, Sammy, ça ne changera rien.

— Tu as sans doute raison. » Sam s'approcha de la fenêtre et contempla le ciel nuageux. Henry et lui étaient censés approfondir leurs connaissances et lire des études de cas sur les effets du tourisme dans d'autres zones protégées, tels les forêts pluviales ou l'Alaska. Henry se leva et rapporta son bol vide à la cuisine tout en fredonnant un petit air. Quand Sam était arrivé, un peu plus tôt dans l'après-midi, Henry lui avait chanté avec fierté sa dernière composition et l'avait incité à reprendre en chœur le refrain :

*Nous partons voir le blizzard*
*Le blizzard du pays d'Oz*
*Le blizzard d'Oz*
*C'est quelque chose*
*On part à cause*
*Du blizzard d'Oz.*

Henry chantait en imitant de son mieux – c'est-à-dire plutôt mal – Judy Garland dans le film *Le Magicien d'Oz*. Sam secoua la tête et sourit.

« Je suis quel personnage, moi ? Le Bûcheron de fer-blanc ?

— Non, non. Toi, tu as un cœur. Tu es celui qui n'a pas de cervelle, l'Épouvantail.

— Mais à la fin de l'histoire, le magicien me donne une cervelle, non ?

— En fait, il ne donne rien à aucun des personnages, sauf l'assurance qu'ils possèdent maintenant ce dont ils manquaient ; eux, ils le croient et toc ! tout à coup ils réussissent à faire les choses qu'ils ne parvenaient pas à faire jusque-là.

— Si je comprends bien, j'étais déjà intelligent mais j'en doutais ? C'était juste une question de confiance ?

— C'était juste une question de confiance », répéta Henry en dépliant un journal par terre devant lui.

« Henry ? »

Sam s'appuya contre le canapé, étendit les jambes et posa son livre à côté de lui. Quel plaisir de se replonger dans un bouquin ! Il y avait des mois qu'il n'avait pas lu. Il aimait les livres et en avait une quantité chez lui, pourtant il lisait rarement ; il les utilisait comme dessous de verre, ou pour maintenir la porte de sa chambre ouverte, ou encore écraser des insectes – et, bien sûr, comme éléments du décor. Quelquefois il y jetait un œil, mais ce n'était pas fréquent. Il contempla ses chaussettes dépareillées, usées aux talons.

« Mmmm ? » fit Henry, le nez dans son journal.

Sam se tut. Il ne savait trop quoi dire.

« Pourquoi veux-tu venir avec moi ? »

Henry leva les yeux et regarda Sam.

« Ça sera marrant, répondit-il, avant de se replonger dans sa lecture.

— Non, sérieusement. Tu comprends, j'aimerais juste m'assurer que…

— Que je ne te mène pas en bateau ?

— Je n'aurais pas employé cette expression, mais…

— Mais c'est ce que tu penses ? »

Sam garda le silence et agita les pieds. Henry se redressa et tourna les pages de son journal.

« J'ai envie de faire ce voyage parce que je trouve que c'est une façon agréable de passer six mois de ma vie », finit par répondre Henry, sans lever les yeux.

Sam hocha la tête.

« Alors, tu es prêt à faire tout ce qu'il faut : lire des ouvrages, te préparer physiquement, etc. ?

— Non. J'ai l'intention de traînasser, de lire tranquillement le journal, et d'espérer que je serai sélectionné.

— J'ai des doutes : tu n'as pas l'air de prendre ça très au sérieux, c'est tout.

— Je n'ai pas besoin d'*être* sérieux pour prendre les choses au sérieux, si ? D'autre part, j'ai toute la semaine pour lire des trucs, je ne vais pas au bureau tous les jours comme toi. Tu n'as que les week-ends, Sam, alors que moi, je dispose de beaucoup plus de temps. Inutile que je commence dès maintenant à potasser. »

Henry semblait vexé. Sam et lui se dévisagèrent sans un mot.

« Bien », dit Sam en reprenant son livre.

Ils lurent en silence, Sam avec le sentiment de faire ce qu'il devait, Henry avec la conscience aiguë du contraire.

« Henry, je...

— Laisse tomber.

— Je suis désolé.

— C'est bon. »

Sam reporta son attention sur son livre, tourna la page, suivit le texte des yeux. Henry fixa son journal et se racla la gorge. Un bus passa dans la rue, faisant légèrement vibrer l'appartement.

# 13

« Bonjour, grand-père, dit Sam en se penchant pour embrasser Leo. Comment vas-tu ?

— Très bien, et toi ? Tu sens une drôle d'odeur.

— J'ai nagé et couru, expliqua Sam, qui s'assit dans le fauteuil de Kasia et dénoua les lacets de ses baskets. J'ai mis de l'eau à chauffer.

— Et ton travail ? Tu as des cernes sous les yeux.

— Bof, la routine. Alors, tu t'entends bien avec ton aide ménagère ? Je te trouve en forme.

— Oui, confirma Leo, à deux doigts de rougir. Elle est charmante, en fin de compte.

— Elle discute avec toi, n'est-ce pas ?

— En effet, nous parlons. Je ne fais pas grand-chose d'autre, ajouta Leo en agitant les doigts en l'air.

— Ça fait du bien, non ? C'est important de parler.

— Certes, mais à mesure qu'on vieillit, les sujets de conversation deviennent de plus en plus limités, tu sais.

— Comment ça ? dit Sam en se passant la main dans les cheveux.

— De quoi parles-tu avec tes amis ?

— Oh ! de tout et de n'importe quoi.

— Mais si on te demandait de quoi vous discutez principalement, que répondrais-tu ?

— Franchement, je n'en sais rien. De l'actualité, des films...

— Pas de l'avenir, ni de sexe ? »

Sam se tut et dévisagea son grand-père, puis il enleva ses lunettes et les essuya sur son tee-shirt.

« De l'avenir, si, bien sûr. Nous parlons beaucoup de nos projets de vacances, de ce que nous ferons dans huit jours ou dans un an, de ce que nous envisageons pour plus tard. » Sam s'interrompit. Leo le dévisagea. « On parle de sexe, aussi, évidemment. Tout le monde en parle. Oui, tu as raison, ce sont sans doute les sujets qu'on évoque le plus souvent.

— Tu vois ! Je ne dis pas cela pour que tu me plaignes, mais je ne peux discuter ni de l'un ni de l'autre. Le sexe, c'est fini pour moi depuis longtemps. (Leo eut un petit rire.) Quant à l'avenir, je peux à la rigueur parler de ce que je ferai la semaine prochaine, mais pas dans un an. Je ne peux mettre sur pied aucun projet. Arrive un âge où l'on commence à regarder davantage derrière soi que devant, et où l'on se remémore les bons moments du passé plutôt que d'en imaginer de meilleurs dans le futur.

— Je comprends ce que tu veux dire. Je n'y avais jamais pensé. Que dois-je faire, alors ? Apprécier ma jeunesse ? Vivre dans le présent ? Tous ces vieux clichés ?

— Oh ! non, répliqua Leo en riant. Je ne demande pas que tu fasses quoi que ce soit. C'était juste une observation. »

Sam alla préparer le thé dans la cuisine et revint avec un plateau sur lequel il avait posé un vase de fleurs.

« J'ai apporté un gâteau et un bouquet d'iris.

— Merci, c'est très gentil. (Leo se pencha sur le vase comme au-dessus d'un puits.) Tu sais, reprit-il après quelques instants, je ne voudrais pas t'embêter avec ça mais, si tu n'aimes pas ton travail, il vaudrait mieux arrêter. Si c'est l'argent qui te préoccupe, je pourrais t'en donner un peu, pour t'aider à tenir deux ou trois mois, le temps que tu trouves quelque chose qui te plaise. Je me fais du souci pour toi, c'est tout. »

Sam versa le thé dans les tasses et tendit à Leo une assiette avec une tranche de gâteau. L'heure n'était-elle pas venue d'aborder le sujet ?

« Grand-père, j'ai relevé une annonce, l'autre jour : *L'Institut britannique de recherches antarctiques recrute des assistants de recherche pour étudier les effets du tourisme sur le continent*. »

Sam était obligé de dissimuler son excitation : il ne voulait pas mentionner qu'il avait déjà eu un entretien, car il avait le sentiment que cela s'était mal passé. En parler aurait été déplacé, lui semblait-il.

« Sam Glass, dit Leo après un silence, je lis clairement en toi. »

Il saisit sa tasse et avala une gorgée de thé, tandis qu'un sourire naissait sur ses lèvres.

« Tais-toi, grand-père, lui intima Sam, à moitié sérieux.

— Je te...

— Attention !

— ... l'avais...

— Tu n'as pas intérêt !

— ... bien dit.

— Bon, d'accord, tu as raison, mais ce n'est pas quelque chose qu'on peut raconter aux instituteurs à l'école, reconnais-le. "Moi, plus tard, j'irai au pôle Sud. – Très bien, Sammy, mais que feras-tu dans la vie réelle ?"

— Je sais, je sais, admit Leo en souriant.

— De toute façon, il ne s'agit pas vraiment d'un changement professionnel, et je risque de ne pas être sélectionné, alors tu vois, rien n'est sûr.

— Tu seras retenu, Sam, ne t'inquiète pas. Attends une minute. » Leo se leva, se dirigea vers la bibliothèque et sortit une fois de plus sa carte du pôle Sud, puis il revint s'asseoir dans son fauteuil et déplia la carte sur ses genoux.

« C'est celle que tu avais emportée ? interrogea Sam.

— Non, répondit Leo en scrutant la carte. Celle-ci est plus récente. Regarde, dit-il en suivant du bout du doigt les contours de l'île de Berkner. Ici, à mon avis, il y a une erreur. Tu vois cette île, là ? Maintenant, regarde celle qui est située juste au-dessous : en réalité, elle est constituée de *deux* îles. Quand on est à côté, on a l'impression que c'est une seule île, mais si on l'aborde en venant de l'île de Berkner et qu'on la traverse à ski, on rencontre une faille d'environ douze mètres de large, juste au milieu. (Leo leva les yeux et dévisagea Sam.) Du moins, c'est ce que je pense. Le cartographe prétend que j'ai tort. Je suis certain d'avoir vu une île comme celle-ci, mais je ne me souviens pas de sa situation exacte. Ma mémoire me lâche, tu comprends. »

Sam acquiesça d'un signe de tête et examina la carte sur les genoux de son grand-père. C'était une édition différente de celle que Sam avait achetée, mais il n'eut aucun mal à repérer tous les éléments qu'il avait si longuement contemplés : les montagnes, la banquise de Ross, l'île de l'Éléphant et, de l'autre côté, le glacier Lambert.

« Sam, dit Leo, j'ai un service à te demander.

— Je devine, grand-père. C'est d'accord. J'irai, bien entendu.

— J'aimerais tant savoir. Je suis sûr d'avoir raison, mais je n'ai aucun moyen de le prouver.

— Maintenant, tu en as un, dit Sam en souriant à Leo. Tu préfères que je te téléphone ou que je t'envoie une carte postale ?

— Une carte postale suffira », répliqua Leo, qui sourit à son tour puis avala une gorgée de thé. Il se réjouissait que Sam n'ait pas renoncé à son rêve d'enfant. Rien n'est plus triste que la mort des rêves – c'est en général le doute qui les tue. Leo avait observé avec tristesse les conséquences du tragique décès de leur père sur ses petits-fils : d'enfants turbulents et ne doutant de rien, ils s'étaient transformés en garçons silencieux qui faisaient leurs devoirs en guettant avec anxiété l'expression de leur mère.

« Naturellement, tu n'ignores pas qu'il fait froid, là-bas. »

Sam éclata de rire, hocha la tête et mordit dans un morceau de gâteau.

« Plus froid que tu ne saurais imaginer, reprit Leo. Tellement froid que ça te brûlera presque. Au bout d'un moment, tu détesteras le froid. Tu porteras un survêtement épais vingt-quatre heures sur vingt-quatre, tous les jours. Tu auras froid la nuit dans ton lit, tu auras froid le matin en te réveillant, froid quand tu mangeras, froid quand tu courras. Tu ne te rappelleras plus ce que c'est d'avoir chaud, d'être assis dans ce salon et de bavarder avec moi. Tu ne te rappelleras plus ce que c'est de sentir tes pieds, de respirer l'atmosphère d'une pièce chauffée, et non un air glacé qui te brûle la trachée. Là-bas, Sam, on met les aliments au réfrigérateur pour qu'ils restent *chauds*. Il fait trop froid pour se laver. Il fait si froid que les poissons ont le sang blanc. » Leo but un peu de thé.

« Et puis, c'est déprimant. Il ne se passe rien. Jour après jour, on n'a sous les yeux que d'immenses étendues de blanc, et rien d'autre. Les choses les plus banales prennent de l'importance : la vitesse à laquelle les ongles poussent et les rides se forment autour des yeux, ou bien les différences entre les rabats des tentes. C'est un univers où il n'existe rien pour te stimuler, tu comprends ? De temps en temps, un avion apporte du courrier vieux de plusieurs mois. La nourriture est infecte, toujours en sachets, et périmée. Les aliments ont un goût de moisi et se désintègrent quand on veut les réchauffer, à force d'avoir été si souvent congelés. Les gens changent, une fois là-bas. La perte de la notion du temps, l'absence totale d'événements font ressortir le pire chez certains : ils ont l'impression de vivre dans un monde sans règles, où ils peuvent faire n'importe quoi sans avoir à payer les conséquences de leurs actes. Quelques-uns retombent en enfance, d'autres cessent complètement de parler. Tu n'ignores rien de tout cela, n'est-ce pas ? »

Sam fit non de la tête et avala une gorgée, avec la pleine conscience de la chaleur du thé.

« Je ne l'ignore pas, répondit-il. Mais toi, tu n'hésiterais pas à y retourner ? »

Leo se tut un instant et se gratta la tempe.

« En effet, je partirais dès demain si je le pouvais. Prépare-toi à tomber amoureux, Sam », ajouta-t-il en haussant les sourcils en signe d'avertissement.

Sam regarda son grand-père et le vit tel qu'il était autrefois, sur les photos prises au pôle Sud : plein de vie, auréolé de succès, emmitouflé dans un gros anorak dont le capuchon lui descendait jusqu'aux yeux. Il avait trouvé la mousse et s'apprêtait à retourner à São Paulo pour annoncer à Lorenzo Lopez qu'il avait accompli sa mission.

« Toi non plus, tu n'auras pas envie de revenir, mais souviens-toi que la place d'un homme n'est pas là-bas. Tu pourras regarder, toucher, apprendre, en revanche tu ne pourras pas vivre là-bas, tu ne dois pas y vivre, parce que cet endroit n'est pas fait pour nous.

— Tu sais, je risque de ne pas partir : il y aura une quantité d'entretiens et des week-ends d'entraînement avant la sélection finale. » Sam n'évoqua pas le côté financier : son grand-père lui aurait sur-le-champ remis le livret où était versée sa pension, et cela il ne le voulait pas.

« Je m'en doute. (Leo regarda par la fenêtre.) Tu partiras, Sam, c'est inscrit sur ton visage. Si seulement je pouvais partir avec toi ! »

Leo se pencha et attrapa sa bouteille de whisky ; il la tendit à Sam, qui déclina son offre, et s'en versa une rasade dans son thé.

« Pourquoi pas ? » dit Sam. Il rit et son grand-père l'imita.

Lorsque Kasia rentra enfin chez elle, après son travail à la maison de la presse, elle tira les rideaux de sa chambre et se déshabilla entièrement. Elle laissa ses vêtements en tas sur le plancher, puis se lava les mains et le visage et se prépara une tasse de ce qu'elle appelait du « thé polonais » – c'est-à-dire du thé anglais, mais sans lait. Elle alluma la télévision, s'allongea sur son lit et s'absorba dans la contemplation du plafond.

Ce soir, au magasin, elle avait soudain réalisé quelque chose et, maintenant qu'elle y repensait, cela lui paraissait de plus en plus évident : elle n'avait plus envie de rester seule. Elle ne voulait plus jamais passer une soirée seule. Mais elle désirait être avec quelqu'un en particulier, et elle désirait être avec lui tout le temps. Comment ne l'avait-elle pas compris plus tôt ? Cela expliquait son excitation quand elle parvenait à hauteur de la maison et introduisait la clé dans la serrure, sans compter son cœur qui battait la chamade lorsqu'elle approchait du salon. Et cela expliquait aussi sa tristesse quand elle repartait, le sentiment de vide, l'ombre qui pesait sur tous les moments où elle était loin de cette maison. Elle était amoureuse.

Nue sur son lit, les mains derrière la tête, balançant d'un côté à l'autre ses genoux repliés, elle se répétait cette phrase : « Je suis amoureuse de M. Glass, je suis amoureuse de M. Glass. » Phrase qui se changea en : « J'aime M. Glass », mais qu'elle n'osa pas prononcer tout haut parce que cela la mettait mal à l'aise. Elle s'interrogea ensuite sur ce qui pourrait arriver, et elle eut beau retourner la question dans tous les sens, la réponse qui s'imposa à elle était : rien.

Il y avait un thriller à la télévision et elle se leva pour éteindre le poste. Elle avait facilement peur et savait que, même sans regarder vraiment le film, elle ne pourrait pas dormir cette nuit-là. Kasia avait du mal à voir M. Glass et elle-même comme un couple, comme un homme et une femme qui reconnaissent mutuellement leurs sentiments véritables. La réalité était simple : sa vie à elle commençait là où finissait celle de M. Glass, alors que leurs deux vies auraient dû suivre un chemin parallèle et se croiser de bonne heure. Cette rencontre, tel un rayon lumineux réfracté par un prisme, aurait fait jaillir devant eux un avenir aux couleurs si éclatantes et à la beauté si prodigieuse qu'ils en auraient été aveuglés et auraient dû reculer, se protéger les yeux, se prendre par la main et ne plus se lâcher.

Éprouverait-elle un jour les mêmes sentiments pour un autre homme ? s'interrogeait Kasia, qui se mettait à frissonner. Un homme de sa génération, de son âge. Elle devait tant à M. Glass, il avait toujours été si gentil avec elle. Et elle ne pouvait chasser de son esprit les scènes qu'elle avait imaginées : Leo et elle dansant le tango au Brésil, Leo et elle bavardant tard dans la nuit tandis qu'il lui montrait le ciel (elle voyait avec précision l'expression de son visage, son bras gauche désignant les étoiles, ses sourcils levés, son profil – il avait presque l'air d'un petit garçon), Leo et elle faisant l'amour. Elle avait vu des photos de lui jeune, au même âge qu'elle, et elle était tombée amoureuse. Mais, si elle s'était éprise d'un homme avec qui une histoire d'amour était impossible, ce n'était pas – même en partie – à cause de l'impossibilité de cet amour. Non, il s'agissait d'un désir réel, authentique, un désir né de l'affection, de la tendresse et, en définitive, d'une profonde résonance entre leurs esprits.

Elle aurait aimé pouvoir remonter le temps et faire la connaissance de Leo à l'époque de son départ pour le Brésil. Ils se rencontreraient et tomberaient amoureux l'un de l'autre. Un soir en rentrant du travail, elle entendrait quelqu'un fredonner *(It's a long way to Tipperary, it's a long way to go)* et elle tendrait le cou pour tenter d'apercevoir qui chantait derrière la haie. Le lendemain soir, elle entendrait à nouveau la même voix, plus proche cette fois, et elle verrait distinctement un jeune homme agenouillé dans les parterres de fleurs. Ils se dévisageraient et, à l'instant où leurs yeux se croiseraient, ils bâtiraient un monde où eux seuls auraient la possibilité de pénétrer – un monde plus beau que celui dans lequel ils vivaient.

Ce monde, il l'y emmènerait chaque fois qu'elle serait triste. C'était un monde où elle aurait envie de se cacher, de se réfugier, de vivre toujours. Un monde pour eux seuls, construit à partir de leurs paroles, de leurs rires, de leurs regards. Aujourd'hui, quand elle considérait le Leo de quatre-vingt-six ans, Kasia voyait clairement sur quelles fondations était bâti cet univers – des fondations d'une solidité, d'une robustesse, d'une stabilité telles qu'elle n'en avait jamais connu. Tout ce qui se construirait sur ces bases-là durerait des années, des siècles, l'éternité. Lui aussi en avait conscience. Tous deux, ébahis de leur découverte, contemplaient avec stupeur ces fondations et s'émerveillaient devant la solidité des poutres, la régularité des briques. Cependant, ni Leo ni Kasia n'entreprenaient de bâtir dessus. Ils avaient beau imaginer l'un et l'autre avec précision à quoi ressemblerait la maison, quel nom serait inscrit au fronton, où seraient placées les fenêtres, quelles fleurs orneraient les balcons, et de quels cris, de quels rires résonnerait un jour la demeure, ils n'esquissaient pourtant pas le moindre mouvement. Ils se rendaient compte de leur découverte, et tentaient d'en détourner les yeux.

Quand elle regardait les photos de Natália, Kasia hochait la tête avec consternation. Moi, je serais restée avec lui, songeait-elle, je me serais occupée de lui, je l'aurais entouré d'affection et de tendresse. Et elle se demandait de quelle façon avait vieilli le beau visage de la photo, et si cette femme connaissait, elle aussi, une fin de vie solitaire. Leo n'avait pas épousé la bonne personne, c'était évident, mais comment aurait-il pu savoir que celle-ci ne viendrait au monde que trente ans plus tard ?

Kasia scruta le ciel derrière le rideau. Elle avait du mal à croire que, la nuit dernière, à la même heure, elle était en compagnie de M. Glass. Elle chercha la Petite Ourse et la Grande Ourse mais, chaque fois qu'elle pensait avoir découvert un élément – une patte ou une oreille, par exemple –, vlan ! une autre étoile, juste au milieu de la tête ou au-dessus de l'épaule de l'animal, venait détruire tout l'agencement. Seule dans l'obscurité et le silence de la nuit, les yeux fixés sur l'alignement des toits, Kasia se rendit compte qu'elle ne parvenait pas à retrouver les constellations. Par elle-même, elle ne distinguait rien.

Comme d'habitude elle était en retard, et il pleuvait. C'était moins grave d'arriver en retard chez M. Glass qu'au bureau de tabac – il ne la dénoncerait pas, alors qu'au magasin ils n'hésiteraient pas –, toutefois, elle s'en souciait davantage car elle savait que M. Glass s'inquiéterait pour *elle*, pas pour des ventes manquées.

À cette pensée, elle s'arrêta net au beau milieu de la rue et inclina la tête contre la tige en métal de son parapluie. *Il s'inquiéterait pour elle*. Elle n'était qu'une étrangère dans cette ville immense – une étrangère qui passait la plus grande partie de sa vie seule dans le silence de sa chambre –, et malgré tout il y avait ici quelqu'un qui s'inquiétait pour elle. Une vieille dame la heurta en voulant la dépasser sur le trottoir étroit, et Kasia émergea de sa rêverie. Elle reprit sa marche, plus vite cette fois parce que, même si c'était réconfortant, vu les circonstances, de savoir que M. Glass s'inquiétait pour elle, il ne fallait tout de même pas l'inquiéter pour rien ; d'ailleurs, elle n'aimait pas l'imaginer en train de se faire inutilement du souci.

En s'engageant dans l'allée, elle constata que la porte principale de la maison était ouverte et que divers outils traînaient dehors. Elle cherchait ses clés, le parapluie dans une main, un sac en plastique dans l'autre, au moment où elle franchit le seuil ; comme elle ne regardait pas où elle marchait, elle trébucha. Elle atterrit à plat ventre, la moitié du corps dans le hall d'entrée, l'autre moitié à l'extérieur, des picotements dans la main droite et une sensation d'engourdissement dans les membres ; son parapluie gisait à un mètre d'elle.

Il lui fallut quelques secondes avant de reprendre ses esprits. Puis elle se releva, un peu chancelante, et entendit des pas dans l'escalier. Elle ferma les yeux : c'était sûrement un ouvrier, peut-être même plusieurs, qui descendaient et qui, sans nul doute, avaient été témoins de sa chute. Tout en évaluant ses blessures, elle se prépara à affronter leurs commentaires et leurs inévitables plaisanteries (« En voilà un joli vol plané ! », « Je sais que je suis beau gosse, mais ce n'est pas une raison pour vous jeter à mes pieds ! »). Le haut de sa cuisse gauche était douloureux, ses paumes de mains étaient écorchées, et elle avait déchiré son manteau orange – son unique manteau. Au moins, elle n'avait pas lâché son sac en plastique. Telle une enfant, elle avait envie de pleurer, elle aurait voulu que quelqu'un la prenne dans ses bras. Mais elle se redressa, afficha une expression dure et s'apprêta à affronter le groupe d'ouvriers.

« Vous êtes blessée ? » L'homme posa sa tasse de thé sur les marches et avança vers Kasia ; il ramassa le parapluie et le lui tendit. « Vous avez fait une sacrée chute. » L'ouvrier portait un jean et un pull avec des taches de peinture au-dessous du col. Sans la toucher, il resta debout près d'elle et la dévisagea avec sollicitude. La surprise empêchait Kasia de trouver ses mots.

« Ça va aller, je vous remercie », dit-elle enfin.

L'homme referma la porte d'entrée derrière elle.

« Vous avez un endroit où vous nettoyer ? Sinon, vous pouvez...

— Oui, merci. » Elle désigna d'un mouvement de tête la porte de l'appartement de M. Glass.

« Je m'occupe du monsieur qui habite là.

— Ah bon. Eh bien, j'espère que vous n'aurez pas trop de bleus, dit l'ouvrier avant de reprendre sa tasse et de sortir.

— Merci », répéta Kasia, encore sous le choc de la réaction de cet homme plus que de sa chute. Elle introduisit la clé dans la serrure, poussa vigoureusement la porte qui butait contre la moquette, se faufila, lança : « Bonjour, monsieur Glass » et entendit la voix faiblarde de ce dernier lui répondre du salon. Elle avait presque l'impression d'être mariée. Même si sa voix tremblait encore un peu, ses écorchures ne lui faisaient déjà plus mal. Le monde n'est peut-être pas si abominable que cela, songeait-elle en lavant ses mains égratignées.

Elle se dirigea vers le salon et fouilla dans son sac.

« Le voilà, je n'ai pas oublié ! » dit-elle en entrant dans la pièce.

Un sourire illumina le visage de Leo. « Bonjour, Kasia. Vous êtes mouillée, observa-t-il avec un coup d'œil au pantalon de la jeune femme. N'avez-vous pas de... comment appelez-vous cela, déjà ?

— Parapluie. Si. Mais regardez ça : je vous ai apporté un journal. Vous voyez, je m'en suis souvenue.

— Parapluie, bien sûr. Vous en avez un ?

— J'ai un parapluie, oui, répondit Kasia en riant.

— Parfait. Vous allez attraper un rhume, trempée comme vous êtes.

— Je prépare du thé, vous en voulez une tasse ?

— Oui, volontiers. Vous savez où sont rangées les serviettes de toilette, si vous voulez vous sécher. »

Elle lui adressa un clin d'œil et quitta la pièce.

Ils faisaient une pause entre deux livres et M. Glass avait suggéré à Kasia d'acheter le journal à la place (« Vous me lirez les articles, et je vous expliquerai en quoi ils sont mauvais », avait-il dit avec un petit gloussement). Kasia s'installa donc dans le fauteuil bleu et lui lut des histoires sur toutes sortes de sujets : la politique, à laquelle ni lui ni elle n'entendaient grand-chose ; les crimes domestiques, qu'elle ne comprenait que trop ; et des récits palpitants qui parlaient de bateaux datant de l'âge du bronze ou encore de pandas nouveau-nés.

Après le déjeuner et avant que Kasia ne commence le ménage, ils parcoururent la rubrique « Immobilier », en quête de la maison de leurs rêves. Kasia choisit un cottage en Cornouailles avec des toilettes à l'extérieur et un mur de pierre qui entourait le jardin ; M. Glass opta pour une maison dans les Cotswolds, à cause de la clématite qui, sur la photo, grimpait le long de la véranda.

Au bout d'un moment, M. Glass, qui semblait presque avoir oublié où il se trouvait, se tourna vers Kasia et demanda : « Avez-vous acheté le journal, aujourd'hui ? »

Kasia garda le silence. Elle ne savait que répondre. Le journal était déplié sur ses genoux et elle feuilletait négligemment les dernières pages, lisant des bouts de texte par-ci par-là. Ce n'était pas l'habitude de M. Glass d'avoir ce genre d'absence. M. Glass n'était pas comme tous les autres. Elle froissa le journal pour attirer son attention.

« Oui, il est là.

— Oh ! » fit M. Glass, qui hocha doucement la tête et reporta son regard vers la fenêtre.

Kasia fixa le journal et s'interrogea : valait-il mieux ne rien dire quand les personnes âgées posaient des questions dont elles connaissaient déjà les réponses, ou bien était-il préférable de le leur faire remarquer, au risque de les choquer et de les contrarier ?

« Nous l'avons déjà lu ? s'enquit M. Glass en inclinant la tête.

— Oui, en effet, répondit Kasia. Il y avait l'article au sujet de l'Europe, celui à propos d'une école envahie par l'humidité, et nous avons aussi sélectionné les maisons de nos rêves, vous vous souvenez ? Vous aviez choisi celle avec la clématite. La clématite... Bate quelque chose, je crois.

— Clématite Miss Bateman », précisa Leo, l'œil vif, le regard clair, tel un professeur sûr de lui. Il paraissait avoir oublié son amnésie passagère.

Ils restèrent environ une heure sans parler ; Leo regardait dehors, Kasia lisait chaque phrase, chaque mot du journal. Tous ces gens qui avaient des vies différentes de la sienne la fascinaient. Et, tandis qu'elle parcourait les annonces immobilières, quelque chose attira son œil sur la page opposée. Sous la rubrique « Rencontres », elle reconnut une phrase – une phrase qu'elle était fière d'avoir repérée parce qu'il s'agissait de quelque chose qu'elle avait appris. Là, en caractères gras, elle lut : *Nous allons partir de ce pays, peut-être pour quelque temps*. Elle contempla un instant l'annonce. Cette phrase évoquait les dernières paroles de Lawrence Oates. Lawrence Oates... Quelqu'un d'autre, dans cette ville immense et solitaire, connaissait Lawrence Oates.

Sous le coup de l'excitation, elle faillit lire tout haut à M. Glass le texte de l'annonce, mais quelque chose la retint. Instinctivement, elle avait l'impression qu'elle devait garder cela pour elle. Peut-être les dernières paroles de Lawrence Oates vont-elles m'aider ? songea-t-elle. Si j'aime Leo, c'est peut-être parce que je n'ai eu aucune relation depuis longtemps. Si ça se trouve, j'aimerais n'importe quel homme avec qui je passerais un certain temps. Ses sentiments pour Leo lui faisaient peur : elle n'avait pas envie d'être amoureuse d'un homme de quatre-vingt-six ans. Et c'est à cause de cette peur qu'elle corna le haut de la page et décida d'emporter le journal chez elle.

# 14

Le message était curieux, et Sam ne doutait pas un instant que Henry, s'il l'avait entendu le premier, se serait précipité pour obtenir un rendez-vous avec la fille. Mais Sam avait pris l'habitude, désormais, de prendre connaissance des messages tôt le matin : sachant que Henry se levait plus tard que lui, il écoutait tous les messages, notait les détails des appels les plus intéressants et les effaçait ensuite. Ou alors, parfois, il les laissait pour que Henry les entende, et à la fin il enregistrait un message pour annoncer à son ami que, malheureusement, il avait déjà fixé rendez-vous à la fille à la voix rauque.

Ils avaient finalement décidé de se rencontrer le vendredi soir, et Sam choisit, une fois de plus, un bar près de son travail, où il savait que personne de l'agence ne venait jamais – les rideaux à fleurs et les plantes suspendues n'étaient pas assez « tendance » à leur goût. La femme considéra l'endroit avec un léger dédain mais sourit en apercevant Sam – un petit sourire accompagné d'un haussement de sourcils. Comment savait-elle que c'était lui, mystère, en tout cas elle vint droit vers lui, la main tendue. *Merde!* se dit Sam, *ça me fout les jetons.*

« Sam ? »

Il lui serra la main et fit oui de la tête. Elle se présenta : « Lorna. » Il commanda les boissons. Ce rituel commençait à lui être familier.

« Eh bien, à quand le départ ?

— Dans six semaines. D'abord la Nouvelle-Zélande, en juillet, puis l'Antarctique fin août – le printemps, là-bas.

— Évidemment. (Elle avala une gorgée.) Il te reste donc six semaines. J'espère que tu en profites bien. On va dîner quelque part ? »

Sam acquiesça et ils se mirent en quête d'un restaurant. Lorna était plus âgée que toutes les autres femmes qu'il avait rencontrées jusque-là ; elle avait, selon toute vraisemblance, dépassé les *20-35 ans* mentionnés dans l'annonce. Elle fumait avec excès et arborait l'expression un peu hautaine d'une chatte qui s'ennuie. Une chose en elle plaisait à Sam : elle posait. Partout où elle allait, elle semblait consciente des regards des gens et elle faisait la moue ou prenait l'air aguicheur, selon les circonstances. Elle attendait que Sam lui ouvre les portes, lui tienne son manteau, lui offre du feu.

Ils dînèrent dans un restaurant chic où le serveur lui donna du « madame » et disait « le jeune monsieur » en parlant de Sam, ce qui les mit tous deux mal à l'aise. Elle lui raconta qu'elle était mariée à un banquier toujours absent et qu'elle passait ses journées, seule et désœuvrée, dans une grande maison de la banlieue chic de Londres. À l'époque où elle était étudiante, elle jouait du violoncelle mais elle avait pratiquement abandonné et n'avait guère d'occupations. Sam la regardait avec admiration : elle paraissait si sûre d'elle qu'il s'étonnait de la voir, assise là, à discuter avec lui. La compagnie de cette femme l'enchantait. Elle parlait lentement, s'attardait sur chaque mot, et riait en rejetant la tête en arrière et en émettant un bruit de gorge.

Inutile de préciser que l'addition fut payée par le mari absent, après quoi Lorna insista pour que Sam rentre avec elle et voie sa maison.

« Allez, viens, dit-elle en le tirant par le bras. Tu comprendras à quoi ressemble la vie d'une femme de banquier. »

Sam hésitait.

« Qu'est-ce qui ne va pas ? Tu as peur ? »

Elle laissa retomber son bras.

« Non », mentit Sam avec un sourire incertain, et il lui prit la main.

La maison n'était pas immense, comparée au terrain qui l'entourait. De la gare à la propriété, le taxi longea une avenue bordée de rhododendrons. Sam eut du mal à évaluer l'étendue du domaine en raison de l'obscurité, mais la pelouse face à la maison avait l'air vaste comme un océan.

« Chut ! fit Lorna, tandis que Sam et elle trébuchaient jusqu'à la porte d'entrée.

— Pourquoi ? murmura Sam.

— Parce que...

— Il y a quelqu'un ?

— Mon mari, à l'étage.

— Je pars.

— Je plaisante.

— Alors, qui ?

— Personne, mais il ne faut pas faire de bruit.

— Tu nc pourrais pas allumer ?

— Non.

— Pourquoi ?

— On risquerait de nous voir.

— Qui ?

— Quelqu'un. N'importe qui. »

Elle referma la porte et l'obscurité parut plus intense encore.

« Mais il n'y a personne, ici.

— Pas à ma connaissance. Viens. » Elle le saisit par la main et lui fit traverser le vestibule. « Par ici. C'est le meilleur endroit », chuchota-t-elle en l'entraînant dans une pièce apparemment de grandes dimensions. Il régnait une odeur bizarre, que Sam n'identifia pas tout de suite. Ils s'embrassèrent et elle commença à lui défaire son pantalon. Elle le poussait doucement et il s'attendait à sentir d'un moment à l'autre quelque chose de doux contre ses mollets et à tomber à la renverse sur un lit. Tout à coup, elle exerça une poussée plus forte.

Dans l'obscurité totale, Sam ne comprit pas ce qui lui arrivait. Il partit en arrière et une sensation de froid le saisit – un froid qui envahit toutes les parties de son corps et pénétra même dans ses oreilles. Il refit surface en rejetant de l'eau par la bouche. Il se trouvait dans une piscine. D'où l'odeur : le chlore, bien sûr ! Il entendit quelque part le rire de la jeune femme.

« Toi... toi... Parfait », marmonna-t-il en se mettant à nager droit devant lui.

Soudain il aperçut une silhouette au bord de la piscine. Lorna semblait nue. L'espace d'un instant, il imagina qu'il s'agissait non de l'épouse solitaire d'un banquier, mais d'une psychopathe qui allait l'entraîner dans des jeux de dingue, le poignarder dans la piscine, ou le frapper à la tête.

Sam entendit un plongeon et vit Lorna nager dans sa direction. Il enleva ses chaussures, les jeta en l'air, retira ses vêtements, qu'il abandonna à la surface de l'eau. Puis il nagea sous l'eau à la rencontre de la jeune femme, qu'il tira par la cheville. Ensuite ils firent l'amour ; elle se retenait aux marches et il la pénétra par-derrière tout en embrassant sa nuque où brillaient des gouttes d'eau. Elle fut surprise par sa douceur, ses égards, sa gentillesse et, surtout, son obéissance. C'était elle la chorégraphe, la grande prêtresse, de cela il n'y avait aucun doute ; elle le fit s'allonger au bord de la piscine, se plaça à califourchon sur lui et dirigea elle-même les mouvements de la bouche et des mains de Sam.

« Tu veux que je te dise quelque chose que je n'ai jamais dit à personne ? » chuchota-t-elle à son oreille.

Ils avaient fini par se coucher dans un lit et Lorna était penchée sur Sam ; dans un demi-sommeil, il émit un son qui signifiait oui, puis il s'éveilla lentement et se rendit compte qu'il avait dormi dans la position de certains personnages de contes de fées : la joue posée sur ses mains jointes. Il pensa brusquement à son père qui, lorsque Sam et Mark déboulaient dans sa chambre le dimanche matin de bonne heure pour qu'il leur prépare le petit déjeuner, faisait semblant de dormir dans la même position : allongé sur le dos, la tête inclinée sur le côté, les mains sous sa joue, il ronflait bruyamment, bouche ouverte et sourcils levés.

Mais les garçons savaient bien comment l'obliger à cesser sa comédie, et ce n'était ni en lui chatouillant les pieds, ni en lui soufflant dans l'oreille, ni en tirant sur les couvertures. Ils marchaient à pas de loup jusqu'à la fenêtre et, au bout de quelques secondes, l'un des deux criait : « Regarde ! Regarde ! Ici... non, là... il y a un homme sur le toit ! » L'autre manifestait son enthousiasme par des exclamations et des commentaires du style : « Regarde, il grimpe encore plus haut... et maintenant, il se tient sur une seule jambe. » Leur père ne supportait pas d'entendre évoquer les exploits d'un rival en matière de toits sans pouvoir l'observer et le critiquer ; il sautait alors du lit en demandant : « Où ça ? Où ça ? », et se glissait entre Sam et Mark collés contre la vitre. Il ne lui fallait pas longtemps pour comprendre que les enfants lui avaient joué un tour – « le coup du toit », disait leur mère –, ce qui ne l'empêchait pas de tomber chaque fois dans le panneau. L'idée que peut-être, un jour, ses fils ne mentiraient pas et qu'il risquait de rater le spectacle d'un concurrent réel le rendait fou.

« Tu ne vas sans doute pas me croire, mais j'aime mon mari, murmura Lorna tandis que Sam s'éveillait pour de bon. Je l'aime toujours. Ce que je déteste, c'est son métier : il travaille tout le temps et je ne le vois jamais. Peut-être que si je le voyais davantage, je ne serais plus amoureuse de lui, aujourd'hui. »

Sam poussa un soupir. Pourvu qu'elle ne me raconte pas une histoire triste, songeait-il. Pour l'instant, il se sentait bien. Extrêmement bien, en vérité.

« Je hais la banque, je hais ses collègues, et d'une certaine façon je hais cette maison et ce parc, car c'est ce que j'ai à la place d'un mari.

— Ça doit être un type important, marmonna Sam. Moi, je crois que je préférerais avoir la maison. »

Avant même d'avoir pu faire un mouvement, il sentit les dents de Lorna lui mordiller le pénis.

« Bon, bon, d'accord, s'écria-t-il en essayant de garder son sérieux. Désolé, j'ai dit une connerie. »

Elle desserra les dents et se rallongea à côté de lui.

« Bon sang, tu es une femme dangereuse !

— Donc, je te disais que je n'éprouve aucune sympathie pour le monde de la finance. Environ une fois par mois, je suis obligée de recevoir à dîner les collègues de mon mari ; il me donne toujours des tas de recommandations, et je dois préparer à la hâte un repas original, enfiler une petite robe chic, rire aux bons moments. Il y a quelques semaines, un journaliste du *Financial Times*, Harry Lapsley, a écrit un article dans lequel il critiquait les recommandations données par le département de mon mari au gouvernement. À la suite de ce papier incendiaire, de nombreux clients ont remis en cause le travail auquel mon mari consacre ses journées. Toujours est-il que, le mois dernier, mon mari m'a annoncé qu'il invitait Harry à dîner à la maison pour tenter une réconciliation. Jacob Simmons, Peter Murray devaient venir aussi, et les épouses respectives de ces messieurs – des potiches, pareilles à moi, des figurantes dont le rôle est de se taire, de sourire et de tout avaler sans jamais rien recracher : la nourriture (mais pas trop), le sperme, les réflexions. Et malheur à celle qui ose enfreindre la règle !

« La veille du fameux dîner, j'ai composé le menu : gaspacho en entrée, croquettes de saumon sur lit de salade accompagnées de sauce hollandaise en plat principal, et meringue au citron pour le dessert. Je suis allée chez Sainsbury's où j'ai acheté tous les ingrédients, plus six exemplaires du *Financial Times*. La caissière a dû se poser des questions... De retour chez moi, j'ai mis de l'eau dans une grande casserole et j'ai fait cuire le saumon jusqu'à ce qu'il soit réduit en miettes, puis j'ai sorti les bouts de poisson et j'ai laissé l'eau dans la casserole. Ensuite, j'ai déchiqueté les journaux en mille morceaux que j'ai jetés dans l'eau de cuisson. Une fois l'eau complètement absorbée par le papier journal, il restait une espèce de pâte gris-rose, semblable à du papier mâché très fin. Le lendemain, j'ai formé des boulettes avec la pâte et je les ai fait frire ; ensuite, j'ai placé les croquettes sur un lit de roquette et je les ai nappées avec de la sauce hollandaise. Et voilà comment, ce soir-là, nous avons tous mangé des croquettes de *Financial Times* à la sauce hollandaise sur lit de salade. Harry Lapsley a bouffé ses propres mots ! » Lorna éclata de rire. « Tu imagines tous ces mecs ingurgitant des exemplaires du *Financial Times* ? La femme de Peter m'a même demandé la recette, elle a trouvé les croquettes délicieuses. J'ai dû prétexter une odeur de brûlé dans la cuisine pour sortir, tellement j'avais envie de rigoler. »

Elle se mit à plat ventre et regarda Sam. Il devinait les contours de son visage dans l'obscurité ; il tendit la main et lui caressa les cheveux.

« Qu'est-ce que tu en penses ? s'enquit Lorna.

— Je ne te crois pas.

— Je pourrai te filer la recette, si tu veux. Seulement, tu ne peux la réussir qu'avec le *Financial Times* qui, réduit en purée, donne ce rose sale parfait. Avec un autre journal, on obtient une pâte grise – trop grise pour imiter du poisson blanc. Dommage, sinon je recommencerais.

— Alors, ils en ont tous mangé ? Ça devait avoir un goût affreux, non ?

— Pas tant que ça. J'en ai goûté une bouchée, avant de déclarer que je n'avais pas faim. »

Sam sourit dans le noir.

« Et, le lendemain, quand Harry Machin-Chose est allé aux toilettes, ses mots s'étaient transformés en merde. »

Ils éclatèrent de rire, puis Lorna s'allongea sur Sam et écouta les battements de son cœur.

Sam rentra chez lui le samedi après-midi. Dans le train qui le ramenait à Londres, trois mots lui trottaient dans la tête : *comme une professionnelle*. Un peu idiot, dans la mesure où Sam ignorait ce qu'était une professionnelle : il n'était jamais allé voir une prostituée, et n'irait sans doute jamais. Il avait juste entendu, un jour, un collègue de bureau parler en ces termes d'une femme avec qui il avait couché, et cette expression lui revenait maintenant à l'esprit. Le sourire ne s'effaçait pas de son visage.

Il trouva Gray assis dans la cuisine en train d'étudier un plan de Londres. Gray s'était fixé pour mission de promouvoir la vente de débardeurs ; actuellement il en portait un violet avec des coutures bleues aux épaules et au cou. Il en avait acheté trois la même semaine et proclamait fièrement que ce n'était que le début de sa collection. Les débardeurs étaient *branchés*, affirmait-il, et si Sam n'en avait encore vu sur personne, c'était en raison de leur nouveauté même, qui pouvait les faire passer pour démodés ; mais la tendance était là, et Gray avait conseillé à Sam d'en acheter le plus vite possible, pour épater ses amis toujours à la pointe de la mode.

« Salut, mec, comment va ?

— Super, répondit Sam avec un sourire béat très révélateur. Et toi ?

— Ça va bien. (Gray leva les yeux.) Hé, qu'est-ce qui est arrivé à tes vêtements ? Tu sens une odeur bizarre.

— Tu m'étonnes ! » Le sourire de Sam s'accentua. Il mit la bouilloire en marche et se prépara à raconter son aventure.

Quand Sam rentra du bureau le lundi soir, il trouva quatre messages sur le répondeur, dont deux destinés à Gray – les deux d'une Lucy de plus en plus furieuse car, apparemment, il lui avait posé un lapin. Le message suivant était de la mère de Sam, qui le priait d'acheter quelques chemises pour Grand-Père de La Mousse. Le dernier message disait ceci : « Bonjour, ce message s'adresse à Sam Glass. Ici Emma Smith-Holmes, de l'Institut britannique de recherches antarctiques. Sam, vous avez été sélectionné pour participer à la prochaine série d'entretiens du Programme des volontaires. Veuillez rappeler le numéro 0207 361 0563 pour discuter des détails. Merci. » Sam connaissait déjà la plupart des détails pour les avoir lus dans la brochure d'information. La prochaine étape consistait en un week-end éprouvant au pays de Galles, au cours duquel les candidats devraient, par petites équipes, effectuer un parcours du combattant et résoudre des problèmes physiques et psychologiques. Un jury observerait les participants pendant toute la durée des épreuves, et les noterait selon leurs compétences, de la préparation des repas à la capacité de motiver une équipe.

Sam laissa tomber son sac par terre lorsqu'il entendit le message.

« Merci, mon Dieu », murmura-t-il, tandis qu'un sourire naissait sur ses lèvres. Il appela Henry mais ce dernier avait débranché son téléphone. Le lendemain, il apprit que Henry était reçu, lui aussi – encore une occasion pour Sam de se réjouir.

Sam se mit donc à songer sérieusement à son départ. Il commença à imaginer comment la vie continuerait en son absence : l'appartement vide et silencieux quand Gray n'y serait pas, une autre personne dormant dans son lit, ses amis retrouvant vite quelqu'un pour le remplacer. Il pensa à sa mère : comment réagirait-elle ? Il ne resterait plus que Mark pour s'occuper d'elle ; à présent qu'il avait Clarissa, peut-être qu'à eux deux ils pourraient veiller sur tout le monde, Clarissa devait être douée pour cela. Sam évoqua aussi son père.

Je peux partir, se persuadait-il. Mieux, je veux partir. Je dois partir, sinon je m'en voudrai toute ma vie. Si je ne pars pas maintenant, je ne partirai jamais, et je le regretterai jusqu'à la fin de mes jours. Toute mon existence, je ne cesserai de me répéter : « Que se serait-il passé si... ? » et puis je mourrai. Je rencontrerai ma Clarissa, je me marierai, j'aurai des enfants. Et dans ce cas, je ne pourrai jamais partir. Si je deviens père, je ne serai plus que cela : un père. Je serai un père jusqu'à la fin de mes jours, et être père signifie qu'on ne peut pas partir. Soudain, Sam trouva les mots pour compléter les pointillés et gagner le cocker en plastique qui remue la queue : *Si je n'avais pas laissé tomber la publicité à l'âge de vingt-cinq ans, je ne serais jamais allé en Antarctique*. Quelle belle phrase, quelle phrase sublime !

Sam se demandait s'il devait mettre sa famille au courant. Il devait tous les voir la semaine suivante au mariage de Mark, mais il savait que la nouvelle perturberait sa mère et il n'avait pas envie de lui gâcher sa journée. Quant à Mark, il aurait autre chose en tête que l'éventuel départ de son frère. Sam hésitait pour une autre raison également : il ne voulait pas anticiper. Ce n'était pas parce qu'il avait franchi avec succès la première étape qu'il réussirait la seconde. Gray, par exemple, parlait toujours de ses projets – devenir D.J., aller vivre à New York, créer sa propre marque de vêtements. Jusque-là, il n'avait rien réalisé de tout cela et Sam ne pouvait s'empêcher de penser que, le jour où il concrétiserait enfin quelque chose, ses amis en auraient tellement marre qu'ils se rendraient à peine compte de ce qu'il aurait enfin accompli. Gray était bourré d'idées et de projets, mais il ne les mettait jamais vraiment à exécution. La première phase de son plan de vie consistait à gagner à la Loterie, la seconde à épouser Mary Pearce, si bien que ses amis ne le prenaient plus très au sérieux. Sam ne souhaitait pas parler trop tôt de son projet. Avant de l'annoncer à tout le monde, il voulait d'abord en avoir confirmation, savoir dans quelles conditions il partirait, comment il financerait son voyage, ce qu'il ferait en rentrant. Mais, d'un autre côté, il avait conscience que cela ne leur laisserait pas beaucoup de temps pour s'habituer à cette idée.

Sam coucha avec Chantale, en fin de compte. Ce n'était pas tout à fait dans ses intentions mais, après quelques verres et beaucoup de propos échangés, ce mercredi soir, il la raccompagna chez elle. Chantale était une charmeuse-née : toute la soirée, elle ne regarda que lui – ses yeux et, de temps à autre, sa bouche. Ils auraient pu tout aussi bien être seuls dans la pièce, pas un instant elle ne détourna son attention de lui. Elle souriait souvent, en découvrant ses dents et en baissant les yeux avec coquetterie. En plus de cela, Sam l'aimait bien. Il y avait des moments où il désespérait totalement des femmes, où il pensait qu'il ne rencontrerait jamais une fille qui lui plaise assez pour qu'il ait envie de faire l'amour avec elle, encore moins de vivre avec elle ; et d'autres moments où il n'avait que l'embarras du choix et se sentait attiré par trois ou quatre femmes à la fois.

Ce fut le cas le soir où il fit la connaissance de Chantale. Tout à coup, plusieurs filles l'attiraient et il avait envie de les embrasser, de les prendre dans ses bras, de leur faire l'amour. Il y avait Gilly, qu'il n'avait pas vue depuis pas mal de temps mais à qui il pensait souvent ; Lauren, qu'il trouvait très séduisante et avec qui, parfois, il croyait avoir une chance ; et Lorna, que Gray avait surnommée Mrs Robinson – Sam avait épaté ses amis avec cette histoire. Et maintenant Chantale exposait à ses yeux son cou gracieux et ses épaules dénudées, avant de les abandonner à ses baisers et à ses caresses.

C'était une fille à problèmes, il le savait – le genre de nana qui ne recule devant rien pour séduire un homme. Elle fumait comme un pompier, buvait dès le matin, et voulait faire l'amour dans chaque pièce, sur chaque surface disponible, à chaque fenêtre, devant chaque miroir. Après avoir attaché Sam, elle courut au salon téléphoner à sa mère (sa mère !). Elle ne disait jamais ni oui ni non. Elle évoqua le froid de l'acier, prit une lame de rasoir dans l'armoire de la salle de bains, et émit le désir de devenir la « sœur de sang » de Sam, mais il refusa sous prétexte qu'il était hémophile. « Vraiment ? dit-elle avec un sourire démoniaque et une lueur sadique dans le regard. Moi, je suis nécrophile. » Elle plissa le front et mima le geste d'égorger Sam avec la lame de rasoir. Sam jugea qu'il était temps pour lui de s'en aller.

Il voyageait dans un train de banlieue, ce vendredi après-midi, et avait emporté avec lui un carton à dessins contenant les documents pour la nouvelle campagne publicitaire Shadows. La publicité en question devait paraître dans plusieurs hebdomadaires féminins et quelques magazines pour adolescentes. Kid et Dan avaient réutilisé le concept de leur script télé : l'image montrait un barrage constitué d'une multitude de paquets de serviettes hygiéniques sans indication de marque, qui étaient censés représenter la concurrence ; le paquet de Shadows était inséré dans le seul espace vide, et la légende indiquait : *Shadows. Quand le flot doit être endigué*. Le train, à destination de localités de banlieue perdues, était presque vide. Sam sortit les documents du portfolio pour réfléchir à la façon dont il pourrait vendre cette publicité ; elle était vraiment nulle, ce qui l'obligerait à mentir.

Son téléphone portable sonna et le numéro d'Angela s'afficha.

« Bonjour, Angela.

— Sam, où es-tu ?

— Dans le train », répondit-il, et il sut aussitôt que cette phrase lui rappellerait chaque fois cette époque de sa vie. Dans quelle autre circonstance dirait-il tout haut, dans un wagon pratiquement vide : « Je suis dans le train » ? – phrase typiquement induite par le téléphone portable.

« Je t'avais demandé de changer la date de cette réunion, fit la voix revêche d'Angela.

— J'ai essayé. Comme je te l'ai expliqué, ils ne pouvaient pas déplacer ce rendez-vous. » Sam parlait d'un ton tranquille, nonchalant qui, il le savait, exaspérait Angela.

« Tu le fais exprès, n'est-ce pas ?

— Non. Ils ne pouvaient pas changer la date.

— Tu n'aurais pas dû y aller seul. Je veux dire… oh là là… pourquoi faut-il toujours que ça m'arrive, à moi ?

— Écoute, ce n'est pas un problème, je les ai prévenus que tu ne pourrais pas venir.

— Ce n'est pas à toi de me dire si c'est ou non un problème ! J'ai une bien plus grande expérience que toi dans ce domaine. Tu as intérêt à vendre cette pub, je t'avertis, sinon inutile que tu remettes les pieds à l'agence, compris ? Et ne recommence jamais !

— D'accord. Au revoir », dit Sam, mais Angela avait déjà raccroché.

Il contempla un moment son téléphone, puis aperçut un bout de papier par terre : c'était le bordereau d'acceptation de l'agence – un document interne qu'on collait au dos de chaque publicité, et qui comportait les signatures de chaque département. Ce papier attestait que l'agence approuvait le travail des créatifs et que tout le monde, dans l'ensemble des services, de la création à la production en passant par le développement, était satisfait de la publicité concernée. Dans le cas présent, le bordereau avait juste été fixé avec un trombone aux médiocres dessins de Kid et Dan, et il avait dû tomber quand Sam avait sorti les documents. Au moment où il remettait le bordereau en place, Sam eut une idée. Il fouilla dans le portfolio et en tira trois morceaux de carton, puis il prit un marqueur et se mit à dessiner.

Il y consacra du temps car il était obligé de s'interrompre chaque fois que les trépidations du train devenaient trop fortes. Quand le train entra en gare, Sam avait dessiné sur chacun des trois cartons le schéma d'une serviette hygiénique. Il ne manquait aucun détail – les différentes couches absorbantes, les ailes, les attaches et, dans le coin inférieur droit, à côté de la photo des paquets, le petit sachet individuel. Il ajouta un énorme logo, ainsi qu'un coupon de réduction. Au-dessous il écrivit : *Discrète comme votre ombre*. Le résultat final était une horreur absolue. Cela ressemblait à un mode d'emploi sans queue ni tête, à un labyrinthe, à un test sur la spatialisation, au décalque d'une machine hideuse et compliquée. Sam pouvait être tranquille, le client achèterait la publicité.

Quand Sam entra dans le pub ce soir-là, Henry discutait déjà avec les filles. Henry avait rendez-vous avec le numéro 23, Sam avec le numéro 12. Elles étaient si nombreuses à avoir demandé où était l'autre garçon (comme si – ce qui se comprenait – elles s'attendaient à pouvoir choisir) que Sam et Henry avaient décidé de les rencontrer ensemble. Sam s'arrêta sur le seuil et jeta un coup d'œil sur les deux filles. L'une était petite, avec des cheveux châtains un peu ternes séparés par une raie au milieu, et paraissait très jeune. L'autre avait des cheveux sombres, un teint mat et des pommettes larges ; elle était plus jolie que la première, et Henry semblait s'intéresser davantage à elle. Sam revenait du club de sport, il se sentait sale et en sueur. Prenant son courage à deux mains, il s'approcha de la table.

« Salut, fit Henry. Sam, je te présente Alison. » Il se tut et croisa le regard de Sam. « Alison, voici Sam. » Sam sourit à la jeune fille. « Et voici Kasia. Kasia, je te présente Sam, mon coéquipier. » Sam observa Kasia et esquissa un sourire. Il avait l'impression de l'avoir déjà vue quelque part, mais où ? Kasia rougit, baissa les yeux, puis reporta son attention sur Henry, comme pour se rassurer. Sam se détourna et observa Alison.

Frêle et délicate, Alison rappelait à Sam la petite sœur de Henry – Henry aussi devait avoir ce sentiment, voilà pourquoi il préférait parler avec Kasia. Sam entreprit de faire la conversation à Alison, en s'efforçant de l'écouter, de la regarder dans les yeux, de manifester son intérêt tantôt par un hochement de tête, tantôt par un froncement de sourcils. Mais, en même temps, il ne pouvait s'empêcher de prêter l'oreille à la voix de l'autre fille – une voix avec un léger accent, dont les intonations particulières le frappaient chaque fois qu'elle tournait la tête dans sa direction. Pourquoi avait-il envie de l'entendre ? Peut-être juste pour confirmer, ou infirmer, qu'ils s'étaient déjà rencontrés quelque part.

Sam alla chercher les consommations au bar et, en retraversant la salle, il fut saisi d'un brusque accès de timidité, comme si tout le monde dans le pub le détaillait d'un œil critique. Il se voyait avec son costume défraîchi, son grand nez, son air incertain, ses chaussures affreuses ; il se trouvait gauche, dégingandé, et avait envie de se cacher.

« Je suis Taureau, disait Alison.

— Vraiment ? Moi aussi, répliqua Henry. Mais je ne crois pas que deux Taureaux puissent s'entendre. Et toi, Kasia ?

— Je suis l'animal marin.

— Comment ça, l'animal marin ? s'étonna Henry.

— L'animal qui vit dans la mer, qui a des pattes.

— Il y a quatre animaux marins, non ? questionna Sam en s'asseyant.

— Non, il doit y en avoir trois, objecta Alison, parce que chaque signe appartient à l'eau, à la terre, à l'air ou… ou quoi, déjà ?

— Euh…, fit Henry, aux inepties ? Les trois autres sont : sornettes, balivernes et conneries.

— Non. Le feu, je crois, insista Alison, qui semblait prendre tout cela très au sérieux.

— Je suis l'animal avec une carapace, je marche comme ça », dit Kasia en avançant la main vers la chope de Henry avec des mouvements de crabe.

Sam remarqua qu'elle avait des mains fines – des mains qui paraissaient faites pour des travaux délicats. Il avait envie d'en saisir une, de l'examiner, de la tenir dans la sienne, de comparer la taille de leurs mains respectives. Mais ces pensées le troublaient, et il s'efforça de revenir à la conversation.

« Cancer, tu es Cancer, déclara-t-il en détachant ses yeux des mains de Kasia.

— Cancer, répéta-t-elle. Comme la maladie ?

— Oui. Certains Américains préfèrent se désigner comme les "Gens de la Lune" parce qu'ils n'aiment pas voir leur signe astrologique associé à la maladie.

— L'association avec la Lune est positive. Sais-tu que la lumière met...

— ... quatre-vingt-cinq secondes pour parvenir de la Lune à la Terre », compléta Sam.

Kasia le regarda fixement, et il constata qu'elle avait des yeux brillants, tels des yeux de chat dans l'obscurité.

« Oh ! tu le savais ? » fit-elle avec un petit rire surpris.

Sam acquiesça d'un signe de tête.

« Je suis Scorpion, c'est également un signe d'eau.

— Alors, nous pouvons nager ensemble ?

— Du moins prendre nos pattes à nos cous et nous enfuir ensemble au fond de la mer. Je ne crois pas que les crabes nagent à proprement parler, qu'en penses-tu ?

— Je l'ignore, répondit Kasia en regardant dans le vague. Mais s'ils ne nagent pas, reprit-elle en fixant Sam, comment peuvent-ils parvenir au fond de la mer ? Et comment en sortent-ils ? Se contentent-ils d'avancer jusqu'à ce qu'ils rencontrent une plage ? Comment savent-ils quelle direction prendre ? Ils risquent, en se déplaçant latéralement, de traverser la totalité de l'océan Atlantique.

— Mais, de toute façon, ils se déplacent latéralement, c'est une réalité, fit observer Sam.

— Tu comprends bien ce que je veux dire.

— Non. (Sam hocha la tête.) Non, je ne comprends pas.

— Regarde. Ça, c'est l'Angleterre, déclara Kasia en plaçant la chope de Sam à un bout de la table. Et ça – elle posa son verre de jus d'orange à l'autre bout –, c'est l'Amérique. Et voici – elle pointa son index à mi-chemin entre les deux – notre crabe au milieu de l'océan Atlantique. »

Henry, qui bavardait avec Alison, leur jeta un regard perplexe. Sam sourit et secoua la tête.

« Il n'a pas de pattes, dit-il à Kasia.

— Quoi ?

— Il n'a pas de pattes. Attends. » Il plongea dans son sac et en sortit un bic. Puis il se pencha sur la table et dessina trois petites lignes de part et d'autre de l'index de Kasia.

« Voilà, maintenant au moins il peut marcher.

— Parfait, approuva la jeune femme en riant. Donc, s'il veut aller sur la terre, il doit se diriger soit vers l'Angleterre, soit vers l'Amérique. Mais, selon s'il sait ou pas où il se trouve, il risque de s'éloigner de son but en avançant comme ça. » Kasia mima à nouveau avec son doigt le mouvement du crabe. « Alors, quand atteindra-t-il la terre ? Sans doute pas avant de rencontrer une île quelque part au large du pôle Sud. Et ensuite ?

— Eh bien, à ce stade je l'arrêterais, je lui souhaiterais le bonjour et je lui demanderais s'il est capable de nager. Comme ça, nous connaîtrions la réponse et, quand je reviendrai, je te la communiquerai. »

À ce moment de leur discussion, Henry posa le bras sur le dossier de la chaise de Kasia et s'adressa à la jeune femme : « À quoi ressemble la Pologne, Kasia ? » Elle le regarda comme s'il venait soudain de la tirer d'un rêve, puis répondit à sa question.

Sam se remit à parler avec Alison, mais il sentait bien qu'il avait tendance à la traiter avec condescendance. Il devinait qu'elle n'était pas de la même génération que lui – un gouffre les séparait. Brusquement, une peur le saisit : la peur de s'abandonner à des chimères. Il y avait des choses importantes à réaliser, et lui, il se contentait de se laisser entraîner par les désirs des autres. Il craignait de passer sa vie dans la peau d'un rêveur qui a la tête dans les nuages, contemple le ciel pendant des heures et des jours, et n'accomplit jamais rien. Alison commençait visiblement à s'ennuyer.

« Quel âge as-tu ? lui demanda-t-il tout à coup.

— Vingt ans », répondit-elle en scrutant son verre de Baileys à moitié vide. Les glaçons avaient fondu et la liqueur avait pris la couleur du lait tourné.

« Vraiment ? »

Alison se tut un instant.

« Tu me donnes quel âge ? » interrogea-t-elle avec coquetterie.

Il se faisait tard. Sam jeta un coup d'œil du côté de Henry et Kasia, absorbés par leur conversation. Il se sentait tendu.

« J'aurais dit à peu près dix-huit ans, répondit Sam d'un ton tranquille, en observant la jeune fille pour voir sa réaction.

— J'ai quinze ans », avoua-t-elle après un long silence.

Elle souffrait manifestement d'être aussi jeune. Sam avait du mal à se souvenir de l'époque où il désirait tant être plus âgé. Pas étonnant si Alison lui rappelait la petite sœur de Henry.

« Où habites-tu ?

— Pourquoi ? » Elle paraissait surprise.

« Je voulais dire : comment vas-tu rentrer chez toi ?

— Par le métro, et ensuite à pied.

— Tes parents... » Sam se reprit – il aurait dû, plus que quiconque, éviter ce genre d'allusion à *des* parents. « Personne ne s'inquiète de toi ? »

Alison vida son verre et secoua négativement la tête. Sam comprit qu'il valait mieux ne pas insister.

« Je te raccompagne jusque chez toi. Allons-y, il est tard.

— Ne te crois pas obligé de… » commença-t-elle, mais elle semblait soulagée.

Sam avait envie de la mettre en garde contre les rendez-vous à Londres avec des inconnus, il ne savait toutefois quels mots employer. Souligner qu'elle était imprudente et irresponsable ne ferait que l'encourager à continuer de plus belle. Maintenant qu'il la voyait de plus près, il remarquait qu'elle avait un fin duvet à la racine des cheveux. Un duvet de bébé. Huit ans de plus, et il l'aurait volontiers draguée.

« Henry, je raccompagne Alison. À plus tard. »

Henry leur jeta un coup d'œil distrait.

« On se voit demain ?

— Non, demain Mark se marie. Je serai de retour dimanche. Au revoir, Kasia. » Sam se creusa la cervelle pour trouver quelque chose à dire afin que cette jolie fille se souvienne de lui, mais en vain. Il regarda l'index de Kasia, avec les petites lignes dessinées au bic. Il sourit à la jeune femme et haussa les épaules, conscient d'avoir l'air idiot.

Puis il prit son manteau et sortit du pub. Il pleuvait sur Soho et il offrit son manteau à Alison, qui accepta.

Merde ! pensa-t-il. Il héla un taxi et ils s'engouffrèrent dans la voiture.

# 15

« Tu es ravissante.

— Merfi, Fam », répondit Clariffa avec un sourire radieux.

En effet, elle était ravissante. Elle portait une robe simple, à manches courtes, avec un décolleté en arrondi qui, selon la chaste tradition des mariages bourgeois, ne découvrait pas sa poitrine, mais laissait à l'imagination des nombreux messieurs d'âge mûr présents dans l'assistance le soin de deviner la naissance de ses seins, leur rondeur et leur fermeté. Une très fine ganse de dentelle courait le long des coutures, et le bas de la robe, qui traînait à peine sur le sol, permettait d'entrevoir des chaussures en satin blanc. Mais ce que cette robe avait de plus remarquable, c'était sa couleur : un blanc d'ivoire, un blanc de porcelaine, un blanc neigeux, bref un blanc pur, parfait, que Sam trouvait magnifique.

Mark aussi avait belle allure – tiré à quatre épingles, comme d'habitude –, et Sam, en les regardant tous les deux, depuis le banc où il se tenait en compagnie de sa mère et de son grand-père, eut soudain les larmes aux yeux. Sa mère s'était mise à pleurer dès l'instant où Mark avait ouvert la bouche pour confirmer son nom. En revanche, il ne pensait pas que son grand-père pleurerait – heureusement, d'ailleurs : cela l'aurait mis mal à l'aise. Sam ne comprenait pas pourquoi, alors que tout se déroulait à merveille, il avait la larme à l'œil et la gorge serrée. Peut-être était-ce de voir le bonheur de Mark, ou parce qu'il regrettait de s'être montré peu charitable envers Clariffa. Peut-être à cause du temps – une splendide journée de juin –, ou parce qu'il était jaloux que Mark ait rencontré l'âme sœur, ou bien parce que, sur le chemin de l'église, il avait remarqué un toit sur lequel son père aurait aimé se balader.

Mark avait chargé Sam non seulement de prononcer un discours, mais aussi de s'occuper d'Andrea, dont il avait souhaité la présence durant toute la cérémonie. Clariffa, qui ne partageait pas entièrement l'enthousiasme de Mark pour sa chienne, avait insisté pour qu'on l'enferme dans la cuisine. Résultat : Andrea, par représailles, avait exigé une attention d'autant plus grande de la part de Mark, qui ne pouvait pas lui refuser d'assister au mariage. Elle était donc couchée aux pieds de Sam et, chaque fois que les gens se levaient pour entonner un cantique, elle se redressait, remuait la queue, émettait des petits jappements excités, car elle croyait arrivée l'heure de sa délivrance. Chaque fois, Sam était obligé de se baisser pour la calmer et la caresser. La chienne salivait, et un filet de bave avait commencé à se déposer sur sa chaussure.

En se mettant debout, une fois de plus, pour chanter, Sam palpa machinalement sa ceinture, puis se rappela qu'il avait laissé chez lui son récepteur d'appels. Il se sentait beaucoup plus calme, maintenant, et il avait du mal à se souvenir des soirs de désespoir qui avaient précédé. Il ne devait cependant pas oublier qu'il avait encore du pain sur la planche, et un long chemin à parcourir. Le week-end de sélection avait lieu dans huit jours et il ne pensait pas être tout à fait prêt. Une partie de lui-même lui disait qu'il n'avait pas besoin de préparation, mais il songeait à

Leo et comprenait qu'il lui fallait se préparer correctement, comme son grand-père l'aurait fait. Tout de suite après le mariage, il avait l'intention d'abandonner les rencontres avec les filles et de s'occuper de son entraînement.

Après la cérémonie, Sam, Andrea toujours sur ses talons, alla prendre un verre. La perspective du discours le rendait nerveux et il avait besoin de quelque chose pour se détendre.

« Sam !

— Salut, Janie ! Comment vas-tu ?

— Il m'avait semblé t'apercevoir dans les premiers rangs.

— De toute façon, tu devais t'attendre à me trouver ici, non ?

— Oui, sans doute. Alors, et toi, comment ça va ? Tu ne m'as pas téléphoné.

— En effet. Je suis désolé, je voulais vraiment le faire, je... c'est très mal élevé de ma part. J'ai perdu ton numéro.

— Hum, tu aurais pu passer.

— Euh, oui... Eh bien, que deviens-tu ? Tu as l'air en pleine forme, dit Sam avec un sourire enjôleur.

— Oh, qu'il est beau ! s'exclama Janie en se baissant pour caresser Andrea.

— *Elle*. Andrea. C'est la chienne de Mark. Je fais du *dog-sitting,* tu vois.

— Super ! J'adore les chiens. J'ai toujours eu envie de jouer avec les chiens de chasse de mon père, mais il me l'interdisait. Quand même, Andrea, c'est un nom bizarre pour une chienne. »

Elle prononçait le nom différemment de Sam, en accentuant la seconde syllabe, ce qui produisait un effet étrange.

« Mark n'aime pas les noms bébêtes pour les animaux. Je crois qu'il considère sa chienne comme une personne.

— Bizarre. Les personnes ne sont pas des animaux, je ne vois pas pourquoi les animaux seraient des personnes. »

La réception avait lieu chez Clarissa et la calèche qui devait emmener les mariés venait d'arriver. Sam et Janie s'arrêtèrent près de la voiture pour que Janie puisse caresser le museau des chevaux. L'un des chevaux lâcha du crottin sur la chaussée. Andrea jappait.

Tandis qu'ils marchaient vers les taxis, Sam relança la conversation. « Eh bien, quoi de neuf, depuis la dernière fois ?

— Oh ! plein de choses. Des choses vraiment super.

— Tant mieux. Que s'est-il passé ?

— Eh bien, à vrai dire, je ne sais pas trop. En fait, j'ai décidé de m'attaquer aux problèmes, j'ai agi en conséquence, et maintenant tout marche super bien. Au bureau, je m'occupe d'autres clients ; j'ai fini par emménager dans mon appartement, où les décorateurs travaillaient depuis plusieurs mois ; et puis, Jamie m'a téléphoné pour m'inviter à dîner. Je n'attendais rien de particulier de cette soirée, je pensais qu'il avait juste envie de bavarder, mais il m'a emmenée dans un grand restaurant et il m'a offert ça. » Elle leva la main gauche : elle portait à l'annulaire une bague toute simple.

« Il ne s'agit pas d'une bague de fiançailles, mais d'un anneau de fidélité. Beaucoup plus romantique, non ? Et vraiment dans l'air du temps.

— Génial », marmonna Sam.

Fallait-il qu'il la félicite ? Qu'il l'embrasse sur les deux joues ? C'était quoi, un anneau de fidélité ? « Anneau », « anneau »... il ne pouvait s'empêcher d'entendre : *allô, allô*... et il imaginait son téléphone à l'agence, sonnant dans le vide *ad vitam aeternam*.

« C'est fantastique, reprit Janie. Et moi qui avais cru que tout était fini entre lui et moi. »

Sam hocha la tête et se baissa pour caresser Andrea. La chienne lui lécha la main et il resta là, à attendre que la bave sèche sur ses doigts.

Une table avec des boissons était installée dans le jardin. Sam se procura un bol d'eau pour Andrea et s'assit sous un arbre pour essayer de se remémorer son discours.

« Ne t'inquiète pas, Sam, tu t'en souviendras », dit sa mère en s'asseyant près de lui sur l'herbe, puis elle retira ses chaussures et arrangea sa jupe sous elle, d'un geste typiquement féminin.

« Où est grand-père ?

— Parti s'allonger à l'intérieur. Il n'a pas l'habitude de toute cette agitation.

— Il va bien ?

— Oui, je pense. Il viendra au moment du repas. Tu sais, je crois qu'il a un faible pour son aide ménagère…

— Maman ! fit Sam d'un air réprobateur.

— Oui, ça paraît idiot, je m'en rends compte, mais… c'est une impression que j'ai… »

Sam hocha la tête. « Je suis sûr que ce jardin est à son goût. »

La mère de Sam sourit. « J'espère qu'il dansera, tout à l'heure.

— Quoi ? Grand-père ?

— Tu ne l'as jamais vu danser ?

— Non, répondit Sam en s'efforçant de rassembler ses souvenirs.

— C'est un merveilleux danseur. Il faisait honte à tous ses amis, et les femmes se bousculaient pour l'avoir comme cavalier. »

Sam tenta d'imaginer son grand-père en train de danser, mais il ne parvenait pas à le voir autrement que comme un vieillard, et un vieillard qui danse, ça ne cadre pas. Il avait toutes les peines du monde à se figurer que son grand-père, un jour, avait eu son âge, qu'il avait été un jeune homme décontracté qui jurait, draguait les femmes et envisageait l'avenir.

« À ton avis, qu'est-ce que papa aurait pensé de tout ça ? dit Sam en évitant de croiser le regard de sa mère.

— Oh ! il aurait été ravi, répliqua-t-elle un peu trop vite et avec un sourire crispé, sur la défensive.

— Il a toujours préféré Mark, n'est-ce pas ? » murmura Sam en arrachant des brins d'herbe.

Sa mère poussa un soupir. À quoi bon nier qu'elle pensait à son mari en cet instant ?

« Il vous aimait tous les deux, affirma-t-elle d'une voix douce. Il me demandait souvent avec qui j'avais eu une liaison, pour avoir deux enfants aussi beaux. Il avait du mal à croire que vous étiez la chair de sa chair. »

Sam et sa mère se turent et observèrent la foule des invités qui envahissait la pelouse. Il y avait profusion de champagne, de pivoines en fleur, de chapeaux colorés. Ni l'un ni l'autre ne se sentait à sa place. Ce milieu ne leur était pas familier, ils n'avaient pas l'habitude de fréquenter ce genre de personnes, et ils ne pouvaient s'empêcher de penser qu'ils n'avaient rien à faire là. Ni la mère ni le fils ne parlaient mais, tandis que Sam devinait que sa mère éprouvait la même chose que lui, elle, en revanche, était persuadée qu'il était parfaitement à l'aise.

Le discours de Sam se passa bien ; l'histoire des nouilles qu'il avait choisi de raconter reçut un meilleur accueil qu'il ne s'y attendait. Quand Sam et Mark étaient petits, ils possédaient toute une collection de déguisements – capes en velours, chapeaux de cow-boy, masques d'extraterrestres –, parmi lesquels une large culotte de femme en nylon, pleine de fanfreluches et qui grattait ; malgré sa couleur grisâtre, elle présentait des reflets irisés qui faisaient penser à de la chair de poisson. Les garçons avaient baptisé cette pièce de lingerie « les nouilles ».

Un jour, pour se venger de Mark qui avait cassé l'échelle des lits superposés et avait accusé Sam, ce dernier, juste avant de partir pour l'école, fourra « les nouilles » dans le cartable de Mark. Pour quelle raison, il ne s'en souvenait pas – sur une impulsion et sans aucune intention particulière.

Toujours est-il que, le même jour, Craig Hahn se fit voler sa calculatrice et Mme Tennel (surnommée Poil-de-Singe) décida de garder toute la classe en retenue jusqu'à ce que quelqu'un se dénonce. Les élèves, têtus comme le sont en général tous les élèves, restèrent silencieux ; face à eux, l'institutrice guettait ceux qui remuaient. L'agitation constituait en effet, aux yeux de Poil-de-Singe, un signe indéniable de culpabilité. Mark avait toujours été remuant («Regardez-le donc, dit Sam d'un air narquois, même le jour de son mariage il s'agite », et toute l'assistance tourna la tête vers le marié en souriant), si bien qu'au bout de quelques minutes d'observation l'institutrice crut tenir le coupable. Elle se leva du bureau, attrapa sa règle et s'approcha du pupitre de Mark.

« Lève-toi, Mark Glass, et vide tes poches », lui ordonna-t-elle. Mark obéit. Comme c'était un garçon très ordonné, le contenu de ses poches était parfaitement rangé : il consistait en un mouchoir en papier, propre et bien plié, une pièce de cinquante pence étincelante, et un papier de bonbon plié en quatre. Poil-de-Singe émit un grognement ; ce sens de l'ordre, peu courant chez un gamin, indiquait à coup sûr des penchants criminels.

« Vide ton pupitre. » Mark souleva le couvercle pour qu'elle puisse voir à l'intérieur. En vérité, il n'y avait pas grand-chose à sortir : deux piles de livres bien alignées, diverses fournitures impeccablement rangées, et quelques crayons, tous disposés la mine du même côté. Poil-de-Singe s'énervait de plus en plus.

« Ton cartable, maintenant », commanda-t-elle d'un ton sec, persuadée que Mark se fichait d'elle.

Mark attrapa tranquillement son cartable sous sa chaise et le posa sur le pupitre, puis il l'ouvrit, souleva le rabat et exposa le contenu de la sacoche aux yeux de l'institutrice. Notant l'expression perplexe de cette dernière, Mark suivit son regard et aperçut la vieille culotte à froufrous qui trônait sur le sac de son goûter.

« Les nouilles », murmura-t-il, horrifié.

Poil-de-Singe se pencha, saisit la culotte et la brandit bien haut pour que toute la classe puisse voir. Mark devint cramoisi, passa du chaud au froid, fut parcouru de frissons et se mit à transpirer abondamment. La classe hurlait de rire et Poil-de-Singe était rouge comme une tomate. Le jour même, l'école tout entière savait que Mark Glass transportait dans son cartable des culottes de mémés.

« Espèce de monstre, lança Leo, quand Sam vint s'asseoir à côté de lui.

— Quoi ? »

Sam, qui avait un appareil photo jetable, prit une photo de Leo. Une cousine de Clariffa proposa de les photographier ensemble. « Un portrait du grand-père et de son petit-fils », dit-elle, et Sam, qui n'avait pas conscience de leur ressemblance, se demanda comment elle avait deviné. Il posa son bras sur les épaules de Leo, et Leo balaya les miettes de son costume de location. La cousine appuya sur le déclencheur et fixa sur la pellicule l'image des deux hommes, l'un avec des cheveux blancs, l'autre avec des cheveux presque noirs, tous deux portant des lunettes et tenant un verre à la main.

Sur la photo, Sam a l'air plein d'espoir, optimiste, joyeux ; Leo fixe l'appareil, un sourire aux lèvres, les cheveux en bataille. On dirait presque la même personne, ou des jumeaux nés à des années de distance, ou bien deux frères dont l'un aurait vieilli prématurément – l'effet est saisissant. Impossible de les voir ensemble et de ne pas remarquer leur force, leur entente, leur complicité. Ils forment une unité indissociable, on les sent liés par des gènes communs, une histoire commune, unis par des similitudes incontestables. Tels un miroir et son reflet, on ne peut les séparer l'un de l'autre.

« Tu n'as parlé de mes projets à personne, n'est-ce pas ?

— Bien sûr que non. Et toi, tu n'as pas oublié notre petit plan ? J'ai commencé à noter quelques informations pour toi, afin qu'une fois sur place tu trouves plus facilement l'île. (Sam acquiesça d'un signe de tête.) Ils n'ont pas confirmé qu'ils te prenaient ?

— Je suis admis à passer la seconde série d'entretiens.

— Quand comptes-tu mettre les autres au courant ?

— Quand j'aurai la réponse définitive.

— Et combien de temps seras-tu absent ?

— Six mois, peut-être un an. »

Leo pensait exactement la même chose que Sam, c'est-à-dire qu'il risquait de mourir pendant que son petit-fils serait au loin. Leo n'avait aucune certitude, mais il sentait qu'il pouvait vivre encore au moins un an. Sam n'avait aucune certitude, mais il estimait que Leo *devait* vivre encore un an. Une chose, en tout cas, était sûre : il vivrait jusqu'à ce qu'il sache s'il avait tort ou raison à propos de l'île scindée en deux.

« Je voudrais te dire une chose, Sam. (Leo agita les doigts en l'air et fixa un point devant lui.) Si je meurs, ne reviens pas pour l'enterrement.

— Grand-père ! fit Sam d'un ton de reproche, en évitant de le regarder.

— Je parle sérieusement, Sam. Organise une petite cérémonie là-bas, je préférerais ça. J'aime l'idée que quelqu'un prononcera mon éloge funèbre en Antarctique. »

Sam retourna s'occuper d'Andrea, attachée à un piquet de la grande tente, un bol d'eau et une gamelle de nourriture posés à côté d'elle. Mark, Clariffa et Janie étaient là et fumaient dans le noir. Sam se demanda soudain ce qu'ils auraient fait s'ils avaient dû fumer des plumes de pingouin. Mark s'affairait à plier et déplier une feuille de papier qu'il tentait de glisser dans sa poche intérieure. Sam était certain que Mark, sitôt chez lui, classerait soigneusement ce papier avec ses relevés de banque, ses contrats, ses quittances et ses reçus. Mark gardait le moindre bout de papier qui lui tombait entre les mains. Sam imaginait parfois que, si Mark recevait un jour, durant quelques secondes, le don de voir l'avenir, il ne chercherait pas à connaître la couleur des yeux de ses enfants, ni à visualiser la plaque avec son nom sur la porte de son bureau, ni à savoir quand il mourrait. Non, Mark voudrait vérifier que ses papiers étaient toujours bien classés par ordre alphabétique.

Au moment où Sam approcha du petit groupe, Janie montrait sa bague aux autres.

« Fam ! Fam !

— Eh bien, Clarissa, dit Sam en entourant de son bras les épaules de sa belle-sœur. Tout s'est bien passé ? Tu es contente de la journée ?

— Oh oui, f'était fantaftique. On va bientôt partir, papa prépare la voiture. Tout a été merveilleux. Merfi, Fam, merfi mille fois, merfi. »

Mark hocha la tête d'un air amusé et fit un geste pour indiquer que Clarissa était ivre. Sam sourit.

« F'est extraordinaire d'avoir fait fe qui me tenait tellement à cœur. Je l'ai fait, nous l'avons fait ! » s'exclama-t-elle à la cantonade. Pieds nus, ses chaussures se balançant au bout de son bras, elle tanguait et avait du mal à garder l'équilibre.

« Pourquoi est-fe que les gens attendent ? reprit-elle. Je penfe qu'on devrait faire fe qu'on a envie de faire avant qu'il foit trop tard.

— C'est exactement ce que je me suis dit, renchérit Janie. Pourquoi attendre, remettre à plus tard ? Il faut que je réalise maintenant mes désirs. Je risque de mourir demain, alors allons-y ! »

Mark et Sam évitèrent de se regarder. Tous deux savaient de quoi il retournait. Pour eux, il était tellement évident que les gens risquaient de mourir d'un jour à l'autre qu'il ne leur serait pas venu à l'idée de prononcer une telle banalité : c'était comme crier à quelqu'un qu'on amène devant un peloton d'exécution : « Attention, vous allez vous faire tuer ! » Sam ne savait que trop qu'il risquait de mourir demain, il se le rappelait à chaque instant.

La première chose que fit Sam, le lundi matin, fut d'appeler la « ligne du cœur » – ainsi que Henry et lui l'avaient baptisée –, pour s'amuser et vérifier s'il y avait du nouveau. Il écouta quelques messages et nota les détails sur un bout de papier. Le dernier venait juste d'être déposé, et en l'entendant Sam retint son souffle.

« Bonjour, ceci est un message pour Sam de la part de Kasia. Sam, tu as oublié tes baskets au pub l'autre soir et je les ai emportées. Voici mon numéro : 0208 435 4584. Tu peux me joindre le matin avant onze heures et demie, ou entre quatre et six, ou après onze heures du soir, je me couche vers minuit. Salut, à bientôt. »

Sam reposa le combiné. Ses baskets ! Elle avait trouvé ses baskets ! Elles devaient puer. Merde ! Sam composa le numéro de Henry. Le téléphone sonna dans le vide. Merde, merde, merde ! grommela Sam.

Henry n'était pas chez lui. Où diable pouvait-il être à huit heures du matin, un lundi ? Sam essaya le portable, mais il était débranché. En raccrochant pour la troisième fois, il eut soudain une vision atroce : Henry et Kasia, nus dans un lit aux draps froissés, dormant d'un profond sommeil dans les bras l'un de l'autre.

Elle lui avait indiqué les heures où elle était joignable pour lui faciliter les choses, il le savait bien, mais il ne pouvait s'empêcher de se poser mille questions. Il l'imaginait se levant le matin et se couchant à minuit. Que faisait-elle entre-temps ? Que faisait-elle entre onze heures et demie du matin et quatre heures de l'après-midi ? Et jusqu'à onze heures du soir ? Et entre onze heures et minuit ? Qu'est-ce qui l'avait séduite chez Henry ?

« Bonjour. Tu vas bien ? »

Sam leva les yeux. Lauren arrivait, un verre de jus d'orange dans une main, un bol de Rice Krispies dans l'autre. Ses cheveux étaient encore humides.

« Oui, très bien. Et toi ?

— Super. Je reviens de la piscine, ce sera donc une journée zen, aujourd'hui, annonça-t-elle avec un sourire.

— Sam, il faut que tu envoies un coursier chercher les épreuves avant dix heures ce matin ! » cria Angela en entrant dans le bureau.

Sam fit un signe de tête dans sa direction.

« Bonjour, marmonna-t-il entre ses dents. As-tu passé un bon week-end ? Vraiment ? Tant mieux. Voilà ce qu'on appelle la gestion des relations humaines. »

Lauren sourit, alluma son ordinateur, prépara ses documents, fixa son récepteur d'appels à sa ceinture, mit en charge son téléphone portable.

« Alors, le mariage de ton frère ? Raconte-moi tout.

— C'était super, répliqua Sam en prenant connaissance d'un message sur son récepteur d'appels. Vraiment super. Église de campagne, grande tente dans le jardin, champagne, en revanche pas beaucoup de nanas sympas.

— Oh, on ne peut jamais rien savoir, avec les mecs ! Je veux connaître tous les détails : la robe de la mariée, les fleurs, la cérémonie, le menu, la musique, les demoiselles d'honneur…

— Je t'apporterai les photos, d'accord ?

— J'y compte bien. Et ton discours ? »

Le téléphone de Sam retentit. Il fit à l'adresse de Lauren un geste du pouce qui signifiait « génial ! » et se mit au travail.

Sam se sentait tout excité. Il savait qu'il allait quitter l'agence, mais il voulait partir avec panache. Angela le questionna à propos de la publicité qu'il avait présentée à Shadows le vendredi, et il l'informa que le client l'aimait beaucoup et l'avait achetée. Il sortit les documents du carton à dessins, en prenant soin de fixer le bordereau d'acceptation au dos des feuillets qu'il n'avait pas montrés.

« Regarde, dit-il en compulsant rapidement les cartons. Je les ai fait signer. » En effet, dans la case réservée au client figuraient les initiales de Clive, claires et nettes.

« Peuh ! c'était évident qu'ils l'achèteraient. Même un idiot aurait été capable de vendre cette pub.

— Merci, riposta Sam, et il imagina une vaste étendue blanche d'où serait absente une certaine personne.

— Bon, débrouille-toi avec Helen pour établir un devis et transmets-le à Clive cet après-midi. Et mets-moi par écrit le compte rendu de la réunion. Je vais monter voir les créatifs pour leur annoncer la bonne nouvelle. »

Sam retourna à son bureau. Il ne savait pas très bien comment se résoudrait le micmac qu'il avait imaginé, mais il avait l'intention de maintenir le quiproquo aussi longtemps que possible. Il réfléchissait à la manière de quitter son job, un peu comme un chat tourne autour d'une souris avant de lui sauter dessus. Il n'imaginait pas tant le jour précis de son départ que la période qui précéderait, les semaines juste avant. Et il commença à faire circuler des articles sur les décrets du gouvernement en matière d'enseignement, sur la politique monétaire du Royaume-Uni, sur l'émigration en République dominicaine ; il surlignait des phrases prises au hasard, en entourait d'autres, émaillait les marges de points d'exclamation. Il fit des photocopies de ces articles pour chaque membre du département de gestion des budgets avec qui il travaillait, et les leur envoya par courrier interne. Il changea la tonalité du téléphone portable d'Angela et la remplaça par une petite mélodie obsédante. Il concocta une lettre émanant du P-DG (dont la signature avait été scannée et conservée dans le disque dur commun) qui proposait aux propriétaires ou gérants de magasins et de restaurants du quartier de venir lui rendre visite ; l'agence McLeod Seagal Gale, disait ce courrier, serait enchantée de concevoir des publicités pour eux. Sam envoya cette lettre à des gens dont McLeod Seagal Gale n'aurait jamais voulu comme clients : le marchand de journaux du coin, le bureau de paris du quartier, une agence de voyages de Regent Street ; il leur expliquait que, même s'ils avaient des budgets commerciaux modestes, McLeod Seagal pourrait sûrement faire quelque chose pour eux. Il imprimait ces lettres le soir et déposait les enveloppes cachetées dans la salle du courrier, de sorte que, si jamais quelqu'un s'avisait d'en ouvrir une, on ne puisse pas soupçonner qu'elle émanait de son bureau, encore moins de lui.

Sam n'ignorait pas qu'il lui fallait faire preuve de patience, ronger son frein, attendre son heure, adopter un profil bas jusqu'à ce qu'il soit bel et bien parti. Il voulait que tout soit fin prêt au moment où il quitterait l'agence. Le jour où il franchirait enfin la porte, il voulait être sûr que l'ouragan qu'il apercevait au loin et qui se dirigeait vers l'agence McLeod Seagal Gale portait bien son nom, clairement visible à travers les gouttelettes d'eau.

# 16

Sam avait dû prendre un taxi à cause de perturbations dans le métro et il était arrivé en retard au bureau. Il avait débuté sa journée par un long rapport sur les réactions possibles des consommatrices à des serviettes hygiéniques parfumées, et il se sentait nerveux quand il décrocha le téléphone et composa le numéro de Kasia. Il ignorait ce qu'il allait lui dire ; certes, il avait préparé quelques phrases mais elles lui paraissaient tellement nulles qu'il espérait que, pour la première fois de sa vie, l'inspiration le saisirait dès qu'il commencerait à parler.

« Allô ?

— Kasia ? Ici Sam, nous nous sommes rencontrés…

— Ah, bonjour.

— Salut. » Sam se tut. Son cœur battait à tout rompre. Il pria pour que l'inspiration tant attendue se manifeste.

« Alors, tu as trouvé mes baskets…

— Oui, tu les avais oubliées au pub.

— En effet. Veux-tu que je vienne les prendre ?

— Non, ce n'est pas la peine, je pourrais peut-être te les rapporter au même pub ? suggéra Kasia d'un ton qui ressemblait à un ordre.

— Parfait. Ce soir ? »

La voix de Sam avait grimpé dans les aigus et son cœur battait de plus en plus fort. N'aie pas l'air trop empressé, se répétait-il.

« D'accord. À sept heures », précisa Kasia avant de lui dire au revoir.

« On y va, Sam ? » appela Jeff, debout devant son bureau. Il avait des poches sous les yeux et semblait stressé. Sa cravate était jetée par-dessus son épaule et sa veste froissée. Il passa la main sur son crâne dégarni.

« OK », répondit Sam en rassemblant ses affaires. Il griffonna un mot pour Gail et se dirigea vers l'ascenseur. Une fois dehors, il respira à fond. Quand Jeff et lui prirent le chemin du parking, il ralentit le pas.

Le trajet en voiture jusqu'à la société des pots d'échappement Reynolds était ennuyeux. Jeff avait au moins le plaisir de conduire la Soma (c'était lui qui le disait, Sam pour sa part ne comprenait pas le plaisir qu'on pouvait avoir à appuyer sur des boutons et tourner le volant d'une grosse boîte en acier). Assis à l'avant, côté passager, Sam n'avait rien d'autre à faire que regarder défiler les rangées d'immeubles crasseux. En réalité, il ne les détestait pas tous, ces immeubles londoniens : pris séparément, ils frappaient par leur taille, leur architecture, leurs lettres d'or gravées dans la pierre, leurs grandes fenêtres, leurs balcons. Seulement, ils étaient trop nombreux et trop rapprochés, tels des pingouins serrés les uns contre les autres pour se protéger du froid – sauf que ces pingouins-là étaient vieux, sales et miteux.

« Alors, Sam, comment ça va ?

— Bien. Et toi ?

— Pour bien commencer la journée, il faut : chier, sniffer, se branler, voilà ma devise. Ce matin, je n'ai pas eu le temps de me branler, et voilà le résultat : je suis dans un état lamentable. »

Sam, ne sachant quoi répondre, hocha la tête.

« À part ça, tout va bien. Je me sépare de ma bonne femme, mes gosses sont fichus à la porte de l'école, j'ai des notes de véto colossales parce que notre chien a le cancer et, pour couronner le tout, cette bagnole a un problème de moteur. » Jeff changea de vitesse, et on entendit un bruit inquiétant, comme si les amortisseurs de la voiture touchaient le sol.

« Je crois que je vais être obligé de le faire piquer, reprit Jeff.

— Cela vaut sans doute mieux, marmonna Sam, s'il a peu de chances de s'en sortir. » Il continua de regarder par la fenêtre, avec le sentiment qu'on pouvait aisément se laisser hypnotiser par le défilement des immeubles.

« Ouais. De toute façon, c'est une voiture de fonction. Je cherche depuis plusieurs mois à obtenir une promotion. Tu es toujours content de ton job, toi ?

— Oui, super, répondit Sam, l'esprit à mille lieues de là.

— La pub, voilà le meilleur métier qui existe. On peut dire ce qu'on veut, la pub dépasse de loin tous les autres boulots que je connais. C'est un job à la pointe de l'actualité, varié, qui concerne la plupart des gens, qui nous apprend des tas de choses sur les médias, qui est intéressant et stimulant, à la fois sur le plan mental et intellectuel.

Tu as sûrement raison, approuva Sam d'un air distrait.

— J'adore le monde de la publicité, ça représente réellement quelque chose d'important pour moi. Tu sais, Sam, au début, quand je suis entré dans ce milieu, je n'y pigeais que dalle, je le reconnais. Tous ces mots, ces expressions que seuls les initiés comprennent, c'était un mystère pour moi : *l'essence d'une marque, une forte enseigne, la recherche qualitative ou quantitative, une campagne lourde ou une campagne légère, le marketing opérationnel, faire rebondir un concept, la fréquence, la couverture, la pénétration.* » Ils stoppèrent à un feu et Jeff tourna la tête vers Sam.

« Tu penses que tu les comprends, toi, tous ces termes ?

— Euh... oui, répliqua Sam avec un petit haussement d'épaules.

— Eh bien, je vais te dire quelque chose. Je sais que tu as fait des études et que tu possèdes un diplôme ; tant mieux pour toi, je suppose que tu as travaillé dur pour l'obtenir. Mais moi, je travaille dans la boîte depuis onze ans et pourtant j'ai encore des doutes au sujet de certaines des expressions que je t'ai citées. Il en faut, du temps et de l'expérience, avant de comprendre la différence entre recherche qualitative et recherche quantitative, par exemple – je veux dire, comprendre vraiment, Sam, pas juste croire qu'on a compris. Il faut faire travailler ses cellules grises avant d'y parvenir. (Jeff souligna ses paroles en se frappant la tempe gauche avec l'index.) J'ai étudié à fond ce vocabulaire quand j'ai commencé dans le métier ; j'ai pris un crayon et du papier et j'ai appris tous les mots, pour ne pas avoir l'air idiot, et ça m'a pris du temps, crois-moi. Mais c'est une méthode que je te recommande, tu vois, un bon conseil d'un homme expérimenté à quelqu'un qui veut réussir. »

Une fois de plus, Sam hocha la tête en signe d'assentiment ; il ne cessait de faire cela depuis tout à l'heure – geste machinal, dénué de sens. « Merci pour le tuyau », répliqua-t-il, avant de se replonger dans la contemplation des rues de Londres. Non seulement les immeubles étaient trop rapprochés, réfléchissait-il, mais les gens aussi. Il y avait une queue interminable devant le musée de cire Madame-Tussaud, et des hordes de gens massés aux carrefours et aux stations de métro : impossible d'avancer si la personne devant vous ne bougeait pas. À cet instant, Sam se sentit gêné aussi par la proximité de Jeff, il aurait préféré se trouver dans une autre voiture, par exemple, ou, mieux encore, dans le train. Il était convaincu que les gens ont besoin d'espace, qu'ils doivent pouvoir étendre les bras et pivoter sur eux-mêmes sans avoir peur de décapiter un passant, ils ont besoin de se déplacer sans se cogner contre d'autres personnes.

Jeff avait beau conduire vite, ils arrivèrent en retard à la société Reynolds. Dix minutes plus tôt, Jeff avait demandé à Sam de lui relire le papier qu'ils avaient préparé en vue du rendez-vous, ainsi que le texte de l'annonce de presse qu'ils devaient présenter au client.

« Salut, Vicki, comment va ? » lança Jeff d'un air décontracté – il aimait bien paraître décontracté. Sam salua Vicki d'un signe de tête.

« Il va falloir se dépêcher, on a un autre rendez-vous à quatre heures et demie », répliqua Vicki, et ils foncèrent vers la salle de réunion.

« Bien, déclara Jeff. Comme vous vous en souvenez sans doute, l'idée sur laquelle nous avons travaillé était la suivante : "Donnez une plus-value à votre véhicule en l'équipant d'un pot d'échappement Reynolds." Notre argument se basait sur le fait que la majorité des voitures équipées d'un pot d'échappement Reynolds se dévalue un peu moins vite que les autres. Nous avons mis l'accent sur cette notion de plus-value parce que nos recherches ont montré que l'image de Reynolds est celle d'une marque purement fonctionnelle : les consommateurs voient les pots d'échappement Reynolds comme un produit qui remplit une fonction, au lieu de considérer les *avantages* qu'il y a à équiper un véhicule avec un pot d'échappement Reynolds. » Jeff remua sur son siège et se racla la gorge. Au déjeuner, il avait renversé du curry sur sa chemise, et il tirait sur sa veste pour cacher la tache.

« D'un autre côté, le pot d'échappement est considéré comme un bout de métal sale et qui sent mauvais – image nullement séduisante ni branchée, que nous étions tous d'accord pour changer. Notre proposition va donc dans ce sens. De plus, nous avons cherché à introduire des éléments qui reflètent ce désir d'une publicité plus ambitieuse mais qui, en même temps, ne s'écartent pas trop de ce qui actuellement permet de reconnaître la marque Reynolds. C'est-à-dire que nous devions garder le logo à la même place, et tenir compte du fait que vous préférez que le texte figure en bas. »

Vicki et ses collègues acquiescèrent en silence. Le récepteur d'appels de Sam afficha le message suivant : *Appeler Clive dès que possible*.

« Nous sommes persuadés que le projet que nous vous présentons aujourd'hui répond à ces critères et contribuera fortement à rehausser la marque Reynolds dans l'esprit des consommateurs. » Jeff attrapa derrière lui une pile de grandes feuilles cartonnées.

« La campagne que nous vous proposons tourne autour de l'idée de la plus-value donnée au véhicule et, en même temps, se moque des publicités d'autrefois pour les pièces d'automobile. On insinue que tout le monde n'est pas capable de comprendre l'allusion – ce qui en fait une pub ambitieuse mais qui, nous en sommes certains, séduira le grand public et aura un impact énorme. Et voilà ! » Jeff brandit la première planche et la retourna : c'était une photo d'une femme en Bikini qui tenait à la main un pot d'échappement Reynolds. Il lut la légende à voix haute : *Nous n'avons pas besoin de femmes aguicheuses pour vous prouver les qualités d'un pot d'échappement Reynolds. Mais après tout pourquoi pas ? Pots d'échappement Reynolds, de tout petits, petits prix*. Jeff sourit à son auditoire.

« Puissant, non ? Notre credo est que l'information doit parler droit au cœur de l'homme. Qu'est-ce qui lui va plus droit au cœur que cette jolie femme ? Voilà une pub géniale, qui répond aux trois critères de base : 1) Attirer l'attention. » Jeff émit un petit rire. « Moi, en tout cas, elle a attiré la mienne. 2) Indiquer la marque : votre logo est présent, votre marque apparaît dans le titre et figure deux fois dans le texte de l'annonce. 3) Communiquer : ça me semble clair. Clair comme de l'eau de roche. » Jeff recula sur son siège pour laisser ses interlocuteurs examiner la planche. Ensuite, il leur montra les autres : sur chacune figurait une femme presque nue qui présentait un pot d'échappement Reynolds. Après cela, Sam et lui quittèrent la pièce pour permettre à Vicki et à ses collègues de discuter de ce projet et de donner leur opinion.

« Ils ont adoré, affirma Jeff, sitôt la porte refermée. Ils vont l'acheter, j'en suis certain. » Sam n'en était pas si sûr. Pour sa part, il n'aimait pas cette pub, mais Zach la trouvait drôle, ils n'avaient donc pas le choix, ils étaient obligés de la présenter. Il alla chercher un thé au distributeur.

« Bon. Nous avons discuté de votre projet et Vicki va vous faire part de nos réactions. » Vicki esquissa un sourire et arrangea ses papiers devant elle. Le récepteur d'appels de Sam afficha un nouveau message : *Appelle ton vieux copain quand tu auras une minute, si ça ne t'emmielle pas trop.* Sam sourit. Manifestement, Henry n'était pas hyperoccupé.

« En gros, attaqua Vicki, nous estimons que cette pub est de mauvais goût, car elle est désobligeante pour les femmes, et nous pensons que les consommateurs ne la comprendront pas. Nous sommes très déçus. Elle me choque, pourtant je ne suis pas une personne facile à choquer, vous le savez ; à notre avis, cette annonce détournera la clientèle féminine de notre marque, et peut-être aussi une partie de la clientèle masculine. De surcroît, la plupart des gens ne saisiront pas l'allusion ; c'est le genre d'humour au troisième degré que peuvent comprendre les spécialistes de la pub, mais pas Monsieur Tout-le-Monde. (Vicki regarda Jeff d'un petit air satisfait.) De plus, ce que vous nous avez présenté est une annonce de presse. Au téléphone, la semaine dernière, j'ai bien spécifié que nous voulions une pub pour afficher sur les bus. Vous ne nous l'avez pas apportée, pourquoi ?

— Je me souviens, en effet. J'ai chargé Sam de s'en occuper. Sam ? »

Sam leva les yeux de ses papiers. Jeff ne lui avait pas parlé des affiches pour les bus.

« Je... euh... nous pensions que cette pub pourrait convenir aussi bien pour la presse que pour l'affichage sur les bus », bégaya Sam, qui regretta aussitôt ses paroles : l'image de la femme en Bikini était une photo en pied, comment la faire tenir sur les flancs d'un bus ?

« Vous présenteriez la femme de quelle façon ? interrogea précisément Vicki.

— On pourrait la rétrécir », suggéra Sam.

Engagé dans une impasse, il essayait d'en sortir. Il aurait préféré dire la vérité, mais cela impliquait de dénoncer Jeff.

« Elle serait très petite, non ?

— Environ trente centimètres. Plutôt petite, oui, mais quand même assez grande pour qu'on la voie.

— Dans ce cas, on apercevra à peine le pot d'échappement. Vous n'ignorez pas qu'une de nos exigences est que l'image du pot d'échappement occupe au moins vingt pour cent de la surface de toutes nos publicités ?

— J'en suis conscient. Nous avions l'intention de placer une photo du pot d'échappement aussi à l'autre extrémité du flanc du bus, de façon que l'épaisseur et la qualité du métal soient clairement visibles pour les consommateurs.

— Bon, mais il nous faut absolument une maquette, dit Vicki en regardant Sam d'un air revêche.

— D'accord. Je peux vous l'envoyer par fax demain.

— Mercredi ? D'accord. À dix heures. »

Sam regretta une fois de plus ses paroles. Il faudrait au moins huit jours au département des créatifs pour gribouiller un dessin qui ressemblerait vaguement au flanc d'un autobus. La réunion s'effilocha peu à peu, et Jeff et Sam filèrent sans demander leur reste.

Sam quitta le bureau à six heures, se rendit à la piscine et arriva au pub les cheveux mouillés et sentant le chlore. Cette odeur lui rappelait la soirée mémorable en compagnie de Mrs Robinson, mais il s'efforça de ne pas y penser en attendant Kasia. Angela l'avait appelé à six heures moins dix, juste alors qu'il enfilait son maillot de bain, pour savoir où il était. Il mentit et raconta qu'il se trouvait avec quelqu'un de chez Reynolds, espérant qu'elle ne vérifierait pas auprès de Jeff.

Kasia n'était pas encore là. Sam commanda quelque chose, s'assit à une table et écouta les messages sur son portable avant de les effacer l'un après l'autre. Il n'avait toujours pas réussi à joindre Henry, et il ignorait ce qu'il allait dire à Kasia à ce sujet.

« Bonjour, dit-elle à voix basse, se tenant devant lui.

— Oh ! bonjour », fit Sam, gêné parce qu'il ne l'avait pas vue arriver et n'avait pas eu le temps de se préparer. Que faire ? Il ne la connaissait pas assez pour l'embrasser, et lui serrer la main aurait été ridicule. Il se leva et se sentit stupide.

« Comment ça va ? » demanda Kasia. Elle ne souriait pas et son accent lui conférait une certaine dureté. Elle avait du mal à croire que c'était bien elle qui avait fixé ce rendez-vous.

« Bien, bien, merci. Qu'est-ce que tu veux boire ?

— Un jus d'orange, s'il te plaît. »

Sam alla chercher les boissons et se rassit. Il reconnut le sac en plastique sur le siège à côté de lui.

Ils buvaient en silence et regardaient autour d'eux. Soudain ils se mirent à parler au même moment. Ils s'interrompirent en même temps, et Kasia reprit la parole la première.

« Je voulais juste dire que je trouve fantastique cette idée d'expédition au pôle Sud. J'ai un ami qui a fait le voyage et qui affirme que c'est une région absolument stupéfiante. »

Sam acquiesça d'un signe de tête et se demanda si, dans sa première phrase, elle faisait allusion à Henry et lui, ou seulement à lui.

« Je sais. Je suis très impatient. Il me faut encore passer quelques entretiens mais, si ça marche, ce sera fabuleux. Mon grand-père y est allé, lui aussi.

— Est-ce que, si je te donne mon adresse, ça t'ennuierait de m'envoyer une carte postale de là-bas ? Surtout, si tu penses que ma requête est déplacée, dis-le-moi, je ne veux pas t'importuner. »

Sam sourit. Avait-elle demandé la même chose à Henry, allongée auprès de lui ce matin ?

« Ça ne me dérange pas du tout, je le ferai, bien sûr. À condition que mes doigts ne soient pas engourdis par le froid. » Il rit, et elle rit aussi, mais d'un rire plus crispé que charmé. Henry lui avait sans doute sorti la même plaisanterie. Sam consulta sa montre.

« Aimerais-tu aller au théâtre ? » proposa-t-il brusquement. Leurs regards se croisèrent. « Tu comprends, je… je quitte rarement mon travail si tôt, et je commence à me dire que je devrais profiter des choses que je ne pourrai plus faire une fois là-bas. À moins que tu n'aies d'autres projets… ajouta-t-il en triturant son verre.

— Euh, non… ça me plairait beaucoup. Vraiment beaucoup. »

Ils se rendirent au théâtre et virent une pièce abominable. Durant la première partie du spectacle, Kasia déchiqueta méthodiquement les pages du programme et Sam ne cessa de remuer sur son siège. À l'entracte, ils mangèrent des esquimaux, debout au milieu du bar enfumé ; la politesse les empêchait d'exprimer franchement leur opinion au sujet de la pièce. Avant de regagner leurs places, Sam s'arrêta aux toilettes et composa le numéro de Henry.

« Allô ?

— Henry, où étais-tu, bordel ? J'ai essayé de te joindre toute la journée.

— Mmmm. Salut, Sam. Je dormais. » Mauvais signe, pensa Sam. Cela signifiait qu'il n'avait pas dormi la nuit précédente.

« Désolé. Dis-moi, Henry, tu es sorti avec Kasia ?

— Qui ? Oh ! Non.

— Mais tu as tenté ta chance ?

— À ton avis ?

— Et elle a refusé ?

— Elle est lesbienne.

— Tu crois ?

— Certainement.

— C'est tout ce que je voulais savoir. Ciao ! »

Quand il se rassit à sa place, Kasia lui chuchota à l'oreille qu'elle avait remarqué un homme, devant eux, qui portait apparemment une perruque – pire, il semblait l'avoir mise à l'envers. Elle le lui montra du doigt et se mit à rire : l'idée qu'un homme puisse porter une perruque lui paraissait désopilante.

Les lumières s'éteignirent, les acteurs revinrent sur scène, mais Kasia ne pouvait s'arrêter de rire – un rire silencieux qui la parcourait tout entière et lui secouait les épaules. Sam croisa son regard, et à partir de cet instant ce fut l'escalade. Il voulut se concentrer sur les acteurs, peu convaincants, mais au bout d'un moment il ne parvint plus à se retenir : le rire le gagna à son tour. Ils se retrouvèrent tels deux écoliers, à pouffer sans raison précise et à tenter désespérément de ne pas rire aux éclats ; ils en suffoquaient presque, avaient mal aux côtes et au ventre. Et, juste quand ils commençaient à se calmer un peu, une femme qui portait des lunettes et un rouge à lèvres criard se pencha pour leur demander de se taire.

Cette intervention eut pour résultat de déclencher un nouvel accès de fou rire : honteux et ravis de jouer les perturbateurs, les gamins mal élevés, ils évitaient de se regarder, de peur d'exploser. Sam s'enfonça dans son siège, rabattit son manteau sur sa tête et en mordit le col ; Kasia dissimula son visage derrière le programme en lambeaux – le rire de Sam redoubla. Ils fixaient la scène et s'efforçaient de penser à des choses sérieuses, mais rien à faire : ils riaient de plus en plus, hoquetaient, toussaient, avaient des larmes qui leur dégoulinaient sur le visage, et les épaules qui tressautaient de manière hystérique. À la fin, ils furent obligés de sortir. À les voir ramasser leurs affaires et se précipiter vers la porte avec une telle urgence, on aurait pu croire qu'ils avaient envie de vomir. Dans le hall, ils s'appuyèrent contre le mur et laissèrent libre cours à leur fou rire. Une fois dehors, Kasia se tourna vers Sam et lui dit : « En polonais, on appelle ça *mizeria*.

— Ah oui ? Qu'est-ce que ça signifie ?

— Salade de concombres. »

Il la dévisagea d'un air perplexe, et ils repartirent de plus belle. Ils descendirent Shaftesbury Avenue en titubant tellement ils riaient.

Elle le regarda. Il avait des yeux bleu foncé, légèrement mouchetés, qui brillaient quand il riait, et des cheveux bruns et courts qu'elle avait envie de toucher, juste pour savoir s'ils étaient doux ou rêches. Au coin de la rue où leurs chemins se séparaient, ils s'attardèrent pour bavarder. Elle l'observait avec attention, consciente des brusques silences qui s'installaient soudain. Elle se rendait compte qu'il l'observait aussi, ce qui la mit mal à l'aise car elle se jugeait moins belle que lui. Moins drôle, aussi ; elle riait davantage que lui, mais d'un rire gêné, défensif. Lui, il imitait toutes sortes de personnages, racontait des histoires pleines de péripéties, qui se terminaient toujours par une chute inattendue. En le dévisageant, elle pensait : Il me plaît plus que je ne lui plais, ou plutôt il me voit comme une amie, alors que de mon côté c'est plus que cela.

À la fin, ils discutèrent des différentes variétés de pommes de terre. Puis le bus de Kasia arriva. Sam se pencha pour embrasser Kasia – un simple baiser sur la joue, mais en même temps il la prit dans ses bras et la serra contre lui. Cela dura un quart de seconde, et ensuite, quand elle se remémora la scène, elle ne se souvenait pas de ce qu'elle avait ressenti ni de la façon dont elle avait placé ses bras. Avait-il réfléchi à ce qu'il faisait ? L'avait-il prévu ? Ce geste signifiait-il quelque chose ?

Pour elle, en tout cas, cela signifiait tout.

## 17

Le lendemain matin, Sam fut réveillé par la sonnerie de son portable. Il chercha à tâtons ses lunettes, puis fouilla dans les poches de sa veste pour trouver son téléphone.

« Sam à l'appareil », répondit-il, et il revint vers la table de chevet pour vérifier l'heure. Sept heures. Son cœur s'accéléra : il s'agissait sûrement d'une mauvaise nouvelle.

« Sam, ici Clive.

— Bonjour, Clive.

— Écoutez, je suis en route pour un colloque et je n'aurai pas la possibilité de vous parler dans la journée, dit Clive d'un petit ton satisfait.

— Bien. Vous vouliez discuter de quelque chose en particulier ? questionna Sam, en s'éclaircissant la voix et en se frottant les yeux.

— Eh bien, vous savez que nous avons prévu de filmer la pub du barrage fin juillet. Nous nous sommes réunis hier et nous avons décidé qu'en fin de compte nous préférerions tourner un témoignage sur le vif, cela économiserait du temps et de l'argent.

— Oui, bien sûr, c'est compréhensible. Vous aimez décidément les témoignages sur le vif, n'est-ce pas ? »

Il s'agissait de publicités montrant des femmes interviewées chez elles à propos des avantages de telle ou telle serviette hygiénique – scène toujours suivie de ce qu'on appelait « la séquence du liquide bleu ». L'agence désapprouvait ce genre de pub et l'avait fortement déconseillée aux dirigeants de Shadows.

« En effet. Je n'ignore pas que les milieux publicitaires de Soho méprisent les témoignages sur le vif, n'empêche que ça marche. Et nous n'avons pas l'intention de payer pour une publicité qui ne marche pas, bon sang !

— Bien sûr, Clive, je comprends.

— Je vous demande donc de sélectionner des candidates, afin que nous puissions en choisir une dizaine pour le tournage, et rappelez-vous que nous ne voulons pas de comédiennes professionnelles.

— Ah bon, vous ne ferez pas la recherche vous-mêmes ?

— Pourquoi croyez-vous qu'on vous paie vingt-cinq mille livres sterling par mois, sinon pour que vous fassiez le sale boulot à notre place ? Est-ce clair ?

— Clair comme le jour.

— Alors, au revoir.

— Au revoir, Clive. »

Sam s'assit sur le lit, regarda la carte de l'Antarctique et sourit : elle comportait tellement de blanc qu'elle n'avait presque pas l'air d'une carte. En général, les cartographes partaient d'une feuille de papier vierge et remplissaient peu à peu les carrés pour figurer toutes les particularités d'un pays. Les cartographes de l'Antarctique commençaient avec une feuille blanche et finissaient avec une feuille à peine moins blanche.

Il posa le téléphone sur son lit et alla faire sa toilette. Sous la douche, il pensa à ces femmes qu'il fallait recruter pour la publicité Shadows. Où trouverait-il des femmes qui accepteraient de passer sur une chaîne de télévision nationale pour recommander des serviettes hygiéniques ? Quelle femme aurait envie de se montrer à ses amis et à sa famille en train de discuter des qualités d'une serviette hygiénique autour d'une tasse de café ? De plus, elles seraient payées des clopinettes, inutile donc d'espérer les appâter avec de l'argent. Sam prévoyait déjà comment les choses se dérouleraient : des heures et des heures au téléphone pour trouver une femme qui, à condition qu'il ne pleuve pas, consentirait à venir jusqu'à un studio de télévision et à passer sur le petit écran. Soudain il réalisa qu'il ne serait même pas là pour le tournage. Et si je ne suis pas là pour le tournage, réfléchit-il, on ne pourra pas me virer parce que les femmes n'apparaîtront pas à la télévision. Un sourire se dessina sur ses lèvres.

Son téléphone retentit.

« Sam à l'appareil.

— Bonjour. Je m'appelle Elizabeth Gowden, je suis professeur au collège d'enseignement secondaire de West Bloomsbury et je cherche des stages en entreprise pour mes élèves.

— Je comprends. Vous voudriez savoir si nous avons quelques places à offrir.

— Oui. Avez-vous un programme de formation, par exemple ?

— Non. Par contre, il nous arrive fréquemment de prendre des gens pour l'été. Ils ne sont pas rémunérés et doivent travailler dur, mais c'est formateur.

— Pensez-vous que quelques-unes de nos étudiantes pourraient être placées chez vous ?

— Oui, je crois. » Une idée venait de germer dans l'esprit de Sam. « Combien sont-elles ?

— Trente en tout, mais bien entendu je n'attends pas que vous preniez la classe entière.

— Non, ce ne serait pas possible. Nous pourrions toutefois en engager une dizaine.

— Vraiment ? Oh, ce serait formidable !

— Pas de problème. En réalité, on pourrait prendre toute la classe ; dix, trente, ça ne fait pas une grande différence, au fond. Quand souhaitent-elles venir ?

— Pas avant les vacances, c'est-à-dire fin juillet.

— Disons août, alors », suggéra Sam en consultant son agenda.

Le week-end de survie avait lieu à la fin de la semaine, il aurait une réponse la semaine suivante et remettrait sa démission de toute manière, quel que soit le résultat. Il devrait effectuer son mois de préavis, ce qui l'amènerait jusqu'à la deuxième semaine de juillet. Août serait idéal.

« Que diriez-vous du 7 août ? proposa la femme. Cela tombe un lundi.

— Parfait, répondit Sam. Je vous adresserai un courrier pour confirmation. Je vais également vous donner le nom de la personne à contacter car je serai en vacances durant cette période-là. Les jeunes filles devront demander Angela Summers ; je préviendrai cette personne.

— Angela Summers. Très bien. Merci infiniment pour votre aide.

— Je vous en prie. J'espère que vos élèves seront contentes de leur passage chez nous. Au revoir.

— Au revoir. »

« Bonjour », dit Sam, pressant le pas. Il était en retard ; il aurait aimé avoir le temps de se passer la main dans les cheveux, de s'éclaircir la voix, de vérifier s'il n'avait pas mauvaise haleine, si sa braguette était bien fermée. Mais Kasia l'attendait, le guettait.

« Bonjour », répondit-elle. Un instant, elle se demanda s'il allait l'embrasser. Il lui avait téléphoné pour la remercier de l'agréable soirée au théâtre en sa compagnie et lui proposer, de manière aussi officielle que possible, de se revoir un soir où elle ne travaillerait pas. Elle s'était montrée brusque et nerveuse au téléphone, mais ils avaient réussi à fixer un rendez-vous.

« Tu vas bien ? s'enquit Sam en cherchant des yeux une poubelle où jeter son chewing-gum.

— Mmmm. Et toi ? »

Ils étaient près d'une fontaine, non loin de Piccadilly.

« Oui... (Il avala son chewing-gum.) Qu'est-ce que tu as envie de faire ?

— Ça m'est égal. Et toi ?

— On va au cinéma ? »

Elle acquiesça avec enthousiasme, mais elle pensait : Il n'a pas envie de discuter avec moi. Lui, devant son approbation empressée, songea : Elle ne souhaite pas qu'on la voie avec moi.

« C'est par ici », indiqua Sam.

Il avança brusquement et faillit la bousculer.

« Pardon », s'excusa-t-elle au moment où il s'arrêtait net pour éviter de la toucher.

Devant le cinéma, dans l'avenue où circulaient de nombreux bus et taxis, ils examinèrent les affiches avant de choisir leur film. Sam ne voulait pas voir le thriller (j'ai compris, se dit Kasia, il n'a pas envie que je me blottisse contre lui. Mais qu'est-ce que je fais là ? Qu'attend-il de moi ?), et Kasia ne voulait pas voir le film d'amour (voilà qui est parfaitement clair, jugea Sam).

Finalement, ils optèrent pour un film étranger qui racontait l'histoire d'un enfant abandonné au début de la Seconde Guerre mondiale et qui errait dans la campagne allemande. Ils achetèrent les billets et pénétrèrent dans la salle obscure. Une personne de grande taille vint s'asseoir devant Sam, ce qui obligea ce dernier à se pencher vers Kasia ; il ne voyait malgré tout qu'une partie de l'écran, mais ça lui était égal : il ne voulait surtout pas que Kasia croie qu'il essayait de se rapprocher d'elle. Au bout de cinq minutes, Kasia laissa tomber sa bouteille d'eau et se baissa pour la ramasser aux pieds de Sam dont les jambes tremblaient. Une fois bien installés, ils tentèrent de se concentrer sur le film, sans toutefois parvenir à penser à autre chose qu'à eux deux.

Vers le milieu du film, Sam regarda Kasia du coin de l'œil et aperçut une larme sur sa joue. Quel imbécile je suis, se reprocha-t-il, furieux contre lui-même : j'emmène une Polonaise voir un film sur la Seconde Guerre mondiale ! Il attendit encore quelques minutes – une larme roulait de temps à autre sur le visage de Kasia et soudain il songea : Ça suffit comme ça, il y en a marre des vaisseaux et des ponts qui brûlent, marre de toutes ces histoires, de tous ces problèmes. J'ai autre chose à faire, autre chose à construire, autre chose qui réclame mon attention. Il se pencha vers Kasia et chuchota : « Ça va ? »

Elle acquiesça sans tourner la tête. « Je pleure toujours au cinéma. » Elle mentait, les films lui tiraient rarement des larmes. Si elle pleurait, c'était parce que tout marchait de travers, parce qu'elle se sentait seule et craignait de ne jamais trouver des amis de son âge.

« On peut partir, si tu veux, suggéra Sam.

— Qu'est-ce que tu penses ?

— Sortons et allons manger un morceau. »

Quand ils furent dehors, Kasia avait séché ses larmes. Ils marchèrent dans les grandes avenues qui menaient vers Soho ; Sam voulait s'excuser pour le choix du film, Kasia regrettait de lui avoir fait mauvaise impression en pleurant.

« Où as-tu envie de manger ? » s'enquit poliment Sam. Il s'arrêta et se tourna vers sa compagne. Il éprouvait une certaine nervosité.

« Je... euh... ça m'est égal », répondit Kasia, totalement à court d'idées, et redoutant qu'il ne choisisse un restaurant cher et branché.

« Que dirais-tu d'une glace ? proposa Sam, qui sautait à cloche-pied sur le bord du trottoir.

— Quoi ?

— Une glace avec de la chantilly, des amandes, de la sauce au chocolat, et tout le bataclan.

— Pour dîner ?

— Ou... oui. »

Perplexe, elle l'examinait : il continuait à sauter du trottoir sur la chaussée, de la chaussée sur le trottoir, les yeux fixés sur ses pieds. Était-il juste un peu original ou légèrement fêlé ? Se moquait-il d'elle ? Elle n'aurait su le dire et, plus elle se taisait, plus elle se sentait stupide.

« Eh bien ? » interrogea-t-il en levant les yeux et en cessant son petit jeu. Elle le regarda bien en face et, l'espace d'une seconde, crut qu'il lui faisait un clin d'œil.

Elle lui sourit gentiment. « D'accord pour une glace, dit-elle enfin. Mais c'est toi qui mangeras la plus grosse, celle avec les amandes, la sauce au chocolat, et tout le...

— ... bataclan. C'est un truc blanc, brillant, qu'ils saupoudrent sur le dessus et qui donne cette petite touche supplémentaire, cette finesse, cette sensation particulière indispensable à une vraie bonne glace.

— Ah oui, vraiment ? riposta Kasia d'un ton railleur. Je suis curieuse de te voir le déguster.

— Oh, tu ne verras pas le bataclan, avertit Sam en hochant la tête. Tu ne peux ni le voir, ni le sentir, ni le goûter. Personne ne le peut.

— Alors, comment sait-on qu'il est là ?

— On le sait, tout simplement. On le sait. »

Sam dut quitter l'agence plus tôt le vendredi pour se rendre au centre d'entraînement d'Oswestry et recevoir les instructions. Dans le train, Henry et lui lurent le manuel de survie du commando d'intervention spéciale de l'armée britannique et apprirent comment capturer, cuisiner et manger des hérissons en cas de nécessité. Sam était anxieux. Le week-end décisif était arrivé et, tandis qu'il regardait défiler les champs, Sam essayait de se rappeler ce qu'il fallait faire et ne pas faire : être futé, ne pas s'arrêter, ne pas s'essouffler, ne pas se plaindre, ne pas vouloir trop dépasser les autres ni dire des horreurs à leur sujet. Se souvenir que, sur une carte, les courbes de niveau peuvent figurer aussi bien une vallée qu'une colline. En même temps, il ressentait une telle excitation qu'il avait l'impression qu'il allait exploser. L'impatience, le désir, l'attente provoquaient en lui une multitude de sensations, de plus en plus exacerbées à mesure que le moment approchait.

Il regarda Henry qui, un livre posé debout sur la tablette entre eux deux, enfournait d'une main un sandwich au bacon, tenait dans l'autre une serviette en papier, tel un enfant qui s'accroche à son doudou, et chantonnait en même temps sa petite chanson (*Nous partons voir le blizzard/Le blizzard du pays d'Oz*). Sam envisagea l'hypothèse où Henry serait accepté et lui-même écarté mais ne s'y attarda pas car cette idée le rendait malade. Il se replongea dans son manuel – *marcher/courir/dormir en cas d'orage : que faire* ? – et constata qu'il n'y comprenait rien.

Ils parvinrent au centre à neuf heures moins dix et on les dirigea vers la cantine. Apparemment tout le monde était déjà là : quinze à vingt personnes des deux sexes, plutôt jeunes, bavardaient, assises en rond, et buvaient du café ; la plupart étaient équipées pour des conditions difficiles – canadienne, chaussures de sport, pantalon de jogging, pas de jeans. Sam s'interrogea : Depuis combien de temps ces gens se préparaient-ils ? La plupart semblaient en pleine forme, en tout cas en meilleure santé que lui, avec ses yeux battus et sa peau grisâtre de Londonien.

Henry et Sam déposèrent leurs sacs, procédèrent à leur inscription et jetèrent un coup d'œil sur les autres participants. Soudain, Sam reconnut une des filles ; il l'examina plus longuement et se rappela où il l'avait rencontrée : il s'agissait de Goldie, qui avait répondu à l'annonce et qui lui avait vanté les mérites de la vie au grand air et des vêtements en fibres ultra-légères. Il s'approcha d'elle.

« Bonjour, Goldie.

— Oh, bonjour, euh…

— Sam.

— Sam. »

Bordel de merde ! pensa-t-il, c'est elle qui m'a appelé pour un rendez-vous et elle ne se souvient même pas de mon prénom.

« Alors, comme ça, tu es là, toi aussi ?

— Oui, je… euh… je voulais juste savoir qui étaient les concurrents quand on s'est rencontrés, tu comprends… c'était… enfin… » Elle avait l'air visiblement gênée.

« Ah oui ? » Heureusement que je ne suis pas sorti avec elle, se félicitait Sam. « Eh bien, je constate que je ne t'ai pas fait fuir, au moins », conclut-il avec un rire nerveux.

Elle ne répondit rien, et Sam se mit en quête de quelque chose à boire.

La soirée fut longue. Les candidats présélectionnés étaient au nombre de quatorze et, leur annonça-t-on, il n'y avait que cinq places. Osh Laird était là, ainsi qu'Emma Smith-Holmes qui présenta tout le monde et exposa le programme du week-end. Ce vendredi soir, les candidats devaient passer une visite médicale, après quoi on leur montrerait les dortoirs. Samedi matin, lever à six heures, course à pied, petit déjeuner; ensuite, ils prépareraient leur matériel, se partageraient en équipes, et seraient conduits, les yeux bandés, dans un endroit perdu au fin fond de la campagne. Normalement, ils devaient être de retour à la base le dimanche soir pour un dîner sur le pouce mais, les trois dernières années, moins de la moitié des équipes y étaient parvenues, si bien que les participants devaient envisager de dormir deux nuits sous la tente.

Sam était attendu au bureau à huit heures le lundi matin, il espérait donc que son équipe réussirait à rejoindre la base en temps voulu. Sinon, il risquait de se voir licencié avant d'avoir pu donner sa démission. Chaque équipe était accompagnée par un instructeur qui les aiderait en cas d'urgence mais dont le rôle consistait à observer les candidats et à préparer un rapport pour le comité le dimanche soir. Les instructeurs changeraient de groupe le dimanche matin, par souci d'équité envers tout le monde, et les candidats sauraient s'ils avaient été retenus le jeudi de la semaine suivante.

Sam observa une fois de plus ses concurrents et se sentit tout à coup complètement dépassé. Tandis qu'Emma expliquait la procédure de sélection, il eut soudain l'impression d'être ridicule. Il n'était lui aussi, en fin de compte, qu'un petit branleur pareil à tous les gens de la pub, quelqu'un qui se croyait capable d'entreprendre tout ce qui lui traversait l'esprit et de toujours réussir. On avait entretenu en lui l'illusion que, parce que son travail n'exigeait aucune compétence particulière et que ses collègues faisaient carrière grâce au bluff, il en allait de même partout ailleurs. Quel imbécile! Il imaginait déjà le mépris des autres participants, leurs regards moqueurs dans son dos. Se croire suffisamment préparé parce qu'il allait au club de gym quatre fois par semaine! Prétendre posséder l'expérience requise parce qu'il avait pris part à une expédition au Népal ! Se figurer, ne serait-ce qu'un instant, qu'il pourrait rivaliser avec ces candidats sérieux, au corps musclé et au visage buriné par le soleil et le vent ! Il pensa à son grand-père, et à la déception qu'il lui causerait. Il pensa à Kasia, et à la carte postale qu'il ne lui enverrait jamais. Après s'être tellement impliqué dans ce projet, il se rendait compte, trop tard hélas ! qu'il n'était pas à la hauteur. Il se sentait gêné et honteux – honteux d'avoir seulement osé espérer partir pour le pôle. Et en même temps il le désirait tant ! Si on testait les candidats sur leur désir, et sur leur désir seul, il était sûr d'être retenu. Il était sûr et certain – comme aurait dit Leo – qu'aucune des personnes ici rassemblées n'avait plus que lui la volonté d'aller en Antarctique. Pour cette raison, il fallait qu'il réussisse.

Ils étaient cinq dans son équipe : Dougal, un Écossais bien bâti à qui Sam n'osa pas demander comment il occupait ses loisirs – sans doute à crapahuter dans les Cairngorms ou à sauter dans le Loch Ness ; Eddie, un grand type décontracté, originaire du Norfolk, le style de sportif capable de défendre à la course les couleurs de l'Angleterre ; Pascale, une gymnaste qui s'était fait une élongation et voulait parcourir le monde ; Tyra, qui avait travaillé pour Greenpeace et qui, comme Sam, n'était pas une grande sportive, ce qui ne l'empêchait pas d'avoir l'air en parfaite forme physique.

Le samedi matin, après la course et le petit déjeuner, on leur banda les yeux, comme prévu, et on les fit monter dans un minibus. D'abord, ils restèrent silencieux – on aurait pu croire qu'ils cherchaient à deviner où on les emmenait d'après les virages de la route ou les bruits de la campagne –, puis Tyra proposa de jouer au jeu « J'aperçois » (« J'aperçois quelque chose qui commence par la lettre… ») et elle démarra par la lettre B. « Euh… bandeau », s'écria Pascale. Ils se risquèrent ensuite à deviner les arbres, les oiseaux, etc., si bien que Janice, l'instructrice qui les accompagnait, finit par se demander s'ils n'y voyaient pas à travers leurs bandeaux.

Sam, comme les deux autres garçons, ne parlait pas beaucoup. Ses préoccupations de la veille ne s'étaient pas dissipées et, même si la course du matin ne lui avait pas paru très difficile, il était persuadé qu'à un moment ou un autre il allait se rendre ridicule. Il craignait Dougal et Eddie, il craignait Pascale et Tyra, et même Janice qui pourtant n'était pas une concurrente. Il s'imaginait qu'ils avaient tous une capacité respiratoire supérieure à la sienne, un pouls moins rapide, un taux de lipides plus bas. Soudain, il se félicita qu'on leur ait bandé les yeux ; ça l'empêchait de voir les chaussures haute performance de Dougal, l'expression décontractée d'Eddie, les cuisses musclées de Tyra, le teint éclatant de santé de Pascale et, surtout, cela empêchait les autres de le regarder, lui. Il pouvait se cacher, et c'était tout ce qu'il désirait.

Tout au long du week-end, Sam fut surpris de constater que Kasia hantait ses pensées – pour quelle raison, il n'aurait su le dire. Non seulement il l'imaginait gémissant de plaisir entre ses bras, mais il se la figurait aussi toute seule chez elle devant la télévision. Il se posait des questions au sujet de détails apparemment sans intérêt : quel genre de chaussettes elle portait, dans quelle position elle regardait la télé ou répondait au téléphone, à quoi ressemblait sa cuisine, de quelle manière elle se brossait les cheveux.

« C'est par ici, évidemment, affirma Dougal avec autorité.

— Non, par là, objecta Tyra. Tu vois cette colline, là-bas ? Et regarde la carte : elle indique la présence d'une rivière. Je te parie ce que tu veux que là, au fond de cette vallée, il y a une rivière.

— Je te dis que c'est par ici. Qui vient avec moi ? interrogea Dougal en jetant un regard circulaire sur ses compagnons. Eh bien ? »

Eddie avança vers lui en traînant les pieds, le regard perdu au loin, et hocha la tête en signe d'assentiment.

« Attendez, on n'est pas censés se séparer. Pourquoi ne pas voter ? suggéra Sam.

— Parce que j'ai raison, voilà tout, répliqua Dougal, qui se mit en route sur-le-champ.

— Dougal, attends une seconde, insista Sam qui n'avait aucune idée de la direction à prendre et n'avait pas encore eu le temps d'y réfléchir. Qu'est-ce qui te fait dire que c'est la bonne direction ?

— Oh, vraiment..., répondit Dougal. Le soleil, Sam. Le soleil se lève à l'est et se couche à l'ouest, tu as oublié tes cours de géographie ? À l'heure actuelle, il est là, approximativement. (Il désigna un coin de ciel nuageux.) Donc, le nord doit être ici. Si tu observes la carte, tu remarqueras qu'on doit aller vers le sud-est, qui se trouve par conséquent dans cette direction. »

Tout le monde était de mauvaise humeur. Ils marchaient depuis onze heures du matin et cherchaient à atteindre la forêt où ils étaient censés camper pour la nuit. Ils avançaient de repère en repère et devaient, en plus, trouver les cartes au fur et à mesure, si bien qu'ils ne savaient jamais où ils se rendaient avant d'avoir trouvé la carte suivante. Chaque tronçon du parcours représentait un défi particulier : il leur fallait traverser des rivières (on les faisait passer exprès par des endroits où il n'y avait pas de pont), escalader des rochers, grimper aux arbres. Dans chacune de ces situations, ils devaient faire face à un certain nombre de problèmes simulés : un membre de l'équipe blessé, une seule corde pour tous, l'obligation de ne pas mouiller le matériel.

Il était quatre heures de l'après-midi et, malgré les cartes, ils semblaient avoir perdu leur chemin ; chaque fois qu'ils atteignaient une route, une rivière ou un autre point de repère, ils s'apercevaient, en vérifiant sur la carte, qu'ils n'étaient pas du tout à l'endroit où ils auraient dû. Dougal était le plus grincheux, il s'énervait et parlait sur un ton désagréable à tous les membres de l'équipe. Tyra paraissait, elle aussi, toujours prête à la bagarre ; en revanche les trois autres gardaient leur calme, sauf quand la situation se dégradait. En ce moment précis, les choses allaient mal. Pascale s'était assise et se massait les chevilles, Tyra avait pris la direction de « sa » vallée pour voir s'il y avait bien une rivière, Dougal était parti de son côté, suivi par un Eddie à moitié convaincu. Quant à Janice, elle regardait, écoutait, observait ; Sam en était malade : il détestait se sentir observé.

« Dougal... Dou-gal, appela-t-il en mettant ses mains en porte-voix. Tu peux attendre cinq minutes, s'il te plaît ? Il faut qu'on en discute tous ensemble. »

Dougal s'arrêta et se retourna.

« D'accord, cria-t-il, mais j'attends ici. Et pas plus de cinq minutes, ajouta-t-il en se croisant les bras.

— Merci, Dougal ! hurla Sam, qui vit Tyra revenir sur ses pas.

— C'est par ici, affirma celle-ci en essuyant ses mains humides sur son pantalon. La rivière est en bas.

— Parfait, dit Sam, mais comment convaincre Dougal de nous suivre ? »

Il y eut un silence. Sam remarqua que Dougal se remettait en marche. Les autres s'en aperçurent aussi.

« Laissons-le se débrouiller seul, décréta Tyra. Il est bien trop arrogant.

— On ne peut pas faire ça, objecta Pascale, qui se leva et effectua des petits mouvements circulaires avec les chevilles, une jambe après l'autre. Pourquoi ne pas tenter de le convaincre de voter ?

— Il faut faire quelque chose », déclara Sam.

Ils se regroupèrent et entreprirent de rattraper Dougal. Janice suivait derrière, tout yeux et tout oreilles.

Finalement, ils installèrent le camp à onze heures du soir passées et préparèrent le repas. Ils n'étaient pas là où ils auraient dû être mais, vu l'heure, ils avaient décidé de s'arrêter. Sam et Eddie mirent des spaghettis à cuire, pendant que Dougal emmenait les filles dans un coin où planter les tentes. Ils trouveraient le bon endroit, ainsi que la carte suivante, le lendemain matin. Tous étaient fatigués ; assis autour du réchaud à gaz, ils bavardaient, s'efforçant de leur mieux d'établir une ambiance cordiale.

Eddie sortit du shit et se roula un joint ; il affirma que ça l'aidait à s'endormir et qu'il fumait toujours en expédition. Tyra se joignit à lui et tous deux commencèrent une petite conversation privée, ponctuée par les éclats de rire de Tyra et les silences pendant lesquels ils fumaient chacun leur tour.

La nuit était douce, et Sam éprouva du plaisir à se retrouver ainsi en pleine nature. Dougal, Pascale et lui firent la vaisselle et rangèrent, puis Dougal annonça qu'il allait courir un moment. « Ça m'aide à m'endormir et, de toute façon, je cours toujours en expédition », expliqua-t-il d'un ton sarcastique avant de disparaître à travers les buissons.

Sam, un torchon à la main, et Pascale, son sac à dos entre les genoux, le regardèrent s'éloigner, perplexes, mais ni l'un ni l'autre n'eut la force d'objecter que courir à minuit dans une région inconnue n'était peut-être pas une bonne idée. Janice observait la scène avec intérêt. Sam s'en aperçut et un frisson lui parcourut l'échine.

Le lendemain matin, il pleuvait. Sam rampa sans bruit hors de la tente pour ne pas réveiller Dougal et reçut une goutte d'eau sur la nuque. Il noua sans les serrer ses lacets de chaussures afin d'éviter qu'ils ne traînent dans la boue, puis il se redressa. L'air était merveilleusement pur et frais. Sam respira à fond pour chasser les derniers restes de sommeil. Tout luisait de pluie autour de lui et le vert des feuilles semblait presque artificiel.

Personne n'était encore levé. Il s'éloigna dans un coin boisé pour se soulager et, au retour, s'abrita sous un gros arbre pour regarder la pluie tomber. Il avait échoué, aucun doute à ce sujet, il était bel et bien dépassé : il ne fumait pas d'herbe en expédition, il ne courait pas avant de se coucher, il n'avait pas plaisanté, comme Tyra, sur la pratique qui consiste à suspendre la nourriture dans un arbre à l'écart du camp – elle avait été obligée de recourir à ce procédé lors d'une randonnée dans les Rocheuses, à cause des ours. Les commentaires de Tyra avaient déclenché de la part de Dougal, d'Eddie et de Tyra elle-même une série de comparaisons ironiques entre la campagne galloise et les régions plus vastes et plus dangereuses qu'ils avaient parcourues (« Je surveillerai le camp cette nuit, comme je le faisais au Nigeria », assura Eddie ; « Et moi, j'irai à la recherche de nourriture pour le petit déjeuner », ironisa Dougal). Sam repensait au samedi où, travaillant à l'agence, il avait découvert la petite annonce dans un magazine d'activités de plein air. Qu'elle paraissait loin, cette journée passée assis à son bureau sans rien faire, avant de retrouver Henry au pub. Comment Henry se débrouillait-il, en ce moment ?

Sam contempla la pluie qui tombait ; il avait l'impression que son rêve s'évaporait, et avec lui sa vision de l'avenir. Il tenta d'imaginer quelque chose d'autre susceptible de le rendre heureux, mais il n'en avait aucune idée, il ignorait même dans quelle direction chercher. Pour être franc, il ne croyait pas que c'était possible. À cette période de sa vie, seul comptait l'Antarctique.

Quand il revint au camp, Pascale et Janice étaient levées et buvaient du thé sous un arbre.

« Bonjour, lança-t-il en affichant une mine joyeuse.

— Salut, répondit Pascale, tandis que Janice le saluait d'un signe de tête et avalait son thé.

— Quelle heure est-il ?

— Sept heures dix.

— Il faudrait qu'on vérifie notre itinéraire, dit Sam.

— J'ai regardé hier, répliqua Pascale. Je crois savoir où nous sommes, et où nous devons nous rendre ; ce n'est pas si loin que ça, je pense qu'on en a pour une heure ou deux. »

Elle avait les yeux cernés et injectés de sang, et avait l'air crevée.

« Ça va ? s'inquiéta Sam. Tu es fatiguée, on dirait. »

Pascale fit oui de la tête et finit son thé. Elle n'en dirait pas davantage.

Sam et Pascale préparèrent le petit déjeuner et le camp se réveilla peu à peu. Sam comprit alors pourquoi Pascale n'avait pas dormi : de la tente des filles émergeaient Eddie et Tyra. Bien sûr. Sam n'avait même pas remarqué l'absence d'Eddie en se levant tout à l'heure. Janice, par chance, dormait sous sa tente personnelle, ce qui lui avait épargné les soupirs et les rires étouffés d'ébats nocturnes dans une tente commune.

Ils se mirent en route rapidement et atteignirent le point numéro 6 à neuf heures et demie. Pendant qu'ils cherchaient la carte suivante, une Jeep s'arrêta et Osh en descendit : il venait remplacer Janice. L'équipe fonctionnait moins bien que la veille et la pluie n'avait pas cessé. Dougal s'obstinait à affirmer qu'il avait raison, Eddie et Tyra se désintéressaient des autres et n'arrêtaient pas de disparaître derrière les buissons, Sam et Pascale s'évertuaient à maintenir la cohésion du groupe. Lorsque Osh les rejoignit, ils essayaient d'attraper la carte suivante, que Dougal avait repérée dans un tonneau au couvercle percé d'une ouverture large comme une pièce de monnaie. La carte se trouvait au fond, dans un tube en plastique. Ils avaient tous les yeux braqués dessus, quand Dougal commença à appuyer sur le couvercle, à flanquer des coups de pied dans le tonneau et à chercher s'il n'y avait pas une fissure quelque part.

« À mon avis, on est censés le remplir d'eau, risqua Sam dans l'espoir que Dougal renoncerait à son œuvre de destruction.

— Bien vu, Einstein », répliqua Dougal, puis il ouvrit son sac à dos, sortit sa gourde et en versa le contenu dans le tonneau, sous le regard de Sam, Pascale, Eddie, Tyra et Osh.

L'eau monta de quelques centimètres à peine, la carte dans le tube en plastique flottait à la surface ; il manquait encore un bon mètre.

« Il faut qu'on trouve de l'eau, affirma Pascale.

— Ça doit être forcément de l'eau, ou bien on peut employer un autre genre de liquide ? » interrogea Eddie avec un sourire suffisant. Tyra pouffa de rire.

« Il y a la rivière qu'on a traversée ce matin, suggéra Sam. Ou alors, on continue à avancer et il y aura sans doute de l'eau un peu plus loin.

— Les mecs n'ont qu'à pisser, lança Dougal. Pas besoin que ce soit de l'eau, et de toute façon j'ai une envie pressante.

— J'opte pour la rivière, déclara Pascale. Dans quoi pourrions-nous transporter l'eau ?

— Tu es folle ! La rivière est loin derrière nous. Pourquoi ne pas défoncer ce fichu tonneau ? » maugréa Dougal.

Pascale arracha un brin d'herbe et le mâchouilla.

« D'après moi, nous ne devons pas démantibuler le tonneau, intervint Tyra, même si dans une situation de la vie réelle c'est évidemment ce qu'on ferait. On attend de nous que nous jouions à résoudre des problèmes, expliqua-t-elle à Dougal. Et si on utilisait les toiles de tente pour transporter l'eau ? »

Pascale approuva d'un signe de tête et toutes deux entreprirent de redéplier les tentes, tandis que Dougal jurait dans son coin et que Sam explorait les environs pour voir s'il n'y avait pas d'eau à proximité.

La journée du dimanche fut pénible. Ils avaient vingt étapes à franchir ce jour-là et, à l'heure du déjeuner, ils n'en étaient qu'à la neuvième. Jugeant qu'ils n'avaient pas le temps de s'arrêter, ils sautèrent le repas de midi et se contentèrent de grignoter sans cesser de marcher. Vers la fin de l'après-midi, ils ne parlaient presque plus, et Sam, faisant une pause à un moment donné pour renouer ses lacets, remarqua que Pascale flanchait : elle était loin derrière et s'arrêtait à chaque instant pour rajuster son sac à dos. Ils marchaient sur une route goudronnée, guettant le point numéro 12 qui, d'après la carte, aurait dû se situer quelque part sur la droite juste après un petit bouquet d'arbres. Pour l'instant, ils ne voyaient rien et les arbres les plus proches semblaient tout au bout de l'horizon.

Sam s'arrêta pour attendre Pascale, cueillit quelques herbes sur le bord de la route et écrasa entre ses doigts les graines duveteuses.

« Hello !

— Hello, répondit-elle en continuant à avancer.

— Ça va ?

— On n'y arrivera jamais.

— Bien sûr que si.

— Sam, on n'a pas encore trouvé le point 12 et il est déjà cinq heures vingt. Il nous reste huit étapes à franchir avant de revenir à la base. » Elle haletait et trépignait presque.

« Je sais, mais on se débrouille bien. On risque juste d'être un peu en retard...

— Un peu en retard ! Jusqu'à quelle heure crois-tu qu'on va devoir marcher, au juste ?

— Je l'ignore, répondit Sam en regardant devant lui le bouquet d'arbres qui se rapprochait légèrement. Mais il faut qu'on aille jusqu'au bout. Il le faut absolument, sinon nous n'avons aucune chance d'être retenus. À quoi bon s'être donné tout ce mal si on ne va pas jusqu'au bout ? »

Ils continuèrent à avancer en silence, les yeux fixés sur le groupe d'arbres, s'arrêtant de temps à autre pour renouer un lacet ou rajuster un sac. Sam aperçut les autres loin devant, Dougal en tête, suivi à quelque distance par Eddie et Tyra qui ne se quittaient plus ; Osh fermait la marche et se retournait par moments pour vérifier que Sam et Pascale suivaient toujours.

En voyant Osh se retourner, Sam comprit qu'il devait penser que Pascale et lui peinaient, qu'ils étaient en moins bonne condition physique que les autres membres de l'équipe et se fatiguaient plus vite. Cette idée l'angoissa et lui donna envie de piquer un sprint, de prendre la tête du groupe jusqu'à la fin de la journée, et de marcher sans s'arrêter pendant huit jours d'affilée, rien que pour montrer de quoi il était capable. Mais il demeura avec Pascale, ravala sa colère et régla son pas sur celui de la jeune femme.

« Je crois que je devrais abandonner, dit celle-ci en stoppant pour souffler un peu.

— Ce n'est pas nécessaire. Tu peux y arriver, je t'assure.

— Je ralentis tout le monde, à commencer par toi : tu étais en tête avant de décider de marcher avec moi. Je ne veux pas qu'on s'occupe de moi par charité.

— Mais non, voyons, protesta Sam, honteux de ses pensées de tout à l'heure. Nous sommes une équipe. Tu es capable d'y arriver, inutile de te presser.

— Mais je compromets les chances de tous par ma lenteur. »

Sam songea soudain à la fameuse phrase d'Oates : *Je sors et serai peut-être quelque temps dehors*. Pas question, se dit-il, tu restes avec nous.

« Oublie les autres, conseilla-t-il à Pascale. Il ne s'agit pas de leurs chances à eux en particulier, mais de celles de l'ensemble de l'équipe, et tu es un membre de l'équipe au même titre qu'eux. »

Ils atteignirent le point numéro 16 à la tombée de la nuit. Il était dix heures moins dix et Sam ne put s'empêcher de penser à la perspective de retrouver le bureau le lendemain matin. Alors même qu'il crapahutait au fin fond du pays de Galles, le cafard du dimanche soir venait le rattraper jusque-là. Rien que d'imaginer l'agence, il se sentait déprimé. Il se rappela ses collègues : Lauren, Gail, Michael, Jeff, et l'image d'Angela acheva de lui saper le moral. Cet univers lui semblait tellement loin, maintenant, qu'il avait du mal à croire qu'il devait y retourner dans quelques heures.

Cette pensée lui rendit moins pénible la situation présente et lui redonna de l'énergie au moment où Pascale et lui escaladaient une colline.

« Il faut que j'aille bosser demain matin », grommela-t-il.

Ils voyaient à peine où ils se dirigeaient et, toutes les cinq minutes, l'un des deux désignait un point à l'autre (« une déclivité ici »… « un rocher glissant là »… « des branches épineuses »…). Les autres les attendaient.

« Sam, l'informa Dougal, Eddie et Tyra veulent revenir au camp.

— Et toi ?

— Je pense qu'on doit continuer.

— Moi aussi, répliqua Sam. Pascale, interrogea-t-il, devinant d'avance la réponse, quel est ton avis ? »

Pascale s'immobilisa et jeta un coup d'œil à Sam. Puis elle se tourna vers Osh, assis tranquillement un peu à l'écart.

« Osh, que se passera-t-il si on ne va pas jusqu'au bout ?

— Eh bien, cela dépend de l'avancée des autres équipes. Si vous allez plus loin qu'elles, vous avez de meilleures chances de réussir. Cependant, d'autres éléments entrent aussi en ligne de compte. Si vous vous arrêtez là et si les autres équipes ont déjà terminé le parcours, ou si elles ont décidé de continuer, elles obtiendront plus de points que vous. Dans les conditions réelles, une bonne forme physique et pas mal d'endurance sont nécessaires. La seule règle, comme vous le savez, est que vous restiez tous groupés. »

Pascale dévisagea Sam. Elle n'ignorait pas que son vote était crucial, décisif. Sam se rendait compte qu'elle n'avait pas dormi et qu'elle était en moins bonne condition que le reste du groupe ; apparemment, elle n'avait pas beaucoup mangé non plus. Il détourna le regard.

La jeune femme inspira à fond. « Je pense que nous devons continuer », dit-elle enfin, les yeux rivés sur ses chaussures. Sam leva la tête vers le ciel. La nuit était claire et il apercevait la lune et les étoiles. Il était content. Il aimait l'idée de voir ici le même ciel que celui qu'il contemplait de la terrasse de sa chambre à Londres. L'une de ces étoiles veillait sur lui, il le savait. Faites qu'on aille jusqu'au bout, pria-t-il, faites qu'on réussisse. Il pensa à Grand-Père de La Mousse. Il faut qu'on réussisse.

« Tu es sûre ? » questionna-t-il.

Pascale hocha la tête en signe d'acquiescement.

Ils regagnèrent la base à trois heures moins le quart du matin. Ils avaient mal aux pieds et aux épaules, et parvenaient à peine à garder les yeux ouverts. Osh, qui rentrait à Londres, emmena quatre personnes dans sa voiture : Pascale, Henry et Tyra s'écroulèrent à l'arrière telles des poupées de chiffon et se mirent à ronfler doucement, la bouche ouverte ; Sam s'installa à l'avant et lutta pour demeurer éveillé, afin de tenir compagnie à Osh, et c'est à ce moment-là qu'il constata que sa montre s'était arrêtée à dix heures et demie. Il y avait eu quatre heures et quarante-cinq minutes de temps hors du temps, de temps non comptabilisé, non enregistré, de temps qui avait échappé à toute mesure, à toute quantification. Il s'interrogea : Était-ce comme cela, en Antarctique ? Les montres s'arrêtaient-elles, là-bas ? Les mesures se révélaient-elles impossibles ? L'Antarctique existait-il hors de l'espace et du temps, pareil à une planète lointaine, avec ses propres règles, son propre système ? Sam eut beau résister, il ne put empêcher ses paupières de se fermer et il sombra dans un profond sommeil.

# 18

« Clive arrive à dix heures et demie. Je lui dirai que tu es occupé : j'imagine que tu n'as pas envie de le voir, dans l'état où tu es. »

Sam hocha la tête. Angela portait une jupe neuve dont elle était manifestement très fière. Il n'avait pas le courage de lui répondre.

« Il veut un point sur les témoignages en direct : les femmes choisies, les dates de tournage, le coût prévisible. Ah, et puis, tu iras chercher deux cappuccinos pour l'heure du rendez-vous. » Elle disparut, laissant flotter dans son sillage des effluves de Dune.

Sam avait la tête qui tournait. Il était rentré chez lui à sept heures moins dix ce matin-là, avait pris un bain et s'était reposé dans l'eau pendant dix bonnes minutes, incapable du moindre mouvement. Puis il avait fini par sortir de la baignoire, avait enfilé son costume et s'était rendu à l'agence.

« Comment écris-tu *committee* ? lui demanda Lauren.

— Sam, j'ai Richard Mimm au bout du fil, tu veux lui parler ? cria Gail à la porte du bureau.

— Peux-tu lui dire que je le rappellerai plus tard ? Deux m, deux t, deux e, dit-il à l'intention de Lauren.

— Pardon ?

— *Committee* s'écrit : *c, o,* deux *m, i,* deux *t,* deux *e.* Réveille-toi ! ajouta-t-il avec un sourire.

— Je n'ai pas dormi, répliqua Lauren.
— Moi non plus.
— Ah bon ? Tu t'es bien amusé, alors ?
— Non. C'est une longue histoire. Aujourd'hui, c'est moi qui risque d'être beaucoup plus fatigué que toi.
— Je n'en suis pas si sûre. J'ai dû répondre à une grande quantité d'appels téléphoniques, hier soir.
— Vraiment ? Tous de Qui-tu-sais ? »
Lauren fit oui de la tête et avala une gorgée de café. Zach ne voulait toujours pas comprendre.
« Je ne sais pas ce que je vais faire, Sam. Ça devient insupportable. Heureusement que je pars en vacances demain.
— Ah, c'est vrai, j'avais oublié. Aujourd'hui, c'est donc ton dernier jour ?
— En fait, je travaille encore demain matin. Mon avion décolle dans l'après-midi. »
Sam fixa son écran et consulta le calendrier de son ordinateur. Il compta les semaines, lentement, une à une, jusqu'à la date où il pourrait enfin partir.

Malgré le bain et le costume, il n'avait quand même pas l'air très frais. Il avait un bleu énorme au-dessus de l'œil, une écorchure à la joue gauche et un pansement au pouce. Tout le monde à l'agence crut qu'il s'était battu et, comme il ne pouvait leur avouer la vraie cause de ses hématomes et de ses blessures, il se garda de les détromper et ne prit même pas la peine d'inventer une autre explication. Sam ne s'était jamais battu de sa vie. Gail, très impressionnée, passa la matinée à lui proposer des tasses de thé. Il lui demanda si cela ne la dérangerait pas, à condition qu'elle ne soit pas trop occupée, de bien vouloir faire un saut au café et rapporter deux cappuccinos pour Clive et Angela, et il s'excusa de la charger d'une tâche aussi ingrate.

Il se replongea dans sa liste de femmes imaginaires : après en avoir trouvé une – de son invention – au pays de Galles, qui acceptait de parler devant la caméra, il en découvrit une autre, à Cleveland, qui était carrément ravie de vanter les mérites de Shadows à la télévision. Sam inventa les noms, les adresses, les âges, sachant que Clive ne désirait rien de plus pour le moment ; l'idée que Sam avait forgé de toutes pièces ces informations ne lui effleurerait même pas l'esprit.

Il appela Henry à son bureau, où on lui indiqua que son ami était venu ce matin mais qu'il était malade. Il l'appela chez lui et tomba sur son répondeur, il essaya le portable mais celui-ci n'était pas connecté. Sam laissa un message injurieux et raccrocha. Soudain, il eut l'impression qu'il allait mourir de fatigue. On était en fin d'après-midi et il se disait qu'il ne pourrait pas tenir plus longtemps quand son téléphone sonna.

« Sam à l'appareil.

— Sam, bonjour, c'est Kasia.

— Bonjour. » Son cœur bondit dans sa poitrine.

« Comment vas-tu ? s'enquit-il, incapable d'être plus original.

— Très bien, et toi ?

— Bien. Un peu fatigué, mais à part ça…

— Ah oui, évidemment. Comment ça s'est passé ? »

Sam jeta un coup d'œil autour de lui. La stéréo de Gail diffusait une chanson ; dans le bureau de Jeff, dont la porte était ouverte, quelqu'un visionnait la pub télé d'une agence de voyages à plein volume ; la plupart de ses collègues étaient absorbés par leur travail. « C'était… c'était formidable. » Encore sous le choc, il n'avait pas vraiment pensé à son week-end depuis le matin.

« Formidable, oui, répéta-t-il.

— Tant mieux », commenta Kasia. Un silence s'installa. Sam ne savait quoi dire. Il aurait voulu pouvoir lui envoyer un e-mail pour qu'au moins tout le bureau ne soit pas témoin de son silence gêné. Quelle ironie ! Il était là, avec son désir irrépressible de partir pour un endroit dont il rêvait depuis toujours, et il y avait, à l'autre bout du fil, cette personne qu'il avait fermement l'intention de placer au centre de sa vie. Il sentit monter en lui un véritable raz de marée.

« Eh bien, qu'est-ce que tu fais de beau, cette semaine ? questionna-t-il enfin, d'un ton aussi détaché que possible.

— Oh, tu sais, à part travailler, rien de particulier. »

Kasia songea au vide de sa vie en dehors de ses heures de travail. Un vide que Sam ne pouvait même pas imaginer, elle en était persuadée, avec la vie qu'il menait : amis, fêtes, sport, famille, conversations au téléphone. Et elle songea à Leo, parce que, comme elle, il souffrait terriblement de ces longues périodes de solitude et de vide. Ni lui ni elle n'avaient personne pour soulager la pénible conscience de leur profonde solitude.

« Dans ce cas, est-ce que tu... euh... on pourrait peut-être sortir quelque part.

— Ce serait super, répondit-elle sans hésiter.

— Mercredi me conviendrait, si tu ne travailles pas.

— Super », répéta-t-elle.

Sam savait que la semaine serait longue. Il attendait la réponse de l'Institut de recherches antarctiques pour le jeudi. Il avait parlé avec Henry le lundi soir tard, et appris que l'équipe de son ami avait terminé le parcours et regagné la base le dimanche à minuit. Vers la fin, Henry s'était tordu la cheville, il souffrait beaucoup et le médecin lui avait recommandé de ne pas sortir de chez lui pendant huit jours.

Il faisait doux, ce mardi matin, et Sam attendait devant la station de métro Marylebone ; il était sept heures et demie et Jeff devait venir le prendre en voiture pour une réunion au sommet avec Vicki chez Reynolds. Sam arpentait le trottoir, au bord de la nausée ; il s'était couché à neuf heures la veille, sitôt rentré du travail, mais il se sentait toujours aussi épuisé – en fait, il se sentait encore plus mal. Je vieillis, pensa-t-il. Du temps de la fac, il pouvait passer une nuit blanche sans même s'en apercevoir.

« Salut, fit Jeff en stoppant net.

— Salut. Tu vas bien ?

— Je pète le feu », répondit Jeff, et il redémarra aussi sec, juste sous le nez d'un camion.

Quand Sam retourna à l'agence, plus tard dans la matinée, Lauren faisait du rangement dans les tiroirs de son bureau. Elle avait pleuré. Sam, tout en parlant au téléphone, essaya de capter son regard, mais elle sortit de la pièce sans se retourner. Il raccrocha dès qu'il le put et courut derrière elle. Il la rejoignit au moment où elle s'apprêtait à pénétrer dans le hall de réception.

« Lauren, qu'est-ce qui se passe ? »

Elle avait du mal à le regarder ; ses yeux étaient rouges et ses cheveux en désordre.

« Pourquoi es-tu allé tout raconter aux autres ? Je croyais qu'on avait conclu un marché.

— Raconter quoi ?

— Tu sais très bien de quoi je parle, ne fais pas l'idiot. Devine.

— Je n'en sais rien, fit Sam d'un air perplexe. Qu'est-il arrivé ? »

Lauren poussa un soupir et essuya une larme.

« J'ai été virée, Sam, dit-elle en le fixant dans les yeux. J'ai été fichue à la porte parce que je ne veux plus baiser avec Zach. Et parce que j'ai, paraît-il, fait courir des rumeurs à son sujet.

— C'est ce qu'ils t'ont dit ? »

Elle secoua la tête et haussa les épaules. « Bien sûr que non. Ils m'ont licenciée sous prétexte que j'occupe un poste superflu. Mais c'est ce qu'ils ont laissé entendre. Le jour où je pars en vacances... »

Sam était embarrassé. Il l'aurait bien consolée, il se serait bien assis avec elle pour lui parler et la réconforter, mais était-ce une bonne idée ? Elle risquait de mal interpréter ce geste et, d'ailleurs, il avait l'impression qu'elle ne croyait pas tout à fait à son innocence.

« Je n'ai rien dit à personne, je t'assure », affirma-t-il.

Des larmes roulèrent sur les joues de Lauren.

« Tu veux qu'on aille prendre un café ? proposa Sam dont le récepteur d'appels retentit.

— Je me demande pourquoi je pleure, c'était un boulot de merde », murmura Lauren en se mouchant. Ils traversèrent le hall et se dirigèrent vers la grande porte. « Je vais te dire quelque chose. » Sam la dévisagea. « Ils prétendent qu'ils se préoccupent des gens, et de leur carrière, et de leur avancement, mais en réalité ils s'en foutent complètement. Ceux qui dirigent cette boîte, Sam, sont des salauds. Des salauds finis. » Elle mit ses lunettes de soleil et avança dans la lumière du matin.

Sam se frayait un chemin à travers la foule, un verre dans chaque main, un paquet de cacahuètes entre les dents, son sac sur l'épaule, quand son portable sonna. Il se retourna vers Kasia, qui le suivait.

« Dans la poche de mon sac, celle de devant, tu trouveras un rat crevé et mon téléphone, lui indiqua-t-il, les mâchoires serrées sur le sachet de cacahuètes. Tu pourrais attraper le téléphone, s'il te plaît ? »

Elle hésita une seconde, sourit, fouilla dans le sac de Sam, saisit le portable et, après l'avoir examiné un instant, répondit. Sam attendit, en espérant qu'elle n'allait pas tomber sur un client.

« Allô ?
— Allô ? dit une voix féminine.
— Allô ?
— Est-ce que Sam est là ?
— Oui, mais il est occupé pour le moment.
— Ah. » Silence. « Je rappellerai. »
La voix s'évanouit. Kasia se sentit de trop, tout à coup, comme si elle avait fait intrusion dans la vie de Sam.
« C'était une femme, elle a dit qu'elle rappellerait. » Kasia vit l'expression de Sam passer de la curiosité à l'anxiété, et elle en conclut qu'il s'agissait d'un appel de sa petite amie (en réalité, c'était Lucy qui cherchait Gray, mais ni Sam ni Kasia ne pouvaient le savoir). Ils restèrent quelque temps silencieux devant leurs verres.
« Tu sais quel est le comble pour un professeur de géographie ? » demanda soudain Sam. Il prit une cacahuète et la propulsa dans sa bouche. « C'est de voir une rivière suivre son cours. »
Kasia sourit. Elle connaissait déjà cette blague. Elle regarda Sam et trouva beau tout ce qu'elle voyait : les pattes sur les tempes, qui prolongeaient les cheveux coupés court ; le creux à la base du cou, visible sous le col ouvert de la chemise, qui laissait deviner un torse plat et musclé ; les yeux clairs qui dansaient et illuminaient tout ce sur quoi ils se posaient. Puis elle songea aussitôt : Arrête, Kasia, c'est à sens unique et tu vas te faire du mal.
« Si tu crois que c'est ma petite amie, tu te trompes », dit brusquement Sam.
Kasia baissa les yeux et secoua la tête.
« Ça ne me regarde pas, répliqua-t-elle.
— Si. (Il lui jeta un coup d'œil et se gratta la tempe.) Je n'ai pas de petite amie », ajouta-t-il après un silence.

Kasia était fascinée par les yeux de Sam, émerveillée par leur bleu si particulier, un bleu glacier, pur, presque transparent, brillant aussi, et ce qui la surprenait le plus, c'était qu'en même temps ils exprimaient tant de chaleur, de douceur et de gentillesse. Elle se serait attendue que des yeux pareils appartiennent à quelqu'un de hautain, dédaigneux, ou du moins distant. Pourtant, chaque fois qu'elle observait Sam, elle était frappée par la chaleur de son regard, une chaleur qui l'enveloppait. Naturellement, Kasia étant Kasia, elle supposait qu'il s'agissait du regard habituel de Sam – une caractéristique permanente, en quelque sorte –, et qu'il considérait tout le monde avec ce regard-là. Elle ignorait qu'il n'apparaissait dans les yeux de Sam qu'en présence de Kasia.

Kasia aimait la compagnie de Sam, tout simplement. Rien ne lui plaisait davantage qu'être dans la même pièce que lui, le regarder, l'écouter, lui parler. Il la captivait au point que, lorsqu'ils étaient ensemble, elle ne pensait plus à elle-même et elle était heureuse. Sam lui ouvrait les portes d'un autre univers – un univers où il y avait ses yeux bleus, ses cheveux noirs, ses sourires, ses petits rires, sa façon de parler et d'écouter, son habitude de se gratter la tempe quand il se concentrait et de s'arrêter au beau milieu d'une phrase, le regard perdu au loin. Un univers attirant et fascinant.

À la fin de leur troisième rendez-vous, Sam raccompagna Kasia jusqu'au métro. Ils bavardèrent encore un peu tout en riant nerveusement. La fois précédente, ils s'étaient embrassés sur la joue avant de se quitter. Et cette fois-ci ? Chacun des deux était incertain, non de ses propres sentiments mais de ceux de l'autre.

Toujours hésitants, ils discutaient du programme télé de la soirée. Sam se pencha alors pour embrasser Kasia sur la joue et posa la main sur son bras. Sa main glissa le long du bras de la jeune femme et, comme Kasia allait partir, Sam lui prit la main. Elle ne put s'empêcher de sourire, mais en même temps elle était gênée. Ni l'un ni l'autre ne se demanda pourquoi la main de Sam retenait celle de Kasia, ni pourquoi la main de Kasia n'avait aucune envie de quitter celle de Sam. Ils se souriaient, un moment débordants de confiance et grisés par ce qui leur arrivait, l'instant d'après en proie au doute et à l'incertitude.

Ils demeurèrent ainsi une ou deux minutes main dans la main. Kasia ne cessait d'avancer et de reculer, se rapprochant tantôt de l'escalier du métro, tantôt de Sam et de ses yeux magiques. Leurs mains se séparèrent enfin, telles des branches qui se désenchevêtrent, et chacun partit de son côté.

Sam regarda Kasia disparaître dans la bouche de métro et se dirigea vers l'arrêt de bus. Il regrettait d'être en costume car il avait envie de courir. Alors, il s'imagina dans la peau d'Amundsen qui franchissait les derniers pas qui le séparaient du pôle, drapeau en main. Kasia, quant à elle, passa en souriant le tourniquet du métro et descendit quatre à quatre, avec une joie enfantine, les marches de l'escalator. Puis elle arpenta le quai sans se soucier que les gens la regardent et se demandent pourquoi elle avait le sourire aux lèvres.

La première fois qu'elle l'avait rencontré, elle ne s'était pas vraiment rendu compte de l'effet qu'il produisait sur elle. Ils avaient commencé à parler et, plus ils parlaient, plus ils avaient envie de parler. Elle le trouvait drôle. Il la faisait rire et la stimulait ; il la reprenait chaque fois qu'elle tenait des propos qui n'avaient pas de sens. Il savait beaucoup plus de choses qu'elle mais, grâce à Leo, elle réussissait à peu près à suivre. Elle observait ses yeux, les petites flammes qui brillaient et dansaient dans son regard, et elle avait presque l'impression de voir ses pensées voltiger et gambader dans sa tête. Tout ce qu'il disait résonnait en elle. Il lit dans mes pensées, songea-t-elle d'abord. Puis elle réalisa que ce n'était pas tout à fait exact. Cela allait plus loin. Nos pensées se rencontrent parce que nos esprits sont semblables, comprit-elle.

Ils parlèrent longtemps et abordèrent toutes sortes de sujets, de la publicité (Kasia n'y connaissait rien mais elle regardait les pubs et en savait autant que les spécialistes en la matière) aux livres, puis de la cuisine et de la vie à Londres. Ils discutèrent longuement de ce qu'on éprouve quand on est furieux, amer et jeune, et de ce qu'il faudrait faire pour remédier à cela. Ils furent surpris de découvrir qu'ils partageaient les mêmes sentiments. Il parla de sa déception sur le plan professionnel, et elle, sans entrer dans les détails qu'elle avait confiés à Leo, put cependant évoquer ce qui lui était arrivé et, sinon décrire les événements eux-mêmes, du moins lui faire comprendre l'ombre que ces événements avaient jetée sur sa vie. Il était attentif quand elle parlait et il l'écoutait avec une concentration presque palpable. Elle lui rappelait quelqu'un qu'il n'avait pas connu, ou quelqu'un dont il avait juste espéré l'existence. Et elle, à le regarder et à l'entendre, elle songeait à Leo – un Leo jeune.

Ni l'un ni l'autre n'étaient engagés ailleurs quand ils se rencontrèrent. Et même s'ils se séparèrent avec un simple baiser sur la joue, c'est ce soir-là qu'ils devinrent intimes. C'est ce soir-là, devant une assiette de pâtes, dans un pub de Bloomsbury, que le déclic se produisit. S'ils avaient été engagés dans une autre relation, cette soirée-là aurait constitué sans nul doute le point de départ exact de leur infidélité, lorsque plus tard on aurait recherché à quand remontait la trahison et qui en portait la responsabilité. Leurs lèvres ne se joignirent pas, mais ils parlaient et riaient et, durant tout ce temps, ils ne cessaient d'imaginer ce que ce serait de toucher l'autre, de lui caresser la joue, de lui embrasser la nuque. Tandis qu'ils bavardaient, leurs yeux s'attardaient sur les mains de l'autre, son menton, ses lobes d'oreille, le creux à la base de son cou. Ils avaient envie de se toucher, mais pour le moment ils parlaient. Et ça commence toujours par là.

Cette nuit-là, Kasia eut un sommeil agité. Quelque chose la gênait, la troublait, mais elle ignorait quoi – un peu comme si elle avait mangé un aliment nouveau qui ne lui réussissait pas. Les pensées se bousculaient dans sa tête mais quand, pour tenter de comprendre ce qui la préoccupait, elle cherchait à en saisir une, elle lui échappait et s'évanouissait dans l'obscurité.

Elle alluma la lampe de chevet, se leva et se tint debout dans la chambre, à l'écart de la fenêtre, car elle était nue et craignait qu'un autre insomniaque ne l'épie. Elle s'appuya contre le mur et sentit la fraîcheur du plâtre sur sa peau encore imprégnée de la chaleur du lit. Puis elle ferma les yeux et réfléchit, à l'écoute des battements de son cœur. Ses doigts se mirent à tambouriner contre le mur. Que se passait-il ? Pourquoi était-elle dans un état pareil ? Elle se sentait comme une adolescente, tout excitée et incapable de dormir avant son premier bal ou son premier voyage à l'étranger. Sauf que Kasia n'avait pas connu ce genre d'adolescence et n'avait jamais éprouvé ces sensations-là.

Les yeux toujours clos, elle essaya de se calmer, de ralentir le flot de ses pensées jusqu'à ce qu'elle puisse distinguer des images reconnaissables, plutôt que ce film en accéléré qui défilait de manière absurde. Elle resta ainsi une bonne dizaine de minutes, en respirant à fond. Quand le tourbillon se fut apaisé, elle aperçut un visage. Un visage familier, mais pas très familier. Le visage de Sam. Et elle s'interrogea : Que venait-il donc faire là ?

Le lendemain à l'agence fut bizarre. Plus de Lauren avec qui bavarder, Michael était en vacances et Gail malade. Henry ne cessait d'appeler pour savoir si Sam avait des nouvelles, mais chaque fois la réponse était non. La mère de Sam téléphona ; Sam se rendit compte qu'il ne lui avait pas parlé depuis le mariage, et il s'en voulut. Dès qu'il eut raccroché, Angela déboula dans la pièce.

« Sam, où est le document ?

— Quel document ?

— Le *document*. Celui que j'évoquais il y a un instant. » Sam se tut et fronça les sourcils. « Lequel ?

— *Le* document. » Angela paraissait de plus en plus énervée. « Lequel ?

— Celui qui était sur mon bureau.

— Je ne sais pas de quoi tu parles.

— Seigneur ! Pourquoi l'ignores-tu ? Tu es censé t'occuper de ce genre de choses, tu devrais savoir.

— Désolé, fit Sam en haussant les épaules.

— Je pense qu'Angela veut parler de la documentation, intervint Cath.

— Ah, d'accord ! Elle devrait être ici. » Sam chercha dans le meuble de rangement à côté de son bureau. Les papiers n'étaient pas à leur place. « Je ne trouve rien.

— Alors, où est ce document ?

— Je l'ignore. La dernière fois que je l'ai vu, il était dans ce classeur.

— Et maintenant ?

— Je ne sais pas.

— Sam, as-tu conscience que c'est *ta* responsabilité d'organiser et de contrôler le classement de la documentation ?

— Oui, mais je ne peux pas suivre chaque document à la trace. Quelqu'un l'a peut-être emprunté.

— Tu devrais être au courant, c'est ton boulot.

— Comment est-ce que je peux…

— Comment est-ce que tu peux quoi ? » Sam n'avait rien à rajouter. Qu'aurait-il pu dire ? « Débrouille-toi pour le trouver immédiatement, et que cela ne se reproduise pas. »

Sam regarda Angela – ses yeux sombres qui lançaient des éclairs, ses lèvres retroussées, ses joues en feu. Soudain, la tête lui tourna et il imagina une vaste étendue de blanc.

Lorsque Sam rentra chez lui ce soir-là, deux lettres l'attendaient. L'une des deux venait de l'Institut de recherches antarctiques. Il la palpa : elle était mince. De toute façon un courrier n'était pas de bon augure : quand il avait été admis à participer aux dernières épreuves, on l'avait prévenu par téléphone ; les mauvaises nouvelles arrivent généralement par la poste.

Il s'installa à la table de la cuisine avec un bol de Corn Flakes et ouvrit d'abord l'autre lettre : elle venait de sa banque et l'invitait à contracter un emprunt. Il examina ensuite de plus près l'enveloppe à en-tête de l'Institut, une enveloppe blanche à fenêtre, postée du centre de Londres. Et s'il s'agit d'un refus ? s'interrogea-t-il, incapable d'envisager une autre hypothèse. Pas question de continuer à bosser à l'agence, il ne le supporterait pas, mais que faire ? Il n'en avait pas la moindre idée. Il ne pourrait quand même pas passer le reste de son existence à contempler le ciel. Après tout le micmac qu'il avait déclenché au bureau, après les rencontres avec les filles à la suite de la petite annonce, après l'intense préparation à laquelle il s'était soumis… Sam contempla son bol de lait d'où émergeait une montagne de Corn Flakes et pensa à la vaste étendue blanche à laquelle il rêvait depuis si longtemps. Il voulait seulement la voir de ses propres yeux, pour pouvoir cesser de l'imaginer.

Il se dit qu'il pourrait demander à Gray d'ouvrir l'enveloppe à sa place, mais ce serait gênant d'apprendre devant lui qu'il n'avait pas été pris. Il n'avait pas le choix, il devait l'ouvrir lui-même. Il déchira l'enveloppe, sortit la lettre, la déplia et chercha tout de suite la phrase fatidique. Son cœur battait à tout rompre.

*Cher Sam, C'était un plaisir de faire plus ample connaissance avec vous et de passer un agréable week-end à la campagne. J'espère que cette expérience vous a paru utile et vous a donné une idée précise du genre d'épreuves qu'il faut pouvoir surmonter en situation réelle*. Blablabla blablabla. Sam parcourut la feuille à toute vitesse. *Nous avons été très impressionnés, durant ce week-end, par vos connaissances, votre préparation physique et mentale, votre esprit d'équipe et votre sens de l'initiative. En conséquence, nous sommes heureux de vous offrir l'un des postes d'assistant de recherche. Votre admission définitive dépend, bien entendu, de votre capacité à réunir les fonds nécessaires pour financer votre voyage avant le départ qui aura lieu le 20 juillet prochain*.

Sam lut et relut la lettre plusieurs fois. Puis il la posa sur la table devant lui, se renversa contre le dossier de sa chaise et ferma les yeux. Un sourire éclaira son visage. Il éprouvait déjà la vaste étendue blanche autour de lui. Soudain il se mit à rire – un rire particulier, tel un oiseau qui bat des ailes dans la nuit. Il se voyait au sommet d'une montagne – une montagne immaculée, environnée de blanc. Il était sur le point le plus haut, absolument seul, sans personne à la ronde. Et il était libre. Après tout ce temps, il était enfin libre. Après des mois de tergiversations et d'angoisse – que faire ? où aller ? à quoi occuper ma jeunesse ? –, il avait finalement trouvé une issue. Une issue qui le conduisait vers une contrée magnifique, étincelante de blanc et de bleu, silencieuse. Une issue chargée de sens et qui changerait sa vie. Une issue qui le mènerait vers *sa* propre vie.

La première chose que fit Sam le lendemain matin fut de téléphoner à Henry. Il adopta un ton aussi neutre que possible. « Henry.

— Sammy. » Henry ne semblait ni joyeux ni triste. Merde, merde, merde. Que dire ?

« Allez, vas-y.

— Non, toi d'abord.

— C'est moi qui t'ai appelé.

— J'ai répondu au téléphone. »

Sam se tut. Ses paumes de main étaient moites. « Je suis sélectionné. » Il y eut un silence à l'autre bout du fil. Sam attendit, le cœur battant. Il pria intérieurement. Puis il entendit un éclat de rire.

« Moi aussi.

— Waouh ! Génial ! Ça va être fantastique ! Absolument fantastique !

— Sammy, il faut qu'on fête ça. À quelle heure penses-tu quitter le bureau ?

— Pas avant sept heures et demie, et encore, si j'ai de la chance.

— Quel job de merde ! Tu devrais le plaquer et consacrer ta vie à quelque chose qui en vaille la peine, Sam.

— Eh bien, tu vois, Henry, c'est précisément ce que j'ai l'intention de faire. »

Sam eut du mal à tenir en place le reste de la journée. Il avait l'impression que d'un moment à l'autre il allait se mettre à sauter, chanter, danser sur les tables, s'envoler par la fenêtre, s'élever dans le ciel, s'arrêter au passage pour saluer son étoile protectrice, l'embrasser, puis continuer à monter toujours plus haut dans l'azur.

« Sam, voici un dossier très important qu'on a reçu ce matin concernant la télévision à affichage numérique. Fais-en des photocopies pour tous les membres de l'équipe et range l'original dans un endroit sûr, on en aura besoin dans un mois quand on tiendra notre forum des médias. » Angela lança un énorme document sur la table de Sam et fila vers son bureau pour répondre au téléphone. Sam continua à envoyer son fax ; il se retrouvait maintenant avec quatre cents feuillets de format A4 sur les bras. Il attendit qu'Angela ait quitté la pièce puis, avec une intense satisfaction, il attrapa le dossier et le jeta à la corbeille.

Ce ne fut que plus tard dans la journée, alors qu'il était assis au bureau d'Angela à la recherche d'une agrafeuse, que l'idée lui vint. En réalité, ce n'était pas une idée nouvelle – ses collègues de l'agence faisaient cela en permanence – mais Sam n'y avait pas pensé jusqu'ici. Il s'installa devant l'ordinateur d'Angela, cliqua sur son e-mail, sélectionna le nom de Sebastian dans la liste des adresses et réfléchit au petit mot qu'il allait envoyer : il devait être assez subtil pour que Sebastian ne soupçonne pas une mauvaise blague mais croie au contraire à un message sérieux et sincère. Il regarda autour de lui : personne. *Serais-tu d'accord pour que nous dînions ensemble un soir* ? tapa-t-il, et il ajouta : *Axxx*. Il saisit l'agrafeuse, se leva, tapa sur la touche « envoi » et sortit du bureau en pouffant comme un écolier. Il se rendit compte qu'il n'avait rien à agrafer : il avait tout prévu depuis le début. Ça promettait d'être marrant.

Sitôt hors de l'agence, en route pour retrouver Henry, Sam appela son grand-père. Le téléphone sonna un long moment à l'autre bout du fil.

« Bonjour, grand-père, c'est moi.

— Bonjour, Sam. Comment vas-tu ?

— Grand-père, j'ai obtenu un des postes dont je t'ai parlé pour l'Antarctique. Je pourrai aller voir l'île qui t'intéresse.

— Félicitations, Sam. Bravo.

— Je suis excité comme une puce.

— Je m'en doute. C'est une région fabuleuse, Sam, tu vas être enchanté. Surtout, n'oublie pas de la saluer pour moi.

— Je te verrai d'ici là, je ne pars que fin juillet. Il faut que je l'annonce à maman.

— Fais-le en douceur, et dis-lui bien que tu ne cours aucun danger.

— Oui, ne t'inquiète pas. Je te rappellerai demain de chez moi pour qu'on en parle plus longuement.

— D'accord. Au revoir.

— Au revoir, grand-père. »

« Bonjour, monsieur Glass.

— Bonjour, Kasia », répondit la voix faiblarde de Leo. Kasia posa ses affaires par terre et entra dans le salon d'un pas léger. Elle était heureuse, plus heureuse qu'elle ne l'avait été depuis longtemps, et d'autant plus heureuse de se trouver ici.

« Comment allez-vous ? s'enquit-elle avant de prendre place dans son fauteuil habituel.

— Je suis vieux, répliqua Leo, qui ne put s'empêcher de sourire.

— Et bien d'autres choses aussi, dit-elle en riant.

— Vieux et... En fait, je me sens bien aujourd'hui, Kasia.

— Tant mieux. Pour déjeuner, je vais vous préparer un plat polonais.

— Oh, quelle bonne idée ! Avec plaisir. Qu'allez-vous concocter ?

— Ah ah, c'est une surprise. » Elle rit en secouant la tête et s'étira. « Quelle belle journée ! » déclara-t-elle, et elle se dirigea vers la cuisine en chantonnant.

Leo avait deviné presque depuis le début, maintenant il n'avait plus aucun doute. Elle avait rencontré quelqu'un, elle était probablement amoureuse. Il regarda par la fenêtre le ciel d'un bleu parfait ; il aurait aimé pouvoir sortir seul et le contempler à loisir.

Il aurait dû s'y attendre. Qu'espérait-il ? Qu'elle resterait toujours célibataire ? Qu'elle lui consacrerait sa vie ? Il avait remarqué ses regards coupables, et il s'était senti coupable à son tour. Il ne fallait pas qu'elle éprouve de la culpabilité, elle n'avait aucun engagement envers lui. Leur relation était, en fin de compte, une relation tacite. Mais Leo ne pouvait s'empêcher de sentir son estomac se nouer et sa gorge se serrer.

« J'espère que c'est un type bien, marmonna-t-il tout bas. J'espère qu'il réalise la chance qu'il a. »

Il se força à imaginer la séparation prochaine et à s'y préparer.

# 19

« Alors Kasia, il est comment, Sam, au pieu ? » s'enquit Gray, curieux.

Kasia jeta des coups d'œil nerveux autour d'elle et ne sut que dire. Non parce que la question l'embarrassait mais parce qu'elle était incapable d'y répondre : Gray supposait un degré d'intimité que Sam et elle n'avaient pas encore atteint.

« Ne l'écoute pas, conseilla Sam en hochant la tête, un petit sourire aux lèvres.

— Allez, Kasia, insista Gray. Il est comment, une fois les lumières éteintes ? »

Kasia sourit d'un air hésitant et remua sur son siège. « Gentil », répondit-elle en s'efforçant d'adopter un ton neutre. Sam se pencha vers elle et lui effleura l'épaule. Henry devait passer à la télévision – on l'avait interviewé pour une émission sur le thème des voyages à propos de son prochain départ pour l'Antarctique –, et ils s'étaient réunis dans l'appartement de Sam et de Gray pour le regarder. Henry avait promis de préparer le repas mais, pour le moment, il était occupé à téléphoner à tous les gens qu'il connaissait pour leur demander d'allumer leur télé.

Gray hocha la tête. « Ah oui ? Gentil ? » Il se tourna vers Sam.

« Sam, tu es gentil.

— En effet. Merci, Gray. Lucy, tu pourrais peut-être nous faire part de tes commentaires au sujet des talents amoureux de Gray ?

— Eh bien, fit Lucy avec un grand sourire, la particularité la plus étrange de Gray est ce qu'il appelle la technique de l'hydro-alarme.

— Oh ! Lucy, protesta Gray, ce n'est pas sympa.

— C'est quoi, la technique de l'hydro-alarme ? interrogea Sam en éclatant de rire.

— Voici de quoi il s'agit, commença Lucy d'un air narquois. Chaque nuit, juste avant de se coucher, Gray va pisser. Ensuite, il se rend à la cuisine et prend un verre doseur. Puis il réfléchit à l'heure à laquelle il doit se lever le lendemain matin, après quoi il remplit le verre avec une certaine quantité d'eau – une quantité importante, les jours où il travaille –, s'assoit, respire à fond, et boit. Il prétend que, de cette façon, il se réveille automatiquement à l'heure où il doit se lever parce qu'il a un besoin urgent de pisser. »

Elle se tut, le temps de permettre à tout le monde d'assimiler ses explications, et avala une gorgée de vin.

« Le plus nul, c'est qu'il passe plus d'un quart d'heure à faire tous ses calculs, et parfois, au beau milieu de la nuit, je l'entends se lever, aller aux toilettes, et revenir en râlant à cause des caprices de sa vessie.

— Voilà pourquoi je retrouve toujours le verre doseur sur l'évier ! s'exclama Sam. Ne me dis pas que tu fais réellement une chose pareille, Gray ?

— Lucy exagère, comme toutes les femmes.

— Menteur ! s'écria Lucy. Le comble, c'est quand il est bourré à mort et qu'il se pisse dessus pendant son sommeil. Il a l'air idiot non seulement parce qu'il se pisse dessus, mais parce que son envie urgente de pisser ne l'a pas réveillé, ce qui prouve que, de toute façon, sa technique, c'est de la connerie. »

Gray secoua la tête et Sam lança un clin d'œil à Kasia, qui semblait perplexe.

« Ma chérie, il y a une limite subtile entre la plaisanterie et les détails outranciers, fit observer Gray.
— Les détails outranciers ? Je ne crois pas, répliqua Lucy. Je n'en étais qu'au début. »

« Merde, les assiettes ! fit Sam au moment où Henry posait le plat sur la table.
— Je les ai remplacées, dit Lucy d'un air penaud.
— Lucy a envoyé valdinguer toutes nos assiettes, expliqua Sam à Kasia.
— Mais j'avais une bonne raison, affirma Lucy.
— Laquelle ? s'étonna Sam.
— Eh bien, tu sais ce que c'est, Kasia : les hommes sont censés remplir un rôle vis-à-vis des femmes. Les pères et les maris subviennent à leurs besoins, les frères les protègent et les instruisent, les petits amis leur offrent des cadeaux – fleurs, massages, lingerie, etc. »
Kasia dévisagea Lucy d'un air déconcerté.
« Toujours est-il que Gray ne m'avait jamais rien acheté depuis qu'on sortait ensemble, alors j'ai pensé qu'il fallait lui rappeler le chemin des boutiques. (Lucy éclata de rire.) Et ça a marché ! Il a fini par mettre la main au portefeuille. Durant toute la période où vous avez été privés d'assiettes, il m'offrait des cadeaux. Maintenant, il ne me reste plus qu'à inventer un autre moyen de lui rafraîchir la mémoire.
— Tu pourrais peut-être trouver quelque chose de plus conventionnel, la prochaine fois : faire un nœud à son mouchoir ou à son pyjama, par exemple, suggéra Sam.
— Oh ! Sam, protesta Lucy en riant de plus belle, qui porte encore des pyjamas, de nos jours ? »

« Ça va ? » interrogea Sam en s'approchant de Kasia. Il avait du mal à croire que cette fille était là, chez lui, dans son appartement, dans sa cuisine. Il avait envie d'être avec elle tout le temps, de la regarder, de l'écouter, et de se réveiller le lendemain matin en ayant tout oublié d'elle, pour connaître à nouveau le délice de réapprendre tout ce qui la concernait. Kasia, debout devant l'évier, entamait la vaisselle. L'interview de Henry allait bientôt commencer.

Elle répondit oui d'un signe de tête et continua de récurer la casserole.

« Laisse la vaisselle.

— J'ai envie de la faire. »

Sam écarta les cheveux de Kasia pour mieux voir son visage, mais elle garda les yeux obstinément fixés sur la casserole.

« Pour quelle raison ? » Sam se rendait compte soudain que leur échange prenait un tour sérieux.

Kasia contempla le mur en face d'elle et se tut. Que répondre à ce garçon ? Elle avait envie de pleurer et de lui dire qu'elle détestait ses amis, qu'elle se sentait observée, jugée, ridiculisée, exclue. Elle voulait lui dire qu'ils lui faisaient l'effet d'être odieux, arrogants, hostiles. Elle voulait lui dire que jamais il ne se retrouverait, lui, dans la même situation, que jamais elle ne le mettrait en position d'éprouver ce genre de sentiments, pour la bonne raison qu'elle n'avait pas d'amis. Mais dans ce cas, que penserait-il d'elle ? Il la croirait folle, névrosée, paranoïaque, et qu'adviendrait-il alors ?

Elle n'avait pas envie qu'il parte. Elle venait juste de le rencontrer et elle n'avait pas envie qu'il la quitte déjà. Tout en le félicitant pour son succès, elle avait senti son estomac se tordre ; elle s'était forcée à sourire et à manifester autant d'enthousiasme que lui. De toute façon, qu'aurait-elle pu dire ? Elle ne tenait pas à lui laisser croire qu'elle était dépendante de lui, elle ne voulait pas s'accrocher à lui.

« J'ai un peu mal à la tête, murmura-t-elle, en lui jetant un coup d'œil furtif et en essayant de contenir les larmes qui montaient. Ça va passer. »

Sam posa la main sur la nuque de Kasia.

« Tu peux t'allonger dans ma chambre, si tu le souhaites. Veux-tu que je t'apporte une aspirine ?

— Non, merci, ça ira, répondit-elle avec un sourire. Je crois que je ferais mieux de rentrer.

— Tu ne regardes pas l'émission ? »

Après un silence, elle dit d'une voix douce : « Je pense que personne ne s'apercevra de mon absence, Sam.

— Moi, si », répliqua-t-il.

En imagination, il la prit par la main, la conduisit dans sa chambre, la regarda dans les yeux et la déshabilla avec délicatesse. En réalité, il resta debout sur le seuil de la cuisine et lui proposa d'appeler un taxi. Il avait envie de lui faire l'amour mais il ne savait comment le lui avouer. Il ne voulait pas la perdre et il demeura un moment pétrifié par la tournure sérieuse qu'avaient prise les choses.

Sam se racla la gorge et fit les cent pas devant le bureau de Sebastian. À travers les parois de verre, il observa Sebastian ; ce dernier parlait au téléphone et semblait tendu et anxieux.

« Je pense qu'il en a encore pour cinq minutes environ, annonça Claire avec un sourire. Puis-je vous apporter une tasse de café ? » ajouta-t-elle en se levant et en tirant sur sa jupe.

Appuyée contre le chambranle de la porte, elle examina ce grand jeune homme athlétique qui arpentait le couloir d'un air songeur. Sam fixait un point sur le mur – pas un point, en réalité, car le mur était nu et blanc, mais une surface. Il recula de quelques pas et la surface s'agrandit ; il vit une vaste étendue entièrement blanche. Il vérifia son nœud de cravate, boutonna sa veste, arrangea le bas de son pantalon de sorte que le pli tombe bien sur ses chaussures. Il se sentait nerveux.

« Sam ? »

Sam fit demi-tour et revint dans le bureau de Claire. Une fois de plus, il se racla la gorge. « Oui ?

— Il a terminé. »

Elle lui indiqua la porte à l'autre bout de la pièce.

Sam redressa la tête et entra.

Sebastian pivota sur son siège.

« Bonjour, Sam, comment allez-vous ? s'enquit-il avec un grand sourire. Et comment va Shadows ? »

Sam s'installa dans le grand canapé en cuir.

« Bien. Nous avons soumis plusieurs scripts au client. De très bons scripts, cela donnera des pubs géniales. En ce qui concerne Reynolds, pour l'instant ils ont mis leur campagne entre parenthèses, mais nous sommes allés les voir afin de comprendre pourquoi ; on devrait mettre quelque chose sur pied pour la fin de l'année. Quant à Thermlex, tout va bien.

— Alors, qu'est-ce qui me vaut votre visite ? »

Sam regarda Sebastian droit dans les yeux. Il laissa s'installer un long silence, un lourd silence chargé de sens.

« Je démissionne. »

Sebastian se tut un moment, fronça les sourcils, rougit.

« Vous êtes sûr ? Je veux dire, y avez-vous vraiment réfléchi ? Y a-t-il quelque chose que nous puissions faire pour vous inciter à rester ? »

Sam croisa une jambe sur son genou et balança son pied.

« Non », répondit-il. Il savoura ce mot. Non, vous ne pouvez absolument rien faire, songea-t-il, et vous ne sauriez imaginer à quel point ça me rend heureux.

« Vous êtes certain ? Je sais que vous désirez depuis un certain temps changer de clients ; nous pourrions arranger cela dès demain. Ou peut-être préféreriez-vous travailler au département des projets ? Je me souviens que vous avez fait vos études dans une bonne université. Ou alors, vous avez peut-être besoin de vacances ; quand êtes-vous parti pour la dernière fois ?

— Il ne s'agit pas d'une question de vacances.

— On doit sûrement pouvoir faire quelque chose, trouver un moyen d'améliorer votre situation. » Sebastian, maintenant dans tous ses états, cherchait désespérément une solution pour retenir Sam. « Vous êtes très estimé à l'agence, et les clients vous apprécient beaucoup. Vous êtes certain de vouloir partir ? » Sam fit un signe de tête affirmatif. « Avez-vous sérieusement réfléchi ? Ça marche bien pour vous. Vous risquez de tout gâcher. »

À court de réplique, Sam garda le silence.

Sebastian poussa un soupir. « Où allez-vous ?

« L'Antarctique. » Un souffle d'air pénétra par la fenêtre entrouverte et fit battre les stores contre le chambranle. Sam sentit la brise sur ses tempes. Il tourna les yeux vers la fenêtre et, l'espace d'un instant, crut pouvoir s'envoler.

« Ah bon. Qui sont ces gens ?

— *Ces gens* sont un continent. Le troisième continent du monde par sa taille. Le continent le plus aride, le plus élevé, le plus venté et le plus froid de la Terre. Cette contrée comporte, au-dessous de son plateau polaire, une chaîne de montagnes aussi hautes que les Appalaches. Elle représente un dixième de la surface des terres du globe. Elle est une fois et demie plus étendue que les États-Unis. Elle est située à l'extrémité inférieure de la Terre, tout en bas. La plupart du temps on l'oublie, ce qui lui convient.

— Oh, bien », fit Sebastian, l'air déconcerté. Il s'éclaircit la voix, puis déclara : « Sam, quand nous vous avons pris comme stagiaire, nous espérions que vous resteriez à l'agence et que vous parviendriez à un poste de cadre supérieur. Nous avions pour vous de grandes espérances. Après tout, nous avons misé sur vous. Êtes-vous certain de vouloir voyager ? Cela fera un trou dans votre CV, vous serez obligé de le dissimuler quand vous voudrez retravailler. Et, même si vous n'avez rien signé par écrit, vous vous êtes tacitement engagé à demeurer parmi nous et à mettre vos compétences et votre expérience au service du développement de l'agence. Nous avons dépensé de l'argent pour vous former, et maintenant vous partez. Cela ne me paraît pas très équitable, qu'en pensez-vous ? J'estime que vous nous devez au moins quelques années de plus.

— Pas question que je reste, riposta Sam en baissant la voix. Cette agence n'a cessé de me décevoir et de me négliger. On m'a engagé comme stagiaire diplômé pour me former, j'étais censé apprendre, évoluer et contribuer à ce que l'agence devienne une des meilleures de Londres. Je n'ai strictement rien appris depuis le jour où j'ai mis les pieds ici. On m'a chargé de faire des photocopies, d'organiser des rendez-vous, d'aller chercher des cappuccinos. J'ai passé mes journées à envoyer des fax et à distribuer des documents. On m'a rarement demandé de réfléchir, encore moins d'exprimer mes pensées sous forme de phrases cohérentes, et on n'a jamais exigé de moi que je justifie ce que je faisais. »

Sebastian semblait à nouveau tendu. Sam, lui, était d'un calme absolu.

« J'ai passé trois ans à l'université pour apporter du thé et du café à des gens dont l'intelligence et le talent réunis sont inférieurs à ceux de la chienne de mon frère. J'ai perdu mon temps et, ce qui m'ennuie le plus, c'est que vous le savez pertinemment et que vous refusez pourtant de le reconnaître. Chacun ici affirme que son travail présente toutes sortes de difficultés et de défis, alors qu'un enfant de quatre ans serait capable de le faire.

— D'accord, d'accord, Sam, je comprends ce que vous voulez dire. Mais n'y a-t-il pas au sein de l'agence un poste qui pourrait vous convenir ? »

Sam secoua la tête et regarda le ciel par la fenêtre.

« Vous n'auriez pas dû licencier Lauren. C'était la meilleure directrice de clientèle que vous aviez. » Sur ces mots, il se leva et sortit.

Claire, qui, durant tout l'entretien, cherchait un dossier dans le meuble près de la porte, suivit Sam du regard. Quand il monta dans l'ascenseur et se retourna, elle l'observait toujours, appuyée contre le chambranle de la porte. Derrière elle, Sebastian, debout au milieu de la pièce, avait les yeux rivés sur son bureau. Les portes de l'ascenseur se refermèrent. Sam se sentit léger comme l'air.

L'ascenseur s'arrêta, les portes s'ouvrirent. Richard était là, tenant à la main un exemplaire de *Campaign*, le magazine professionnel de la publicité.

« Salut, Sam. Tu as vu ça ? » Richard monta dans l'ascenseur tandis que Sam en sortait, il bloqua la porte d'une main, et de l'autre ouvrit le magazine à la double page centrale – à la rubrique « Les nouvelles têtes ». En bas à gauche, sous le numéro 24, figurait la photo de Richard, l'air sérieux et concentré, sa longue frange rabattue sur le côté. « Génial, non ? J'ai déjà reçu trois propositions, dont une comme directeur de clientèle chez Flamenco. Je t'avais bien dit qu'à trente ans je serais en haut de l'échelle. Il me reste six ans pour y parvenir et, dans l'immédiat, je n'accepte aucun poste au-dessous du quatrième échelon. »

Sam hocha gravement la tête. « Au fond, celui qui arrive derrière toi n'a plus qu'à tirer l'échelle. »

Richard parut surpris, puis se mit à rire. « Exactement », répondit-il.

Sam s'éloigna de l'ascenseur, traversa le hall d'entrée, franchit la porte de l'immeuble. « Je ne plaisantais pas, Richard », marmonna-t-il, une fois dans la rue.

Il fit le tour de la place en respirant à fond. L'air sur sa nuque lui procurait une sensation très agréable, comme s'il avançait sur une estrade, avec un orchestre jouant à ses pieds, ou comme s'il venait de marquer le but décisif dans un match de football. Il s'assit sur un banc pour mettre de l'ordre dans ses idées et tenter de se calmer avant de revenir à l'agence.

Ce matin, il avait éprouvé un sentiment de tristesse qui, il s'en rendait compte maintenant, n'avait rien à voir avec le travail. Bien sûr, c'était un peu triste d'être arrivé à l'agence plein d'espoir et d'ambition, et d'en repartir deux ans plus tard insatisfait, des rides sur le front et l'amertume au cœur. Mais, en réalité, ce qui le chagrinait, c'était de penser qu'en quittant Londres il laisserait Kasia. Alors qu'il la connaissait à peine, elle prenait tout à coup une grande importance pour lui. Il avait envie de passer du temps en sa compagnie, en fait il avait envie de la voir immédiatement. Où était-elle, en ce moment ? Sans doute au travail. Sam composa son numéro mais n'obtint pas de réponse.

Il acheta un café et un croissant qu'il emporta à l'agence. Il ne pouvait s'empêcher de sourire à tout le monde : les filles dans les boutiques, les hommes dans la rue. Une fois à son bureau, tout en trempant des bouts de croissant dans son café, il songea que la nouvelle de sa démission ne serait pas encore connue – il fallait en général un jour ou deux avant que ne filtrent les nouvelles. Il fallait cependant qu'il en informe Angela et Jeff, et il se demanda comment. À la vue de son ordinateur, de son téléphone, des papiers étalés sur sa table, l'envie le prit de tout envoyer valdinguer. Combien de temps supporterait-il cela ? Pas très longtemps, réalisa-t-il. La nature même de son travail exigeait que chaque chose fût faite non pas pour le lendemain, ni pour le jour même, mais pour la veille.

Sam entassa les documents éparpillés sur son bureau et les jeta à la corbeille.

Sam et Henry se téléphonèrent tout au long de la journée pour se tenir au courant de l'évolution de leurs situations respectives. Le patron de Henry, enthousiasmé par son projet, proposa de financer en partie son voyage si Henry lui envoyait quelques feuillets par mois pour une rubrique sur la vie au pôle.

Sam appela Kasia et lui donna rendez-vous le soir, après sa séance d'entraînement au club de sport. Il laissa à Lauren un message qu'elle trouverait à son retour de vacances, pour l'avertir de sa démission. Il y avait tant de gens à mettre au courant... Il échangea quelques mots avec Mark, envoya un e-mail à Gilly. Henry le rappela pour lui annoncer qu'il avait rendez-vous avec une femme qui possédait la voix la plus sensuelle du monde – il s'agissait sans doute d'un homme, ironisa Sam, et Henry raccrocha.

Sam contemplait son ordinateur.

« Angela, je pourrais te dire deux mots ?

— À quel sujet ?

— Euh... c'est personnel.

— Je suis débordée, Sam, ça attendra, répliqua Angela qui ressortit en trombe du bureau.

— Parfois, commenta Michael, elle me fait penser à une bombe à retardement. Elle va exploser pour de bon un de ces jours. »

Sam pivota sur sa chaise et se retourna vers Michael. « Je n'avais pas vu les choses sous cet angle, mais j'aime bien l'idée. » Il se dirigea ensuite vers le meuble où étaient rangés tous les documents concernant Shadows et entreprit de les reclasser selon un ordre fantaisiste : il débuta par la lettre F, parce qu'il l'aimait bien, continua avec le U, puis le C, le K, le O, et créa encore deux subdivisions avec le F parce qu'il aimait vraiment cette lettre. Ensuite, las de l'ordre alphabétique, il imagina de répartir le reste en fonction du volume de papier. Quand il eut terminé, plus un seul document ne figurait à sa place, c'était la pagaille complète. Sam recula pour contempler son œuvre et l'acheva en jetant à la poubelle quelques dossiers.

À six heures et demie, il rangea ses affaires et éteignit son ordinateur. Il avait hâte de sortir et de gagner la salle de sport. Au moment où il se levait de son bureau, Angela approcha, son manteau sur le dos.

« Tu pars ? s'étonna-t-elle.

— Oui, je vais à mon club de gym.

— Mais tu reviens après ?

— Euh, non, je n'en ai pas l'intention.

— Tu n'as pas eu Clive au téléphone, aujourd'hui ?

— Si, à deux reprises.

— Alors, il t'a parlé du rapport sur la concurrence ?

— Non, pourquoi ? »

Angela brossa d'un geste nerveux le devant de sa veste et pinça les lèvres.

« Il veut que tu exposes l'état actuel de la concurrence à la réunion de demain matin.

— Demain matin ? »

Angela fit oui de la tête.

« Pourquoi demain matin ?

— Parce qu'il voit son directeur après-demain, et que son directeur veut connaître l'état de la concurrence.

— Je regrette mais c'est impossible, je suis pris, répliqua Sam en attrapant son sac. Tu lui as dit qu'on se chargerait de ce travail ?

— On *doit* le faire. Il faut que ce soit prêt pour demain matin. Si je te le demande, tu dois t'exécuter. »

Angela virait à l'écarlate : le rouge gagna ses joues, puis son front et son cou.

« Ne pourrions-nous pas envoyer ce rapport par fax à Clive demain en fin de journée ?

— Impossible, je lui ai promis que tu le lui communiquerais demain matin.

— Dans ce cas, je l'appellerai pour lui expliquer que je ne peux pas.

— Sam, si tu veux réussir dans ce métier, il va falloir que tu comprennes que tu dois rester tard au bureau. Quel tire-au-flanc tu fais ! Tu essaies toujours de te défiler. Ça demande de sacrés efforts pour arriver là où j'en suis, crois-moi, et actuellement tu n'en prends pas le chemin. »

Sam se rendit compte que les gens autour d'eux commençaient à tendre l'oreille, à l'affût d'une scène. Contrairement à d'autres, Sam ne s'était jamais laissé entraîner dans une altercation grave avec Angela. Il la regarda et vit ses yeux plissés et luisants. Jamais il n'oublierait ce visage. Il se concentra sur cette scène mais se sentit emporté par un tourbillon.

« Je démissionne », dit-il avec une secrète satisfaction. Un murmure parcourut le bureau. Quelque part, loin, très loin, Sam aperçut un horizon tout blanc et, juste au-dessus, un soleil orange.

« Quoi ? fit Angela avec un petit rire méprisant.

— Je démissionne », répéta-t-il d'un ton tranquille.

Un vent glacial soufflait sur son visage, lui cinglait les joues.

« Ah oui, vraiment ? »

Sam acquiesça. Il inspira à fond. Une odeur particulière pénétra par ses narines – il imagina une eau froide et transparente.

« Sam, reprit Angela, nous sommes dans un environnement professionnel. Je sais que tu manques d'expérience mais j'espérais que, depuis le temps que tu travailles avec nous, tu aurais appris qu'on ne plaisante pas avec ces choses-là. Tu trouves peut-être ça drôle, mais permets-moi de te dire que ça ne l'est pas.

— Je ne cherche pas à être drôle, je veux simplement te communiquer une information. »

Sam entendit dans le lointain un craquement sourd.

« Ah oui ? Laquelle ?

— Je démissionne », répéta-t-il pour la troisième fois.

Le craquement se rapprochait et s'intensifiait. Soudain, Sam sentit la banquise bouger sous ses pieds ; il se trouvait au bord d'une grande plaque de glace qui se soulevait peu à peu, de plus en plus haut. À mesure qu'il montait, Sam regardait autour de lui et contemplait la vaste étendue blanche, étincelante, silencieuse.

« Tu te crois spirituel, hein ? » ricana Angela. Une idée subite lui vint. « Tu pourrais peut-être informer Sebastian de ta décision ? » lança-t-elle d'un air triomphant.

Sam laissa passer un moment.

« Je l'ai déjà fait, répondit-il calmement. Ce matin. Je termine le 17 juillet. » Debout sur sa plaque de glace, il leva les yeux vers le ciel. Du bleu au-dessus de sa tête, du blanc partout ailleurs. Il respira l'air glacial et ressentit des picotements dans le creux de ses mains. Un lieu immobile dans un univers en perpétuel mouvement. *M'y voilà*, songea-t-il. *J'y suis*.

« Salut », dit Sam. Il embrassa Kasia sur la joue et par mégarde effleura ses lèvres ; il recula aussitôt en rougissant, craignant qu'elle ne pense qu'il l'avait fait exprès.

« Salut », répondit-elle avec le sourire. Ils devaient dîner ensemble au restaurant, il s'agissait cette fois d'un vrai rendez-vous, inutile de le nier. Pas de baskets à rendre et à récupérer, pas de séance de cinéma décidée à l'improviste, suivie d'un repas également impromptu, où l'on est mal à l'aise à cause de la conscience qu'on a de la présence de l'autre mais où l'on fait comme si de rien n'était. La dernière fois qu'ils s'étaient donné rendez-vous, c'était pour prendre un verre, et ils avaient ensuite dîné ensemble parce qu'il se trouvait que ni l'un ni l'autre n'avait mangé. Enfin, Kasia était venue chez Sam et Gray pour revoir Henry et regarder l'émission dans laquelle il passait. Ce soir, tous deux étaient soulagés que les choses soient claires et qu'ils n'aient besoin d'aucun prétexte pour sortir ensemble. Sam s'était enhardi à réserver une table dans un restaurant chic : peut-être serait-ce la dernière fois avant son départ qu'il dînerait dans un restaurant londonien et, par ailleurs, il désirait inviter Kasia, il voulait fêter son succès avec elle.

On les installa et on leur apporta la carte. Sam fixait les lèvres de Kasia, Kasia contemplait les mains de Sam, ses yeux aussi – ces yeux bleus au regard si chaleureux, dont la beauté lui coupait le souffle. Elle observait Sam et pensait à son départ imminent. Était-ce cela qui le rendait si attirant ? Le fait qu'il partait ? S'agissait-il d'une histoire du style des amours de vacances, où l'on sait que le temps est compté, ce qui fausse le jugement et suspend la critique ? Elle n'avait pas envie qu'il s'en aille et préférait ne pas imaginer le moment où elle se retrouverait seule à nouveau, lorsqu'il aurait quitté le pays, ni même l'instant où ils se sépareraient ce soir. Alors elle décida de ne pas y penser et, tandis qu'elle s'émerveillait de voir en face d'elle cet être fascinant, elle ne put que se laisser gagner par l'enthousiasme dont il débordait.

Ils commandèrent du vin, du homard et divers mets auxquels ils n'avaient jamais goûté, riant des termes bizarres du menu et s'amusant à deviner leur signification. Quand les plats arrivèrent, ils rirent de plus belle, piquèrent un morceau par-ci par-là en se demandant quelle partie de tel ou tel animal ils avaient dans leurs assiettes. Kasia avait été gênée que Sam l'invite à dîner, mais il avait tellement insisté – la menaçant de toutes sortes de démonstrations publiques embarrassantes si elle refusait – qu'elle avait fini par céder.

Un peu plus tard, Henry vint les rejoindre en compagnie de la fille numéro 24, une Irlandaise aux cheveux couleur paille, et tous les quatre passèrent la soirée à rire et à boire.

Quand ils sortirent du restaurant, un peu chancelants, Sam passa son bras autour des épaules de Kasia et elle se blottit contre lui. Il annonça avec un large sourire qu'il invitait tout le monde chez lui pour continuer à fêter leur prochain départ, à Henry et à lui, mais Henry et son Irlandaise semblaient pressés de rentrer. Sam et Kasia s'engagèrent donc dans la direction de Regent Street, en quête d'un taxi, et prirent les petites rues et les grandes avenues jonchées de détritus où sex-shops et prostituées attiraient de nombreux curieux.

À un coin de rue, Kasia s'arrêta et fixa le trottoir. Sam pensa qu'il était peut-être temps qu'il abatte son jeu et embrasse Kasia mais, au moment où il se tournait vers elle, elle se baissa et tendit les mains devant elle.

« Sam », chuchota-t-elle, la tête légèrement levée vers lui, les yeux toujours rivés au sol.

Il rit et s'accroupit près d'elle. « Quoi ? fit-il tout bas.

— Regarde. » Elle désigna quelque chose du bout du doigt.

Sam regarda et vit un grand sac-poubelle rempli d'ordures d'où dépassait un carton de lait aplati, un cageot avec des morceaux de chou-fleur, une canette de bière à moitié pleine et, derrière le tout, les roulettes d'une grande poubelle en métal et une flaque en dessous.

« Où ?

— Là. » Elle se pencha davantage, le doigt toujours tendu.

« Un oiseau. »

Sam aperçut alors un merle qui les fixait, l'air terrorisé.

« Je crois qu'il a une aile brisée, murmura Kasia.

— Pourquoi ?

— Sinon il se serait déjà envolé. Quand il m'a vue, il s'est éloigné en sautillant, et, regarde, son aile pointe. »

Sam observa l'oiseau en silence. Le merle continuait de les fixer, la tête inclinée sur le côté.

« Je crois qu'on devrait l'emporter avec nous.

— Pour quoi faire ? Je ne sais pas soigner les oiseaux.

— Moi non plus, mais ça vaut mieux que de l'abandonner aux chats de Soho, non ? Il guérira peut-être. »

Sam haussa les épaules. Kasia enleva sa veste et l'approcha doucement de l'oiseau terrifié.

« Viens, Birdy, je ne te ferai pas de mal », dit-elle à voix basse.

L'oiseau avait reculé contre le mur ; elle l'attrapa avec des gestes délicats et l'enveloppa dans sa veste.

Sam et Kasia se relevèrent, et Sam se chargea du sac de Kasia. Il considéra cette fille qu'il connaissait à peine : les genoux crottés, la tête penchée, elle murmurait quelque chose à l'oiseau. Elle frissonnait dans sa robe légère, et la lune donnait un éclat très doux à sa peau. Sam savait qu'il aurait continué son chemin même s'il avait remarqué que l'oiseau avait une aile cassée : il était trop occupé et trop stressé pour se préoccuper de ce genre de choses. Qui, en plein Londres, se souciait des oiseaux aux ailes brisées ? Il y avait tant à faire : conclure des marchés, réaliser des profits, tenir des délais. Gamin, il aurait recueilli l'oiseau. Son grand-père, aujourd'hui encore, l'aurait recueilli. Mais Sam Glass – le Sam Glass qui passait ses journées et ses nuits dans une agence de pub avec son téléphone mobile et son récepteur d'appels à régler les problèmes et à satisfaire les exigences des uns et des autres – aurait continué son chemin : il était un personnage bien trop important pour s'intéresser aux oiseaux blessés, son temps était bien trop précieux.

En regardant Kasia, Sam comprit qu'elle incarnait ce dont il avait besoin dans la vie. Elle sait ce qui est essentiel, pensa-t-il. C'est elle qui a raison, en fin de compte. Il voulait avoir auprès de lui quelqu'un qui lui rappelle qui il était en réalité – quelqu'un qui, dans les rues branchées et crasseuses de Soho, s'arrêtait pour recueillir un oiseau blessé.

Il écarta les cheveux du visage de Kasia et lui passa sa propre veste sur les épaules. Elle y prêta à peine attention, tant elle était occupée avec l'oiseau, qu'elle berçait dans ses bras tel un bébé. Soudain elle leva la tête, l'air inquiet.

« Tu n'as pas de chat, au moins ?

— Non, répondit Sam avec un sourire… Il sera en sécurité chez moi. Allons-y. »

Ils rentrèrent en taxi et, une fois chez Sam, Kasia plaça Birdy dans un Tupperware pour qu'il puisse faire sa toilette.

« Il faut lui donner à manger, dit-elle à Sam, qui se tenait à la porte de la cuisine.

— Quoi ?

— Je ne sais pas. À ton avis ?

— Je peux essayer d'attraper un insecte, mais à part ça je n'ai pas d'idées.

— Moi non plus. »

Finalement, ils laissèrent le choix à Birdy : ils mirent divers aliments en petits tas séparés sur une assiette – sardine écrasée, céréales dans du lait, bouts de pomme et cacahuètes grillées. Sam attrapa le merle et le déposa sur le plan de travail de la cuisine ; l'oiseau courut se réfugier contre le mur et n'en bougea plus. Kasia poussa l'assiette devant lui et suggéra de le laisser seul pour ne pas l'effrayer davantage. Ils cherchèrent ensuite de quoi lui fabriquer un nid, sortirent des coupelles de la salle de bains, des boîtes à chaussures des placards.

« Qu'est-ce que tu penses de ça ? » suggéra Sam en brandissant une pantoufle. Kasia secoua la tête négativement, se saisit d'une boîte à chaussures et en garnit le fond avec des morceaux de papier journal ; puis elle retourna à la cuisine, mit le merle dans la boîte et la posa sous la chaudière, à côté d'un bol d'eau.

« Tu crois qu'il sera bien ? chuchota-t-elle après avoir refermé la porte de la cuisine.

— Je suppose, oui. Il aura chaud. Demain, j'appellerai la Ligue de protection des oiseaux pour leur demander conseil. »

Ils se regardèrent. Il était deux heures et demie du matin, l'un et l'autre étaient fatigués et encore un peu ivres. Ils avaient oublié ce qu'ils faisaient là, oublié la signification de cette soirée. Sam s'appuya contre le mur et dévisagea Kasia. Comme elle est en harmonie avec ma vie, songea-t-il.

« On devrait peut-être se coucher », dit-il et il ajouta aussitôt : « Je dormirai sur le canapé. » Il ne voulait pas qu'elle croie qu'elle n'avait pas le choix.

Elle acquiesça, pensant que peut-être il n'était plus si enthousiasmé que ça, après tout. « C'est moi qui dormirai sur le canapé », corrigea-t-elle, et il eut la certitude que c'était cela qu'elle voulait. Ils restèrent encore un moment debout dans le couloir, chacun des deux essayant de comprendre ce qu'il avait dit ou fait de travers, ni l'un ni l'autre n'ayant l'audace d'avouer son vrai désir. Sam passa une couette et un tee-shirt à Kasia et alla se coucher.

Il fit un drôle de temps, cette nuit-là : il se mit à pleuvoir dès que Sam eut posé la tête sur l'oreiller – d'énormes gouttes qui tombaient avec une telle détermination, une telle obstination qu'on aurait cru qu'elles avaient attendu pendant des années avant de se déchaîner précisément ce jour-là et en cet endroit-là. Sam s'assoupit mais dormit mal, réveillé de temps à autre par le vent qui secouait la fenêtre ou par la pluie qui tapait contre la vitre.

Lorsque le jour pointa, Sam se réveilla pour de bon, avec la gorge sèche et une envie pressante d'uriner. Il se leva, alla aux toilettes les yeux fermés puis, sans réfléchir, tira la chasse d'eau. Quand il repassa devant le salon, il s'arrêta sur le seuil et regarda Kasia, endormie sur le divan : elle était allongée sur le ventre, les bras repliés sous la tête, la couette à hauteur des reins. Le tee-shirt qu'il lui avait donné était posé par terre, toujours plié.

Sam contempla les cheveux de Kasia, sa peau qui prenait un éclat particulier à la lumière du jour naissant, comme la veille à la clarté de la lune. Sam observait Kasia et imaginait des choses, par exemple qu'il soulevait doucement la couette et apercevait le creux de ses reins, ses fesses, ses cuisses, le creux de ses genoux, ses pieds. Il imaginait qu'elle se mettait à genoux sur le divan et qu'il découvrait la ligne de ses seins, son ventre lisse, sa toison. Il eut une érection et ne put s'empêcher de se rapprocher. Il s'assit au bord du canapé, posa la main sur la joue de Kasia et attendit sans esquisser le moindre mouvement. Il mourait d'envie de toucher d'autres parties de son corps mais il luttait en même temps contre cette envie ; ne sachant que faire, il se tint immobile, un peu gêné, la respiration haletante.

Pendant qu'il la regardait, des picotements au bout des doigts, elle ouvrit les yeux, le dévisagea sans surprise, leva la tête, la reposa. Puis elle saisit la main de Sam, toujours posée sur sa joue, la porta à ses lèvres et lui mordilla délicatement, un à un, le bout des doigts, avant de lui lécher l'index. Sam s'agenouilla près d'elle et posa son autre main sur le dos de Kasia ; sa main tremblait presque au contact de cette peau douce et lisse, et il accentua légèrement sa pression. Il lui caressa les épaules, glissa les doigts le long de sa colonne vertébrale, jusqu'à la courbe des fesses et à la naissance des cuisses. À la voir, les yeux clos, les lèvres caressant sa main, il éprouvait un désir si fort qu'il en tremblait. C'est alors qu'elle se releva lentement et se mit à genoux.

Exactement comme il l'avait imaginé, Kasia se mit à genoux et la couette glissa de ses reins ; à la lumière de l'aube, Sam put admirer ses seins, sa peau mate et douce, son ventre lisse, sa toison sombre. Elle vint se placer face à lui, sur la moquette, et ils commencèrent à s'embrasser. Il lui caressa les seins, le ventre, le sexe. Elle gémit, il gémit aussi, ils roulèrent au sol et elle se retrouva sur lui, tandis qu'il enlevait fébrilement son caleçon et qu'elle lui retirait son tee-shirt. Quand il la pénétra, elle jouit presque immédiatement – et il la rejoignit aussitôt.

Ils demeurèrent allongés sur la moquette du salon, dormant par intermittence, regardant le jour se lever ; puis, à six heures, une heure avant le moment où Sam devait se lever, il commença à caresser Kasia, lentement, délicatement ; couchée sur le dos, elle soupirait. Ils firent l'amour, en prenant leur temps cette fois, en essayant de prolonger aussi longtemps que possible leur plaisir. Après, Kasia posa sa tête au creux de l'épaule de Sam et lui caressa les cheveux jusqu'à ce que la petite aiguille de la pendule atteigne le chiffre sept ; alors Sam se sépara de Kasia pour aller prendre une douche. Quand il revint, il la trouva assise, enveloppée dans la couette, le regard tourné vers la fenêtre.

« Je me demandais, Sam, s'il existe un mot pour dire "qui ressemble à un oiseau" ? »

Elle était sûre que Leo aurait su lui répondre.

Sam haussa les épaules. « Oiseaux ? Oisif ? » répondit-il en se séchant les cheveux. « Oisistique, peut-être ? » suggéra-t-il, la serviette pendue autour de son cou.

Kasia lança un coussin à la tête de Sam. Il se pencha pour déposer un baiser sur les lèvres de Kasia.

# 20

« Sam à l'appareil.

— Ici Clive.

— Bonjour, Clive, comment allez-vous ?

— Très bien. Enfin… je reste chez moi aujourd'hui parce que j'ai une conjonctivite, mais à part ça…

— Oh, je suis désolé pour vous, Clive. » Il restait chez lui à cause d'une conjonctivite ? Une conjonctivite ! Sam, s'il manquait plus d'une journée, devait fournir un certificat médical en bonne et due forme. « Vraiment désolé, répéta-t-il.

— Écoutez, j'ai laissé mon dossier TV au bureau et j'ai besoin de travailler dessus. Pourriez-vous m'envoyer par coursier un paquet avec l'ensemble des scripts, le planning, les devis, le descriptif si possible, ah ! et aussi les détails de l'opération "Témoignages en direct". Il faudrait que j'aie ça avant midi, je risque de sortir ensuite faire un peu de golf.

— Pas de problème, Clive. » Sam pivota sur son siège et passa la tête sous le câble du téléphone. Gail, debout, pieds nus, sur une grande feuille de papier blanc, dessinait les contours de ses pieds. Michael prenait une photo Polaroïd de Sally près de la fenêtre, et quelqu'un dormait dans le bureau de Jeff. La place de Lauren était inoccupée.

« Il faut que ce soit avant midi ? Cela risque d'être un peu juste.

— Si j'ai dit avant midi, ça doit être avant midi », riposta Clive.

Sam souriait, il ne pouvait s'en empêcher. Il pensait à Kasia, à son corps merveilleux, à sa chaleur, à sa peau mate. Il pensait à son proche départ, aussi. Clive ne sait pas encore que j'ai démissionné, songea-t-il. L'agence n'avertirait les clients qu'une fois Sam parti. Il mourait d'envie de le lui annoncer sur-le-champ (« Je quitte l'agence, Clive. Allez vous faire foutre avec votre golf et votre conjonctivite ! »), mais il n'ignorait pas que ce serait beaucoup plus drôle d'attendre.

« Ah, au fait, Sam.

— Oui ?

— Je n'ai rien vu concernant l'annonce presse depuis que vous me l'avez présentée.

— En fait, je n'ai rien vu moi non plus, mais je l'attends pour la fin de la semaine. Vous pourrez donc la voir au début de la semaine prochaine.

— À la fin de cette semaine, vous voulez dire.

— Oui, bien sûr, c'est ce que je voulais dire. Merci d'avoir rectifié », répondit Sam, un petit sourire aux lèvres.

Depuis qu'il avait remis sa démission, Sam débordait d'idées sur la façon de se venger de McLeod Seagal, des plus rudimentaires – mettre le feu aux bureaux, par exemple, ou provoquer une inondation – jusqu'aux plus élaborées, dont la complexité lui donnait le vertige. Il voulait imaginer quelque chose d'original, d'inédit ; aussi, chaque fois qu'il avait un moment de répit – et souvent quand il n'en avait pas –, il se creusait les méninges, examinait les diverses possibilités, réfléchissait à quelque invention inoubliable, qui resterait dans l'histoire de McLeod Seagal Gale.

Assis à son bureau, il s'amusait maintenant à considérer tous les objets qui l'entouraient sous l'angle humoristique : ordinateur, téléphone, lampe, meuble de rangement, récepteur d'appels, portable. Plus que trois semaines avant de quitter définitivement l'agence. Il trouverait quelque chose.

Sam sortit du club de sport et se dirigea vers le banc où il avait rendez-vous avec Kasia. Elle était déjà là, assise jambes croisées, les yeux levés vers un arbre. Sam s'arrêta dans la rue pour l'observer : sa silhouette lui était déjà si familière... Quand il la vit fixer le bout de sa chaussure d'un air pensif, il éprouva une sensation bizarre, difficile à cerner – se situait-elle dans le ventre ? le cœur ? les poumons ? –, une sensation qui lui contractait la poitrine, gênait sa respiration, provoquait des fourmillements sur sa peau. Il regardait le corps de Kasia, son visage, son profil, et il hésitait. Il avait envie de courir vers elle, de lui parler jusqu'à la tombée de la nuit, de lui confier ces sentiments étranges, de lui avouer tout ce qu'il pensait, tout ce qui lui venait à l'esprit quand il était couché, la nuit, dans son lit. Il voulait l'entendre dire qu'elle ressentait la même chose et découvrait, elle aussi, dans son propre corps, des sensations nouvelles. Mais il se contentait de demeurer debout sur le trottoir et de la contempler de loin. Il se sentait timide et gêné car, même si ces manifestations ne lui étaient pas habituelles, il savait très bien ce qu'elles signifiaient.

Il avait plu, mais le soleil commençait à réapparaître derrière les nuages. Ils passèrent quelque temps assis sur le banc, des flaques d'eau à leurs pieds, de l'air humide dans les narines, et ils s'embrassèrent. Tous deux désiraient davantage mais ni l'un ni l'autre n'osait suggérer de rentrer pour se mettre au lit ; alors ils se contentèrent de s'embrasser, un peu intimidés, parfaitement indifférents au reste du monde.

« Allons au parc », proposa Kasia brusquement. Elle se leva, fixa la bande de ciel entre les immeubles, et mit ses bras autour d'elle.

« Quel parc ?

— N'importe lequel. »

Main dans la main, tel un couple en vacances, ils remontèrent Regent Street avec ses magasins de chaussures désuets, traversèrent Oxford Circus, longèrent les ambassades, les instituts, et atteignirent les grilles du parc à l'instant où le soleil pointait pour les accueillir en cette claire soirée de juin.

« On ne peut pas rester trop longtemps, dit Kasia. Il faut qu'on rentre s'occuper de Birdy. »

Le portable de Sam sonna et le numéro de Clive s'afficha. Sam appuya sur la touche « Occupé » tout en sachant qu'il devrait, le lendemain matin, faire face aux conséquences fâcheuses de cet acte. Mais le lendemain matin paraissait loin, et Clive n'avait plus le pouvoir de l'atteindre. Le téléphone se remit à sonner. Sam le déconnecta.

« Qu'est-ce que tu préfères ? interrogea Kasia en prenant Sam par la main et en l'entraînant au bord du lac pour regarder l'eau. Court ou long ?

— Court.

— Aigre ou doux ?

— Doux.

— Jour ou nuit ?

— Nuit.

— Majeur ou mineur ?

— Mineur.

— Fruit ou légume ?

— Fruit.

— Bruit ou silence ?

— Silence.

— Noir ou blanc ?

— Blanc.

— Droite ou gauche ?

— Droite.
— Lisse ou rugueux ?
— Lisse », répondit Sam en levant les sourcils, puis il écarta les cheveux du visage de Kasia et lui effleura le bout du nez.

Ils se promenèrent dans le parc sans prêter beaucoup attention à ce qui les entourait. Lorsque la première goutte de pluie tomba, elle se posa sur le bout du nez de Kasia – à l'endroit même que Sam avait caressé –, avant d'aller s'écraser à ses pieds.

« Il pleut, dit-elle en se frottant le nez.
— En effet. Voilà qui est extraordinaire. Je n'ai pourtant pas commandé la pluie. Et toi ?
— Certainement pas. Pas pour ce soir, en tout cas. Que comptes-tu faire ? »

Elle le regarda et admira une fois de plus ses yeux bleus qui, telles des pierres, semblaient briller davantage sous la pluie.

« Je vais déposer une réclamation et demander à être remboursé.
— Mais dans l'immédiat, quand je commence à être mouillée ?
— Je l'ignore. »

Ils se regardèrent sous la pluie qui les transperçait peu à peu.

« Eh bien, il faut que tu trouves quelque chose, insista Kasia, avec un clin d'œil provocateur. Il pleut à verse, tu n'as rien pour me protéger : un parapluie, un imperméable, des bottes ? Ne peux-tu les faire apparaître par magie ?
— J'ai mon portefeuille, proposa Sam en le sortant de sa poche, et mon sac de sport, ajouta-t-il en désignant le sac sur son épaule.
— Que ça te serve de leçon ! Tu dois toujours être prêt à bondir au secours d'une dame. Voyons ce qu'il y a là-dedans. » Elle lui arracha des mains le portefeuille et se dirigea vers un arbre sous le feuillage

duquel elle s'abrita. Puis elle brandit les cartes de crédit de Sam. « Je vais partir en vacances et voyager à travers le monde avec ça, déclara-t-elle. Avec celle-ci, je m'achèterai un panda en Chine, avec celle-là un arbre à thé en Australie, avec celle-là des rouleaux de printemps en Malaisie, et... » Elle fixait des yeux une des cartes et en effleurait du doigt les caractères en relief. Sam l'avait suivie sous l'arbre; il l'enlaça et posa la tête sur son épaule, mais elle s'écarta. *S.L. Glass*, lut-elle, et elle observa la carte dans sa main pendant un long moment avant de lever les yeux vers Sam.

« Tu ne m'avais jamais dit que ton nom de famille est Glass.

— Tu ne me l'as jamais demandé. »

Kasia examina de nouveau la carte. « Tu connais Leo Glass ?

— Je suis Leo Glass, répliqua Sam avec un sourire. Samuel Leonard Glass », précisa-t-il dans un murmure.

Prononcer son propre nom le mettait mal à l'aise. Il tenta d'attirer Kasia contre lui mais elle résista.

Kasia pensa un instant que son rêve était devenu réalité : Leo, d'une manière ou d'une autre, avait maintenant le même âge qu'elle, et c'était lui qui se tenait ici auprès d'elle. Peut-être s'agissait-il d'un songe – ce ne pouvait être que cela. Rien d'aussi extraordinaire ne s'était encore produit dans la vie de Kasia.

« Mais connais-tu le Leo Glass qui a quatre-vingt-six ans, des cheveux blancs, et qui vit à Highbury ? »

Ce fut au tour de Sam de s'étonner. « Comment le connais-tu ? »

Les questions se bousculaient dans sa tête : Avait-il déjà rencontré Kasia ? Étaient-ils allés à l'école ensemble ? Était-elle sa sœur ? Comment connaissait-elle Leo ? Leo était aujourd'hui un vieil homme dont la plupart des amis avaient disparu.

Kasia considéra Sam, une fois de plus : ses cheveux noirs, ses yeux bleus pétillants, son expression tranquille. Ils se dévisagèrent en silence.

« Je m'occupe de lui », dit-elle enfin.

Elle songea au vieux monsieur, seul devant son poste de télévision, ce soir comme tous les autres soirs de l'année, et elle éprouva un sentiment de culpabilité.

« Je suis son aide ménagère.

— C'est... (Sam regarda dans le vague.)... mon grand-père. »

Il dut faire un effort pour superposer Kasia avec la jeune femme qui allait voir Leo trois fois par semaine.

Kasia, de son côté, se rendait compte que Leo avait eu raison de lui dire qu'elle rencontrerait un homme, qu'un homme l'attendait quelque part. Et cet homme était son petit-fils. Leo ne pouvait pas être l'homme de sa vie, car il était trop vieux, mais Sam, oui. Kasia ressentit une immense gratitude envers Leo, parce qu'il avait eu un fils qui lui-même avait eu un fils. Tout devenait soudain d'une parfaite cohérence. Évidemment, Sam était le petit-fils de Leo ! Voilà pourquoi il partait pour l'Antarctique. Voilà pourquoi elle était tombée amoureuse de lui si vite ; elle était déjà amoureuse de lui avant de le rencontrer. Elle était prédestinée envers la famille Glass, elle était fin prête pour un Glass de son âge, et il se tenait là, devant elle.

Quant à Sam, il n'aimait pas moins Kasia maintenant qu'il savait qui elle était et la découvrait déjà intégrée à une autre partie de sa vie. Mais il se rappelait les propos de sa mère, le jour du mariage de Mark, dans le jardin de Clarissa : elle avait dit qu'elle pensait que Leo était amoureux de la fille qui s'occupait de lui. Et il se souvenait de sa propre réaction : cette supposition lui avait paru ridicule et il jugeait même que c'était faire injure au self-control de Grand-Père de La Mousse. En contemplant Kasia dont le visage resplendissait sous la pluie, dont les cheveux, mouillés, semblaient plus noirs que d'habitude, il songea : Comment pourrais-je le blâmer ?

Tous deux continuaient à se dévisager. Des tas de questions surgissaient brusquement, un vaste sujet de discussion s'imposait tout à coup. Sam eut envie de demander à Kasia des nouvelles de Leo, mais il se rendit compte qu'il aurait dû savoir comment se portait son grand-père, et il lui vint à l'esprit que peut-être Kasia en voulait à sa famille de ne pas s'occuper suffisamment de lui. Avait-elle rencontré un autre membre de la famille ? Qu'est-ce que Leo lui avait raconté, au juste ? Avait-il parlé de *lui*, Sam ? Kasia avait-elle vu des photos de lui gamin ? Savait-elle qui il était la première fois qu'elle l'avait rencontré ?

Il lui prit la main et ils marchèrent sous la pluie – un fin crachin, désormais – tout en discutant de ce nouveau point commun qu'ils venaient de découvrir entre eux. Ils parlaient avec précaution, questionnaient avec prudence, car ils ne savaient pas exactement ce que l'autre ressentait à propos de cette découverte. La pluie cessa, le soleil réapparut, et un gigantesque arc-en-ciel prit possession du ciel de Londres. Il s'arrêtèrent pour l'admirer.

« Regarde, dit Sam, tu vois le deuxième arc-en-ciel, juste au-dessus, plus pâle ? » Kasia hocha affirmativement la tête. « Ce phénomène est dû à une réfraction secondaire. Quand le soleil brille à travers les gouttes de pluie, les rayons lumineux dévient, se séparent en plusieurs couleurs et ressortent de l'autre côté ; c'est comme ça que se forme un arc-en-ciel. Mais quelques rayons lumineux se réfractent un peu plus longtemps dans les gouttes de pluie et ressortent sous un angle différent ; c'est pour ça qu'un deuxième arc-en-ciel se forme un peu au-dessus du premier. » Kasia hocha à nouveau la tête et ramena ses cheveux en queue-de-cheval sur la nuque. « Et cette partie, sombre, là, entre les deux, s'appelle la "bande d'Alexander". Tu sais qu'on peut voir des arcs-en-ciel la nuit ?

— Oui, répondit Kasia avec un sourire. Quand le ciel est clair, qu'il pleut et que la lune est levée. Mais ils sont beaucoup plus pâles, n'est-ce pas ? »

Sam enleva ses lunettes et les essuya sur sa chemise. Il les remit et sourit.

« Si tu sais tout ce que sait Leo, alors je vais te paraître très ennuyeux.

— J'aime les gens ennuyeux », répliqua-t-elle en lui embrassant la paume de la main.

Une fois que Sam eut présenté sa démission, l'atmosphère au bureau devint plutôt bizarre. Certains se mirent à l'ignorer complètement : ils ne se donnaient même pas la peine de lui dire bonjour ou au revoir, et étaient tout juste capables d'indiquer l'étage où ils allaient, si jamais ils montaient dans l'ascenseur et que Sam y était déjà. D'autres se précipitèrent aussitôt pour lui souhaiter bonne chance et le féliciter de partir à l'étranger. Il avait l'impression que les gens ne croyaient pas vraiment à cette expédition au pôle Sud, qu'ils le soupçonnaient de passer dans une autre agence et d'avoir inventé cette histoire abracadabrante pour brouiller les pistes. Mais cela ne se lit-il donc pas sur mon visage ? s'étonnait-il, car lui-même avait remarqué le changement survenu dans sa physionomie depuis qu'il n'avait plus à affronter la perspective d'innombrables années de travail sans intérêt entre les quatre murs de cet immeuble de Soho. Il avait meilleure mine, ses cheveux ne blanchissaient plus et ne tombaient plus par poignées, les pattes-d'oie avaient disparu de son visage, il avait minci, il se sentait en pleine forme.

Angela faisait comme s'il n'existait pas. Incapable seulement de le regarder, elle lui envoyait en revanche une dizaine d'e-mails par jour, que Sam effaçait presque tous sans même en prendre connaissance. Appuyer avec sa souris sur la touche « Effacer » était un des meilleurs moments de la journée. Il se mit à communiquer le numéro de téléphone d'Angela à la place de son propre numéro de fax, et il jubilait de la voir décrocher à tout instant et n'entendre qu'un bip sonore au bout du fil. Jeff continuait de parler à Sam : il ne pouvait résister à la tentation de l'abreuver de conseils pour sa vie future. Les autres – Michael, Gail et Chloe – le regardaient avec envie, ils étaient contents qu'il ait réussi à trouver une échappatoire ; il réalisait son désir, et aucun des trois ne considérait que le sacrifice d'une carrière dans la publicité était trop grand : ils auraient agi exactement de la même façon.

« Henry ?

— Sammy !

— Ça va bien ?

— Super bien. Génial. Orgastique.

— À quel numéro en es-tu ?

— Eh bien, après m'être attardé quelques jours avec la 23, je suis passé à la 26, avec laquelle je folâtre actuellement.

— J'espère que tu es prudent, sinon tu vas laisser à Londres un régiment d'enfants sans père.

— C'est exactement ce que je veux : concevoir une génération entière avant de partir.

— Oh, là là ! mais comment te débrouilleras-tu, une fois là-bas ? Il doit y avoir en tout et pour tout deux femmes sur l'ensemble du continent.

— Parfait. Deux me suffisent. Trois, ça commence à être trop. À propos, tu as des nouvelles de Gray ?

— Non, pourquoi ?

— Il m'a raconté je ne sais quoi à propos d'un oiseau qu'il aurait trouvé dans votre cuisine, et apparemment pas le genre d'oiseau qu'il pourchasse.

— Ah oui ! Merde, j'ai oublié de lui en parler. Kasia a recueilli un oiseau, l'autre soir.

— Vraiment ? Et l'oiseau a atterri chez toi ? Alors, tu as couché avec elle ?

— Devine.

— C'était bien ?

— Orgastique ! »

Kasia finit par mettre Leo au courant. Elle était persuadée qu'il serait content pour eux, car elle ne le croyait pas réellement amoureux d'elle et n'imaginait pas un instant qu'il pût être jaloux. Après lui avoir fait la lecture pendant une heure environ, comme d'habitude (Leo avait choisi *Officier et Gentleman*), elle reposa le livre et demanda à Leo comment il se sentait.

« Vous, vous resplendissez », lui répondit-il après un silence, et chacun comprit que l'autre savait à quoi s'en tenir : Leo avait deviné que Kasia était amoureuse, Kasia le savait, et il n'ignorait pas qu'elle le savait.

« Aimeriez-vous connaître son prénom ? » interrogea-t-elle en allongeant les jambes et en étirant les bras au-dessus de sa tête.

Kasia était gênée mais cherchait à donner le change. Elle releva ses cheveux, les enroula et les attacha avec une pince.

Leo haussa les épaules. « Il porte un beau prénom ? demanda-t-il en s'efforçant de prendre un ton détaché.

— Un prénom que j'aime, répondit-elle d'une voix douce. Il s'appelle Sam. »

Leo baissa la tête, examina ses mains, puis regarda Kasia. « Mon Sam ? questionna-t-il après un long silence, et il cligna des yeux.

— Oui », murmura-t-elle avec l'expression d'un enfant qui attend des félicitations de ses parents.

Le visage de Leo se fendit d'un sourire. Il hocha lentement la tête et agita les doigts. Ce sourire lui coûtait. Si le prénom avait été Richard, William ou Oliver, cela n'aurait eu aucune importance. Mais il s'agissait de quelqu'un qu'il connaissait. Il s'agissait de Sam – le même Sam qui partait pour l'Antarctique.

« Vous avez fait le bon choix », dit-il en dévisageant Kasia.

Leo éprouvait un curieux sentiment. Bien entendu, il était content pour eux : ces deux-là étaient faits l'un pour l'autre, sans nul doute. Mais, parfois, des pensées sournoises, déplaisantes, se frayaient un chemin dans sa tête et il se sentait jaloux de Sam. Jaloux parce que Sam était jeune et viril, jaloux parce que Sam partait pour le continent que Leo aimait tant, jaloux parce que lui, qui avait passé tellement de temps avec Kasia, ne pouvait toutefois pas l'avoir pour lui tout seul. C'était pourtant ce dont il avait envie.

Seulement Leo était vieux, et il avait honte de sa jalousie. Tu n'es vraiment pas raisonnable, se reprochait-il, tu as vécu ta vie, laisse-les donc vivre la leur et être heureux. Sam est mon petit-fils, je ne vais tout de même pas être jaloux de la chair de ma chair. Mais ne s'agissait-il pas, justement, de la pire des jalousies – celle qui fait vraiment mal, qui vous tord l'estomac, déforme vos traits, vous empoisonne la vie ? Une jalousie qui ne vous lâche pas, qui vous harcèle, vous tenaille impitoyablement, jour après jour. Leo la sentait à l'intérieur de lui, aigre comme une indigestion, brûlante comme une fièvre infectieuse. Qu'ai-je appris de la vie ? se demandait-il alors, accablé par la honte.

Il souriait donc à Kasia et discutait avec elle de son amour tout neuf. Il bavardait avec Sam et s'efforçait de son mieux de partager sa joie, son enthousiasme, son émerveillement devant la femme de ses rêves. Mais maintenant il n'était plus qu'un simple spectateur. Il se retrouvait seul à nouveau, et dans sa solitude il pleurait. Et chaque fois qu'il souriait à Kasia, les larmes lui montaient aux yeux.

# 21

Sam pénétra dans l'appartement, alla droit à la cuisine et fit chauffer la bouilloire. Il se dirigeait vers le salon quand un bruit inhabituel le surprit – des voix venaient de cette pièce. Il s'arrêta pour écouter : c'étaient bien des voix, des voix réelles. Leo recevait rarement des visiteurs le week-end, à part la famille, et dans ce cas Sam aurait été au courant. Pourtant il y avait du monde dans la pièce. Décontenancé, il tendit l'oreille et reconnut bientôt une des voix – une voix de femme aux intonations particulières : la voix de Kasia.

Il resta un moment interdit, puis avança de quelques pas et s'apprêta à entrer. Quelque chose l'en empêcha. Était-ce parce qu'il se trouvait à l'endroit précis où se tenait son grand-père la nuit où il avait contemplé le ciel avec Kasia, ou parce que Avril avait surgi brusquement devant lui et le fixait de ses grands yeux énigmatiques ? Toujours est-il qu'en voyant la chatte Sam mit instinctivement un doigt devant sa bouche, comme pour intimer à un enfant l'ordre de se taire. Puis il entendit Kasia parler.

« Mais pourquoi voulez-vous que je vous lise ça ? » demandait-elle, d'un ton que Sam ne lui connaissait pas. Ses inflexions étaient bien les mêmes – elle atténuait certaines voyelles, appuyait sur les consonnes –, son timbre aussi, incontestablement, mais on percevait quelque chose en plus, une espèce de douceur, de tendresse, de nuance interrogative qui surprirent Sam.

« Parce que j'aimerais l'entendre, c'est tout. Je lisais beaucoup les œuvres de ce poète quand j'étais plus jeune, et maintenant je ne peux plus. Pour être franc, je l'avais presque oublié, mais quelque chose ce matin m'a fait penser à lui.

— Je suis incapable de le lire, il y a des mots que je ne sais pas prononcer, et je ne comprends rien à ce poème.

— Tant pis, laissez tomber, ça n'a pas d'importance. »

Un silence s'installa. Sam, toujours debout dans le couloir, se sentait honteux d'écouter en cachette leur conversation. Il esquissait un mouvement quand le dialogue reprit derrière la porte du salon.

« Bon, d'accord, dit Kasia, mais je vais certainement le lire très mal.

— Ce n'est pas grave », affirma Leo d'un ton léger.

Kasia commença sa lecture à voix basse, comme si elle lisait pour elle-même.

*Attrape une étoile filante,*
*Fais qu'une Mandragore enfante,*
*Dis-moi où sont les ans passés,*
*Qui du Diable a fendu le pied,*
*M'enseigne à ouïr les Sirènes,*
*À parer les dards de la haine,*
*M'apprends*
*Quel vent*
*Pousse un cœur honnête en avant.*

Kasia s'arrêta et jeta un coup d'œil sur la suite du poème. Les mots n'avaient pratiquement aucun sens pour elle, ce qui la frustrait et la mettait mal à l'aise. Elle reprit sa lecture.

*Si tu es né pour l'impossible,*
*Pour voir des choses invisibles,*
*Cours si loin que sur toi le Temps*
*Fasse neiger des cheveux blancs.*
*Tu me diras à ta rentrée*
*Les merveilles qu'as rencontrées, Et puis*

*Qu'ici*
*Il n'est belle fidèle aussi.*

*S'il en est une, écris : je gage*
*Que ce fût doux Pèlerinage;*
*Et pourtant non, je n'irais point,*
*Dussé-je la trouver non loin :*
*Quand écrivant tu l'aurais vue*
*Fidèle, jusqu'à ma venue*
*Je crois*
*Ma foi*
*Qu'elle en trompera deux ou trois*[1].

À nouveau le silence. Sam, une fois de plus, se dit qu'il fallait qu'il bouge, qu'il entre dans la pièce, mais pas tout de suite, pas encore : il attendrait qu'ils aient repris leur discussion. Ce fut Kasia qui parla la première.

« Je n'y comprends rien, c'est du chinois pour moi, déclara-t-elle d'une voix tendue.

— Eh bien, je vais vous raconter de quoi ça parle. (Leo se racla la gorge.) Dans les deux premières strophes, le poète dit que, si vous êtes capable de choses aussi extraordinaires qu'entendre le chant des sirènes ou comprendre le temps qui passe, alors vous pouvez entreprendre un très long voyage pour me trouver une femme à la fois belle *et* fidèle. Dans la

1. John Donne (1573-1631), « Chanson », in *Poèmes*, traduits par Jean Fuzier et Yves Denis, édition bilingue, coll. « Poésie/Gallimard », 1962.

dernière strophe, il affirme que, si cette femme reste fidèle pendant le temps que prendra votre lettre pour me parvenir, en revanche elle aura été infidèle au moment où j'arriverais là-bas, parce que aucune femme ne peut être à la fois belle et fidèle à un seul homme. »

Kasia réfléchit en silence, puis fronça les sourcils. « Quelle absurdité ! protesta-t-elle. C'est ridicule. Encore un misogyne qui... »

Elle se tut. Les mots s'évanouirent dans sa gorge, et une image s'imposa à son esprit avec une bouleversante évidence : l'image de Leo et de Sam, tels qu'ils apparaissaient sur la photo prise le jour du mariage de Mark – comme une tache d'encre sur une feuille qu'on plie en deux et qui reproduit exactement le même dessin de chaque côté, avec le temps pour ligne de séparation. Elle savait clairement ce que Leo lui apportait, la confiance qu'il lui témoignait, les confidences qu'il lui faisait ; elle se rendait compte qu'elle l'encourageait, car tout ce qu'il disait revêtait une grande importance pour elle. Puis elle imagina Sam, sa jeunesse, sa force – Sam qui était son égal, son ami, son amant, son contraire. Sam qu'elle pouvait toucher.

L'espace d'un instant, elle eut l'impression que tous les deux, Sam et Leo, avaient le pouvoir de lire dans ses pensées.

« Vous avez raison, bien sûr, c'est absurde », dit Leo, et il tourna les yeux vers la fenêtre.

Kasia fut saisie d'un sentiment étrange : celui d'avoir été infidèle, mais sans savoir ni comment ni à qui.

Sam déglutit : il se sentait pareil à un voyeur qui regarde une femme se déshabiller tandis qu'elle se croit seule. Il était debout face à la fenêtre du couloir et voulait se retourner sans faire craquer le plancher ; c'est alors qu'il entendit de nouveau les voix dans le salon.

« À quoi servent-ils ? interrogeait Kasia, tel un enfant curieux.

— Ce sont des comprimés anti-inflammatoires. Pour mon arthrite. » Sam entendit le bruit d'un flacon de verre qu'on agite.

« Quel effet ressentez-vous quand vous les prenez ? »

Kasia parlait d'une voix très douce, un peu comme dans un rêve – un rêve dans lequel il n'y aurait eu personne au monde à part Leo et elle, dans ce salon d'une maison du nord de Londres.

« Essayez », répliqua Leo en lui tendant le flacon. Kasia remarqua une lueur de défi dans son regard. Cette lueur, il l'avait sûrement eue toute sa vie et elle n'avait pas disparu avec la vieillesse. Kasia comprit soudain ce qui avait conduit Leo à voyager au Brésil et en Antarctique, et à accomplir tant de choses extraordinaires.

Sam, toujours debout dans le couloir, face à la fenêtre, essayait désespérément de comprendre ce qui se passait. Kasia prenait-elle le flacon des mains de Leo ? Lisait-elle l'étiquette ? Ou bien avait-elle juste secoué la tête, et Leo s'était-il remis à contempler le ciel ? Sam n'entendait rien. Il n'entendit pas Kasia dévisser le bouchon du flacon de comprimés, il ne l'entendit pas boire, il ne l'entendit pas avaler. Son cœur battait la chamade. Une phrase s'imposa à lui : *C'est mal*. Puis une autre : *Pardonner à ceux qui nous ont offensés*. Ces mots résonnaient en lui au rythme des battements de son cœur, se répercutaient dans tout son corps, vibraient dans sa tête, circulaient dans ses veines.

Il se retourna lentement et avança sans faire de bruit vers la porte du salon en retenant son souffle. Avril se faufila devant lui, déconcertée par son étrange comportement. Ce qu'il voulait, c'était entrer au salon, prendre Kasia par la main, l'emmener chez lui et lui faire l'amour, parce qu'elle était belle, parce qu'elle était sienne, parce qu'il voulait être sûr qu'ils s'appartenaient l'un l'autre.

Subitement, il entendit ce qu'il redoutait le plus : des pas qui approchaient. Il se figea sur place, le cœur battant, incapable du moindre mouvement.

« Bonjour. »

Elle sursauta.

« Sam ! Tu m'as fait peur.

— Désolé. Je... je viens juste d'arriver, je... je ne savais pas que tu étais là.

— Je ne t'ai pas entendu entrer. » Elle l'observa un instant, tel un oiseau, la tête inclinée sur le côté. Ni l'un ni l'autre n'osait avancer, chacun craignait d'empiéter sur le territoire de l'autre.

« Kasia, appela Leo depuis le salon, à qui parlez-vous ?

— Comme j'ai eu un empêchement hier, expliqua-t-elle à Sam, j'ai dit que je passerais aujourd'hui. J'ignorais que tu devais venir. Sam est là, répondit-elle à Leo.

— Euh... en réalité, je n'avais prévenu personne, bégaya Sam. J'ai un trousseau de clés.

— Oh ! » murmura Leo ; sa voix ressemblait à une plainte.

Kasia fit un signe de tête à Sam.

« Bonjour, grand-père ! » cria Sam. Kasia et lui n'avaient toujours pas bougé, et l'on aurait pu croire que rien ne liait ces deux êtres.

« J'allais préparer du thé, tu en veux une tasse ? » proposa Kasia ; elle passa avec précaution devant Sam, sans le toucher.

Sam pensa tout à coup à la bouilloire qu'il avait mise en marche peu auparavant ; l'eau devait être chaude, maintenant.

« Bonjour, Sam ! »

C'était la voix de Leo, teintée cette fois d'une note de gaieté.

« Non, non, je ne reste pas », répondit Sam à Kasia, après une seconde d'hésitation. Puis il baissa la voix. « Y a-t-il un problème ? » s'inquiéta-t-il. Il avança d'un pas vers elle et fit un geste pour la retenir. Il voulait l'empêcher d'aller à la cuisine.

Sans bouger de l'endroit où elle était, Kasia hocha la tête en signe de dénégation. Sam s'approcha d'elle et l'embrassa sur la joue – baiser chaste d'un frère à une sœur. Kasia était figée sur place.

« J'irai juste saluer mon grand-père, ensuite je partirai », dit Sam en se glissant derrière elle pour se rendre à la cuisine, où il attrapa la bouilloire, la vida dans l'évier, la remplit à nouveau, la remit en marche. « OK ? » fit-il avant de se diriger vers le salon.

« Janie, c'est Sam. » Il attendit pour lui laisser le temps de se remémorer qui il était, et cliqua sur son e-mail afin de voir s'il avait reçu de nouveaux messages.

Manifestement, Janie se souvenait très bien de lui.

« Sam ! Bonjour, comment vas-tu ?

— Bien, et toi ?

— Super. Mais Janie t'en veut : Sam n'appelle jamais, Sam est un vilain garçon.

— Écoute, je vais partir quelque temps. En fait, pendant environ un an.

— Ah bon ! Où ça ?

— En Antarctique, au pôle Sud.

— Au pôle Sud ? Celui qui a été découvert par sir Walter Scott ?

— Euh… oui.

— Vraiment ?

— Oui.

— Et pourquoi vas-tu dans cette région ?

— J'ai obtenu un poste d'assistant de recherche auprès d'un groupe de scientifiques qui étudient l'impact du tourisme sur l'environnement polaire.

— Ouaou ! Je pourrai venir te rendre visite ?

— Euh... je ne sais pas. Peut-être. Je te le dirai.

— Il doit faire froid, là-bas, non ? Sûrement au-dessous de zéro.

— Très froid, en effet.

— Je suis vraiment épatée.

— J'organise une fête avant mon départ. Le 17 juillet. Je serais content que tu viennes.

— Avec grand plaisir, Sam. »

Sam barra le nom de Janie sur sa liste et passa à la personne suivante. Henry avait insisté pour qu'ils donnent une grande soirée mais, selon son habitude, il ne voulait pas s'en occuper.

« Tu préfères des corn-flakes ou des Coco Pops avec ton lait ? interrogea Kasia depuis la cuisine.

— Des corn-flakes. »

Elle revint se coucher, posa ses pieds sur les genoux de Sam pour les réchauffer, et lui tendit le bol de céréales.

« Merci. » Sam mit ses lunettes, se redressa et prit le bol. Puis il regarda par la fenêtre et aperçut la lumière éclatante du soleil de juin au-dessus des nuages. Soudain il pensa à son grand-père, à la façon dont il avait mené sa vie. Après la mort du père de Sam, Leo s'était fixé pour but de s'occuper de ses petits-fils et de veiller à ce qu'ils reçoivent une éducation aussi normale que possible. Mais, déjà avant cette époque, il semblait avoir toujours eu un objectif et savoir ce qu'il voulait. Aujourd'hui, c'était peut-être un peu différent, il fallait bien l'admettre – Sam ignorait que le centre d'intérêt de Leo, désormais, était Kasia –, mais avant, et durant la majeure partie de sa vie, son grand-père avait eu un but précis, un objectif clair.

Sam désirait aller en Antarctique, lui aussi, et ce désir était presque douloureux ; il ne tenait plus en place, il avait hâte de partir, de voir enfin, une bonne fois pour toutes, ce continent dont il rêvait depuis si longtemps. Les contraintes de la vie londonienne lui pesaient, il avait la sensation d'étouffer. Il savait qu'il avait raison de vouloir partir.

Kasia posa la tête sur l'épaule de Sam, le bras en travers de son ventre, et se serra contre lui.

« Je vais partir, tu sais », murmura Sam qui tenait toujours à la main son bol de céréales inentamé.

Ils n'avaient pas abordé ce sujet jusqu'à présent. Kasia était au courant depuis le début des projets de Sam et de la date de son départ, mais ils n'en avaient pas discuté depuis qu'ils avaient fait l'amour et étaient devenus des personnes différentes.

« Où ?

— En Antarctique. Je vais y aller, tu ne l'ignores pas. »

Kasia soupira. Elle se sentait calme et détendue, ce samedi matin, blottie dans la tiédeur du lit.

« Pourquoi ?

— Parce que j'y tiens. »

Kasia desserra son étreinte, s'allongea sur le dos et fixa le plafond. Que répondre ? Tout allait si bien, et cela devait déjà finir… Elle avait attendu toute sa vie de rencontrer un homme avec qui elle puisse réellement communiquer, et maintenant qu'elle l'avait trouvé, il lui fallait attendre encore. D'un autre côté, elle connaissait les histoires de Leo à propos de l'Antarctique, elle savait de quelle manière il en parlait. Elle ne voulait pas empêcher Sam d'y aller, mais elle avait envie de l'avoir auprès d'elle chaque matin en se réveillant. Elle poussa un profond soupir.

« Tu penses que c'est une raison suffisante ?

— Il faut que je fasse ce voyage. C'est mon seul objectif dans la vie.

— Tu pourrais en avoir bien d'autres, tu pourrais par exemple suivre une formation pour devenir avocat, médecin ou enseignant. » Kasia pensait à Leo en disant cela, elle se souvenait de la colère qu'elle avait éprouvée quand il lui avait parlé de cette façon.

« Oui, et je le ferai peut-être, mais, pour l'instant, c'est ce projet qui me tient le plus à cœur. Je dois aller en Antarctique, c'est ça que j'ai vraiment envie de faire.

— La plupart des gens passent leur vie à faire des choses qu'ils n'ont pas vraiment envie de faire, pourquoi faut-il que tu sois différent ? »

Sam haussa les épaules. « Je ne peux pas, c'est tout. Je ne m'imagine pas travailler jusqu'à la fin de mes jours dans la publicité. Ça ne m'intéresse pas, ça n'a aucun sens pour moi. À quoi bon être sur terre si on n'accomplit pas quelque chose qui nous passionne ?

— Et moi ? Tu ne tiens pas à moi ? Je ne suis pas assez intéressante pour que tu restes ? »

Sam posa son bol de céréales par terre. Voilà la question qu'il redoutait, le défi qu'il lui fallait relever. Comme toujours lorsqu'il discutait avec cette étrange créature, vulnérable, souvent sur la défensive, il avança avec prudence.

« Voilà justement le problème : toi. Tu es l'élément auquel je ne m'attendais pas, le point qu'ils n'évoquent jamais dans ces guides de voyage qui regorgent de détails sur la préparation des longues expéditions. Aucun n'avertit : "Ah ! au fait, ne tombez pas amoureux juste avant de partir." J'ai besoin de ton pardon, et je sais que je ne le mérite pas. »

Sam avait peur. Il songea, une fois de plus, à son grand-père. Qu'aurait décidé Leo s'il avait rencontré Natàlia alors qu'il s'apprêtait à partir à la recherche de la mousse la plus rare du monde ? Sam était persuadé que Leo aurait fait le bon choix. Le hic, c'est qu'il ignorait quel était le bon choix.

Kasia croisa ses mains sous sa nuque et respira à fond. Sam contempla sa peau brune, douce et tiède, sa peau au goût de noisette. Il avait envie de la toucher, mais il s'en garda bien.

« Tu penses que je devrais t'attendre ? interrogea-t-elle, les yeux au plafond.

— Je pense que tu devrais faire ce qui te semble bon, répliqua-t-il.

— Tu risques de ne jamais revenir.

— Je reviendrai. (Il se pencha pour lui caresser les cheveux.) Je reviendrai, et j'espère que tu seras toujours là.

— Combien de temps comptes-tu rester là-bas ?

— Un an. »

Kasia battit des paupières. Elle avait conscience que la pire chose serait d'empêcher Sam de partir. Il s'était découvert un but dans la vie, et c'était si rare qu'il ne fallait pas s'y opposer. Mais, en même temps, elle était fâchée et jalouse – jalouse parce qu'il savait ce qu'il voulait et qu'il allait l'obtenir, jalouse parce qu'il avait Leo pour grand-père et que Leo avait toujours été présent dans sa vie, qu'il l'avait entouré d'affection, lui avait enseigné quantité de choses, avait joué et blagué avec lui.

Elle se sentait abandonnée. Bien sûr, elle savait qu'il allait partir quand elle l'avait rencontré, mais secrètement elle avait espéré qu'il renoncerait à ce voyage. Elle avait imaginé qu'un jour il s'approcherait d'elle, poserait le doigt sur le bout de son nez et lui annoncerait :

« Je ne pars pas, je reste ici avec toi, et nous allons passer des moments merveilleux ensemble. »

Kasia était déçue, et honteuse d'avoir nourri de tels espoirs. En son for intérieur, elle avait la conviction que Leo serait resté : si Leo l'avait rencontrée au moment de partir, il aurait annulé son expédition. Il aurait fait cela pour elle, *lui*.

Mais elle avait beau désirer qu'il reste, cet espoir avait beau répondre à son besoin de sécurité, elle savait qu'elle avait tort. Survivrait-elle une année sans lui ? Supporterait-elle d'être délaissée pour l'Antarctique ? Il me reste Leo, pensait-elle. La vie continuera comme avant. Elle soupira et regarda Sam.

« Si tu m'attends, dit-il, je ne repartirai plus jamais nulle part. Jamais, je te le promets. » Elle le dévisagea. Serait-il capable de tenir une telle promesse ? Et s'il tombait amoureux de la princesse endormie ? Qu'adviendrait-il alors ? Comment Kasia pourrait-elle rivaliser avec un continent ? Sam pourrait-il s'empêcher de retourner encore et toujours vers l'Antarctique, tel un mari infidèle qui rejoint en secret sa maîtresse au beau milieu de la nuit ?

Ils n'abordèrent plus ce sujet par la suite. Kasia savait qu'elle ne pouvait rien faire pour empêcher Sam de partir, et Sam savait qu'il ne pouvait rien faire pour empêcher Kasia de rencontrer quelqu'un d'autre.

« Bonjour, monsieur Glass. »

Kasia posa ses affaires par terre et entra au salon. Leo dormait. Elle le regarda, examina les petits vaisseaux sur ses joues, ses grandes mains posées à plat sur ses genoux. Elle devinait exactement, en le voyant, à quoi ressemblerait Sam âgé.

Avril fit irruption dans la pièce et se mit à miauler en se frottant contre les jambes de Kasia. Kasia la prit dans ses bras et lui gratta l'arrière des oreilles en chuchotant gentiment : « *Koteczku, Prima Aprilisku.* »

« Monsieur Glass », répéta-t-elle. Il ne bougea pas, mais Kasia avait l'habitude de ce jeu-là. « Monsieur Glass », dit-elle une troisième fois, un petit sourire aux lèvres. Elle déposa Avril sur le sol et toucha l'épaule de M. Glass, prête à le voir réagir avec sa vivacité coutumière.

Elle le secoua doucement par l'épaule : son épaule était raide. Paniquée, elle le secoua plus fort. Il ne remuait toujours pas. Elle lui souleva le bras, lui saisit le poignet, plaça deux doigts sur l'artère. Le bras aussi était raide, et froid, mais elle vérifia tout de même le pouls. Puis elle toucha la joue sillonnée de petits vaisseaux : la joue était froide.

« Au secours ! murmura-t-elle, affolée. Au secours ! »

Elle courut dans tout l'appartement à la recherche de quelque chose susceptible de l'aider. Ensuite, elle décrocha le téléphone et appela une ambulance. « Qu'est-ce qui lui arrive ? » lui demanda-t-on au bout du fil. Que répondre ? « Je ne sais pas » fut tout ce qu'elle put dire. Elle garda les yeux fixés un long moment sur le combiné, puis retourna au salon.

Elle s'assit sur l'accoudoir du fauteuil de Leo et regarda le vieux monsieur, espérant que ses mains allaient soudain se mettre à voltiger dans l'air et son visage s'animer, comme s'il s'était agi d'une simple plaisanterie. Kasia savait ce qu'elle devait faire, mieux que personne elle avait mémorisé la marche à suivre. Avec des gestes lents, elle fouilla dans la poche de Leo. Elle avait peur – il l'effrayait – mais elle se raisonna : Il s'agit de Leo, se dit-elle, et Leo n'aurait pas voulu m'effrayer. Elle sortit la liste de la poche. Elle, Kasia, allait le réveiller, le ranimer.

Elle commença par l'instruction numéro 1, approcha un bout de papier des lèvres de Leo et observa, les yeux écarquillés ; sa main tremblait et elle n'aurait su dire si le mouvement du papier venait d'elle seule ou si Leo y contribuait. Non sans peine, elle souleva la jambe droite de Leo et la croisa sur la jambe gauche ; elle fut surprise de constater à quel point ses membres étaient frêles et maigres sous l'épaisseur du pantalon. Puis elle attrapa le livre qu'il avait recommandé – *Configurations de l'hémisphère Sud*, par P. H. Hamilton –, essuya la poussière qui le recouvrait, et tapota le genou de Leo sans quitter des yeux son pied, sauf pour viser chaque fois juste au-dessous de la rotule.

Ensuite, elle braqua la torche sur les yeux de Leo, lui reprit le pouls, plaça le disque sur le gramophone, eut du mal à poser l'aiguille au bon endroit car les larmes lui brouillaient la vue. Elle écouta le morceau préféré de Leo, assise près de lui, imaginant, comme elle l'avait fait si souvent, qu'ils dansaient ensemble sur cette musique. Elle ouvrit les fenêtres en grand, à la surprise des voisins qui n'avaient jamais aperçu le moindre signe de vie dans cet appartement depuis de longues années. Tandis que l'air frais envahissait la pièce, Kasia guettait le moindre frémissement, le moindre soubresaut de la couverture. Puis elle enflamma un bout de papier journal et l'approcha du nez de Leo. Aucune réaction, aucune modification de la couleur de la peau.

Kasia se passa la main sur le visage, s'assit dans le fauteuil bleu et lut les deux dernières instructions de la liste, tracées de l'écriture fine et démodée de Leo :

*8. Si toutes les opérations ci-dessus s'avèrent sans résultat, ne renoncez pas ! Des résultats positifs prouvent que je suis vivant, mais des résultats négatifs ne signifient pas nécessairement que je suis mort. Faites venir un médecin, puis un deuxième.*

*9. Quand vous serez certains, alors je serai rassuré.*

Elle resta un moment immobile à observer Leo, puis elle regarda autour d'elle ; rien n'avait bougé. Avril, perturbée, était allée se réfugier dans la cuisine. Kasia avait l'impression qu'un étau lui comprimait la poitrine. De même que Leo avait su quantité de choses, de même elle n'avait plus de doutes maintenant. Il régnait dans l'appartement un silence particulier, le silence de l'absence ; elle sentait bien qu'il n'y avait plus personne dans la pièce avec elle, que l'esprit de celui qui y avait vécu s'était envolé.

« Je suis sûre, Leo, dit-elle tout haut, d'une voix rauque et saccadée. Sûre et certaine », ajouta-t-elle dans un murmure.

Elle avait envie de l'entendre crier : « Vous vous êtes trompée, encore une fois ! », de le voir se lever d'un bond en hurlant : « Je vous ai bien eue ! » Elle avait envie qu'il lui lance un clin d'œil, aboie devant Avril, réclame des crêpes, grommelle, marmonne et se gratte la tempe. Elle avait envie qu'il lui parle, qu'il lui dise quelque chose, n'importe quoi.

Assise dans le fauteuil bleu, elle continuait à le regarder. L'appartement était plongé dans le silence, le soleil entrait de biais par les fenêtres ouvertes, les lourds rideaux de velours pourpre pendaient toujours, telles des oreilles de basset, de chaque côté des fenêtres, et il y avait toujours de la poussière sur le piano. Des livres étaient entassés sur la table près du fauteuil de Leo. Tout était semblable à d'habitude. Certains objets n'avaient jamais bougé de place : les plantes en pots, les gravures sur les murs, le fauteuil bleu poussiéreux, la machine à coudre près du canapé, le parapluie à fanfreluches contre l'appui de la fenêtre, la coupelle en bois remplie de colliers sur le dessus du piano.

Pourtant, quelque chose avait changé, bien sûr – quelque chose d'essentiel, d'unique. Kasia ne comprenait pas comment un changement d'une telle importance pouvait survenir en si peu de temps, et comment tout le reste pouvait demeurer immuable ; l'appartement aurait dû être différent, pensait-elle, il aurait dû cesser d'exister. Soudain, elle s'y sentit mal à l'aise. Le silence lui pesait, alors qu'elle avait passé tant d'heures auprès de Leo sans échanger une parole. Elle éprouvait un sentiment de solitude et de peur. Elle savait que sa vie ne serait plus la même désormais – sa vie qui commençait tout juste à devenir si douce. Assise dans le fauteuil bleu poussiéreux, Kasia prit sa tête entre ses mains et pleura.

Une fois l'ambulance arrivée, les infirmiers s'affairèrent un moment au salon, puis apportèrent un brancard. Ils interrogèrent Kasia : Pourquoi était-elle là ? Comment avait-elle découvert le vieux monsieur ? Savait-elle qui prévenir ? Elle leur demanda s'ils pouvaient laisser Leo dans l'appartement au moins vingt-quatre heures, ils répondirent que c'était impossible. Elle téléphona à Sam et lui dit de se rendre à l'hôpital ; elle garda le silence quand il la questionna, lui répéta d'aller à l'hôpital et raccrocha. Elle regarda les ambulanciers placer Leo sur le brancard et le sortir du salon.

Ce fut quand ils peinèrent à ouvrir suffisamment grande la porte pour faire passer la civière que Kasia s'effondra : elle se laissa glisser le long du mur, enfouit son visage entre ses mains et sanglota sans pouvoir s'arrêter. Elle ne supportait pas de voir Leo quitter la maison ; depuis qu'elle le connaissait, elle l'avait toujours vu là, dans cet appartement, dans ce salon, ici était sa place, aussi immuable que le ciel au-dessus des têtes et la terre sous les pieds. Leo assis dans son fauteuil au salon faisait partie intégrante de la vie de Kasia, le voir partir lui était intolérable.

L'un des infirmiers la releva et lui fit avaler des cachets. Ensuite, elle monta dans l'ambulance et ils se mirent en route pour l'hôpital.

Dès que Sam arriva, il demanda à voir le corps.

« Tu as la liste ? » demanda-t-il à Kasia, presque indifférent au chagrin de la jeune femme. Elle la lui donna, et il disparut derrière des portes battantes, la laissant seule assise dans le couloir sur une chaise en plastique.

Peu après, elle se leva pour le rejoindre et le trouva dans une longue pièce sans fenêtres, debout près du corps couché sur un brancard. Sam contemplait Leo, la liste pliée au bout de son bras ballant. Il serra Kasia contre lui et tous deux restèrent là sans rien dire. Ni l'un ni l'autre ne comprenait pourquoi Leo ne bougeait pas.

Sam Glass ne pleura pas. Il étreignit Kasia et lui caressa le visage, puis il enfouit la tête dans ses cheveux qui sentaient bon le sable et le soleil, et il observa Leo par-dessus l'épaule de Kasia, guettant un battement de paupière, un tressautement du doigt, un frémissement des narines. Sam, les yeux rivés sur Leo, essayait de percevoir à la fois ses mains et ses pieds, son visage et son ventre. Et tandis qu'il fixait le corps de son grand-père, il ne se doutait pas un seul instant que c'était à cela que ressemblerait plus tard son propre corps. Le visage qui se pressait contre la chevelure odorante de Kasia – profil, lèvres, nez – était la réplique exacte de celui de Leo, et les yeux qui observaient le corps inerte sur le brancard avaient ce regard fou qui ne brillerait plus jamais dans les yeux de Leo. Sam continuait de guetter un mouvement sur la civière, mais en vain. Grand-Père de La Mousse ne bougeait plus.

Il y eut donc un autre enterrement dans la famille Glass. Sam et Mark devenaient les hommes de la famille, les personnes vers qui les autres se tourneraient désormais. Ils étaient beaux et élégants dans leurs costumes sombres, et Leo, qui avait toujours été fier d'eux, aurait suffoqué d'orgueil en les voyant. Kasia avait emprunté des vêtements noirs à la mère de Sam et, durant l'office, elle prononça tout bas une prière en polonais.

La cérémonie eut lieu dans l'intimité et fut plus triste qu'ils ne s'y étaient attendus. Sam et Mark ne pouvaient s'empêcher de penser à l'enterrement de leur père, leur mère aussi, et Kasia ne parvenait pas à croire que Leo était parti. Il n'y eut pas, cette fois, de cercueil à descendre dans la terre glacée, car Leo avait demandé à être incinéré (l'éventualité d'être enterré vivant lui était insupportable). Sur le chemin du crématorium, les membres de la famille Glass prirent clairement conscience d'avoir perdu leur repère, leur centre. Leo s'était occupé de tout – vaisselle, lessive, cuisine –, il avait noué les lacets des chaussures de ses petits-fils, il leur avait raconté des histoires le soir avant de s'endormir, il avait veillé sur eux pendant leur sommeil. C'était lui qui faisait marcher la maison, tourner les disques et avancer les aiguilles de l'horloge, lui qui soutenait le moral de tous. Leo ne pleurait pas. Leo savait tout. Sauf si la fameuse île en Antarctique était divisée en deux ou pas, songeait Sam. Et maintenant il ne le saurait jamais ; même si je vais là-bas, que je trouve l'île et que je découvre s'il avait tort ou raison, il ne le saura jamais. Jamais.

Sam aurait aimé pouvoir lui fournir la réponse mais, maintenant que Leo était mort, il ne pouvait plus imaginer qu'il lui envoyait une carte postale, que son grand-père la recevait, en examinait le timbre, lisait le message. Même s'il devinait ce que Leo aurait dit, Sam ne pouvait en être vraiment sûr. Comment Leo aurait-il réagi s'il avait appris qu'il ne s'était pas trompé ? Qu'aurait-il pensé, ressenti ? Il n'était plus là pour se pencher sur la carte du continent, l'examiner à la lumière de la réponse. Que puis-je faire ? s'interrogeait Sam. Rien, sinon croire que cette réponse, Leo la connaissait déjà.

Sam et Mark furent chargés de s'occuper de l'appartement de Leo et de traiter avec le notaire de la famille. Mark opta pour la paperasserie ; le problème de l'appartement revint à Sam. Il avait pensé maintes fois à ce moment-là, il croyait qu'il serait ému en tombant sur certains objets, en découvrant de vieux trésors oubliés que son grand-père gardait depuis des années, mais, dès qu'il pénétra dans la maison, il comprit qu'il en serait autrement. Il déambulait d'une pièce à l'autre et se demandait par où commencer. Il se sentait tel un intrus, ou un cambrioleur profitant de l'absence des occupants partis en vacances.

On se rendait compte tout de suite que ces lieux avaient été habités pendant très longtemps par la même personne. Sam connaissait bien son grand-père, mais pas si bien que ça, pas assez en tout cas pour savoir tout ce qu'il possédait, pour être familiarisé avec ses gribouillis secrets, pour comprendre ce que représentait à ses yeux le collier de jais qu'il conservait depuis plus de quarante ans dans une chaussette, au fond du tiroir où il rangeait ses sous-vêtements. Sam n'avait pas envie de voir tout cela, ces trésors intimes accumulés par une personne pour elle-même, et elle seule, dans ce lieu qui était l'antre de Leo, sa cachette, son repaire – un lieu qu'on n'avait pas le droit de déranger.

Pourtant Sam dérangea l'appartement et ce qu'il contenait, tout en s'efforçant de ne pas regarder tandis qu'il empaquetait lettres et objets. Il rapporta les cartons chez lui, dans sa chambre, et laissa la poussière s'y accumuler. Il ne voulait rien jeter, il n'aurait pu se le pardonner. Au contraire, il voulait faire comme si Leo était parti en voyage et l'avait prié de veiller sur ses affaires.

*Au moins, il a bien profité de la vie*. Cette phrase trottait dans la tête de Sam et il n'arrivait pas à s'en débarrasser. Il était un peu gêné qu'un tel cliché lui vienne à l'esprit à propos de son grand-père, mais il n'y pouvait rien, la phrase s'imposait à lui. *Il a bien profité de la vie*, qu'est-ce que cela signifiait ? Que la personne avait accompli beaucoup de choses, ou qu'elle s'était bien amusée et avait pris du bon temps ? Ou alors, cela signifiait-il simplement que les gens étaient vieux quand ils mouraient, et qu'ils avaient eu la possibilité d'accomplir beaucoup de choses, même s'ils n'avaient rien accompli du tout ?

Sam ne composerait plus jamais le numéro de téléphone de Leo, il pouvait barrer son adresse sur son carnet ; il ne le fit pas, cependant, il la fixa des yeux un grand moment et la laissa intacte – il la reporterait même l'année suivante, parce que Leo avait toujours figuré à la première place sous le nom « Glass » et que Sam ne souhaitait pas que cela change. Avant de quitter l'Angleterre, il courut une dernière fois jusqu'à la maison de son grand-père et regarda la façade. Il avait un jeu de clés sur lui mais ne désirait pas entrer ; il s'attarda dehors, sur le trottoir, peu soucieux d'éveiller les soupçons des voisins. Difficile de croire que celui qui avait vécu si longtemps entre ces murs était parti à tout jamais, songeait-il.

Sam ne pleura pas devant Kasia. Non pas parce qu'il aurait eu honte qu'elle le voie pleurer, mais plutôt parce qu'il considérait de son devoir de la protéger, de veiller sur elle, de lui préparer à manger, de lui raconter des histoires le soir avant de s'endormir.

Leo parti, il fallait que quelqu'un reprenne son rôle, Sam en avait conscience.

Ils se retrouvaient souvent chez Kasia pour s'occuper d'Avril, qui dormait la nuit sur l'oreiller de la jeune femme et étirait de temps à autre une patte qu'elle posait sur son visage. Avril était tout ce que Leo avait légué à Kasia, voilà pourquoi elle la gâtait, lui donnait à manger la même chose qu'elle, la brossait tous les jours, la laissait dormir sur le lit, la prenait dans ses bras et la câlinait chaque fois que la chatte passait à côté d'elle.

Il restait seulement deux semaines à Sam avant son départ, et soudain, après toutes ces années d'attente passées à tuer le temps, c'était comme si le temps n'existait plus. Il essaya de se comporter selon ce que son grand-père aurait souhaité, il en était sûr : il parla à sa mère, à Mark et à Kasia de renoncer à son voyage, de rester à Londres, de s'occuper d'eux, de les aider, d'être présent. Mais aucun d'eux ne voulait l'empêcher de partir, car ils savaient que Leo les aurait désapprouvés.

L'absence de Leo pesait sur eux tous. Leo disparu, un pan entier de leur vie avait disparu avec lui, et Sam se retrouvait dans un monde qui n'avait plus rien à voir avec le monde d'avant la disparition de son grand-père. Leo avait été présent tout au long de sa vie, pendant vingt-cinq ans il avait fait partie de son environnement. Tout ce que Sam avait appris, il le devait à Leo, il le devait à Grand-Père de La Mousse.

*Mon Dieu, faites qu'il revienne, je vous en prie*, telle était l'unique prière de Sam.

# 22

Sam Glass, de la terrasse de sa chambre, regardait les étoiles et s'imaginait loin de l'agitation de Londres qui bruissait partout autour de lui. Il scrutait le ciel, cherchait à distinguer les constellations qu'il connaissait, l'étoile qui veillait sur lui. La nouvelle lune jetait un éclat de lumière dans le ciel nocturne – ou plus exactement elle avait jeté un éclat de lumière quatre-vingt-cinq secondes plus tôt. C'était une lune pleine de promesses. Où que se trouve Leo, se disait Sam, cela doit être un bel endroit.

Sam parlait tout seul à voix basse, il réfléchissait aux tâches qui l'attendaient, aux événements à venir. Plus qu'une semaine avant son départ. Il examina ses ongles, le bout de ses doigts, puis leva de nouveau les yeux vers le ciel. Ce ne sera plus le même ciel que je verrai là-bas, songea-t-il, ce sera un ciel nouveau, inconnu, celui de l'hémisphère Sud, décrit dans les *Configurations de l'hémisphère Sud*, de P. H. Hamilton.

La terrasse vibra, une voiture de police passa en trombe, toutes sirènes hurlantes. Et Sam pensa : Bientôt je verrai cet endroit extraordinaire que Grand-Père de La Mousse aimait tant, cet endroit dont j'ai rêvé durant toute mon enfance, cet endroit que j'ai toujours eu envie de visiter : l'Antarctique, la princesse endormie. En dépit de tout – la rencontre avec Kasia, la mort de Leo –, Sam avait toujours le désir d'y aller.

Les derniers jours lui parurent étranges. Il avait l'impression de participer à une vaste expérience sur le genre humain. Au travail, il causait le plus de perturbations possible. Il téléphonait chaque jour à sa mère pour s'assurer qu'elle n'avait besoin de rien. Et il passait toutes ses soirées avec Kasia, soit à se promener dans les rues de Londres, soit chez elle en compagnie d'Avril et de quelques livres. Parfois, ils s'allongeaient tous deux sur le lit, Sam lisait les titres des livres en polonais de Kasia, et elle, les yeux au plafond, lui citait les auteurs. La prononciation de Sam faisait naître sur les lèvres de Kasia un curieux sourire grimaçant ; elle le corrigeait et l'obligeait à répéter les mots plusieurs fois de suite.

Un soir, assis dans la minuscule cuisine de Kasia, ils discutaient pour savoir si Kasia devait abandonner son travail au bureau de tabac, quand Sam leva brusquement la tête et la dévisagea. Elle avait attaché ses cheveux sur la nuque et tentait de rassembler des mèches rebelles à l'intérieur de l'élastique.

« Tu veux retourner chez toi ? interrogea Sam.

— Quoi ? » Kasia enleva l'élastique, laissa ses cheveux retomber sur ses épaules, puis elle recommença l'opération et ramena ses cheveux en arrière, en tenant l'élastique entre ses dents.

« Je veux dire : en Pologne. As-tu envie d'y retourner ? »

Elle secoua la tête et fronça les sourcils. « Non. Pourquoi ?

— Je pensais que tu désirais peut-être revoir tes parents. »

Kasia fit non de la tête, fixa l'élastique autour de ses cheveux, l'enroula plusieurs fois, puis posa les mains sur la table, enfin satisfaite du résultat. Elle avait raconté à Sam qu'elle était arrivée enfant en Angleterre avec ses parents et que ceux-ci étaient retournés en Pologne, mais elle ne lui avait guère parlé de la période intermédiaire; elle se disait qu'elle n'avait pas encore eu le temps d'évoquer cette époque de sa vie, en réalité elle avait reculé chaque fois que l'occasion s'était présentée – quand un silence s'installait entre eux, elle pensait le moment venu d'aborder le sujet, mais elle s'abstenait.

« Ça ira, quand je serai parti ? » demanda Sam en débarrassant la table.

Kasia rit – un rire bref, presque douloureux – et répliqua : « Je me suis débrouillée vingt-trois ans sans toi, Sam Glass, je pense que je survivrai une année de plus. »

Sam vint se placer derrière elle, l'entoura de ses bras et enfouit son visage dans son cou.

La mère de Sam s'était mise à téléphoner à Kasia et Sam lui en fut reconnaissant; elle semblait avoir deviné que la jeune femme était beaucoup plus affectée qu'on n'aurait pu l'imaginer par la mort de Leo. Sam, de son côté, passait beaucoup de temps au club de sport et s'entraînait avec une énergie qu'il puisait il ne savait où. Il courait, aussi, il courait pour Leo, il courait avec Leo, mais il ne s'aventurait plus jamais dans le quartier où son grand-père avait habité.

Leo lui avait laissé deux cents livres sterling, somme qui, ajoutée à ses économies, servit à régler le solde de son billet d'avion. Osh Laird lui téléphona deux fois pour vérifier que tout allait bien, qu'il se sentait prêt, qu'il avait en main la bonne documentation, qu'il avait supprimé le lait; il ajouta qu'il était impatient de travailler avec lui, et Sam, pour la première fois depuis la mort de Leo, se sentit réconforté.

Sam pensait également à ce que Leo aurait attendu des membres de sa famille; il n'aurait pas aimé qu'ils gémissent et se lamentent, ni qu'ils s'enferment dans leur chagrin. Après tout, Leo était le roi de la farce, lui qui avait appris à Avril à sauter du haut des portes, qui jouait à faire le mort plusieurs fois par semaine, qui racontait l'histoire d'une mousse qui poussait entre les orteils des gens. Lui qui agitait les doigts en l'air tel un magicien, qui savait tout sur le ciel, les plantes, les mousses, et bien d'autres choses encore. Lui qui souriait et plaisantait en toute circonstance. Lui qui ne pleurait jamais.

« Au fait, Sam, as-tu déjà acheté ton équipement ? Parce qu'on dit partout que la couleur de la saison prochaine est le gris, mais moi, je crois que c'est faux. Si tu veux mon avis, je pense que tu devrais choisir le violet. »

Gray mangeait des guimauves tout en faisant les mots croisés de l'*Evening Standard* sur la table de la cuisine.

« Tu sais, je ne me soucie pas vraiment de la couleur de mes vêtements, répondit Sam avec gentillesse.

— Tu devrais, pourtant. Il faut anticiper, tu comprends. Je suppose que tu as envie d'accomplir quelque chose de mémorable, là-bas ? À un moment donné, on va venir te prendre en photo. D'où l'importance de la couleur : si tu es habillé en gris, tu te fondras dans le paysage, avec tout ce blanc et ce bleu pâle, tandis qu'au contraire le violet ressortira, ça en jettera ! Et puis, on te reconnaîtra, au moins, parce qu'on ne distingue jamais les visages sur ces photos. »

Sam ne put s'empêcher de sourire.

« Oui, je comprends ton point de vue mais je n'aime pas le violet et, de toute façon, ce qui m'importe le plus, c'est la qualité.

— Oh, là là ! Tu présentes les premiers symptômes du raseur qui ne jure que par la vie au grand air. C'est quoi : en neuf lettres, avec un P et un M, *contraire de transitoire*. Ça veut dire quoi, au fait, « transitoire » ?

— Passager. Le mot que tu cherches est : "permanent". »

Le crayon en l'air, Gray jeta un coup d'œil à Sam.

« Je pourrai venir te rendre visite ?

— Va te faire foutre, Gray, je ne marche pas, cette fois, répliqua Sam en riant.

— Je parle sérieusement. J'aimerais bien aller te voir là-bas.

— J'y vais pour étudier l'impact du tourisme. Qu'est-ce que tu proposes, de venir pour que je puisse étudier *ton* impact ?

— Ah, je te préfère comme ça !

— Tu détestes la nature.

— Et alors ? »

Gray le regarda avec l'expression d'un gamin têtu.

« Tu n'aimeras pas l'Antarctique, il y fait un froid abominable, c'est plein de raseurs qui ne jurent que par la vie au grand air, et on n'y baise pas. Pas du tout. »

Gray haussa les épaules et mordit dans une guimauve.

« Tu as sans doute raison. Mais je voudrais aller quelque part, tu comprends. Henry et toi, vous vous apprêtez à vivre une aventure fabuleuse. D'ailleurs, les pingouins, ça doit baiser, non ?

— Oui, entre eux. De toute façon, les femelles pingouins ne t'accordent leurs faveurs que si tu leur rapportes suffisamment de cailloux, alors tu vois, ça n'en vaut guère la peine. »

Sam offrit à Kasia la photo de Leo et de lui au mariage de Mark, et elle la plaça dans l'exemplaire d'*Officier et Gentleman* qu'elle gardait sur sa table de nuit. Elle n'avait pas fini de le lire à M. Glass ; maintenant, elle le prenait de temps à autre, le feuilletait, s'arrêtait à un passage du début et s'étonnait à la pensée que M. Glass était encore vivant la dernière fois qu'elle lui avait lu ce paragraphe.

Sam ne comprenait pas pourquoi, tout à coup, Kasia se mettait à lire des tas de vieux bouquins ennuyeux, mais elle ne s'expliqua pas à ce sujet. Elle s'occupait désormais d'un autre vieux monsieur et elle taquina Sam à ce sujet : peut-être rencontrerait-elle le petit-fils de cet homme et en tomberait-elle amoureuse ? « Après tout, tu seras loin pendant une année entière. La mer est pleine de poissons », disait-elle avec un petit sourire, en se versant du thé ou en envoyant valser ses chaussures.

« Sam, chuchota-t-elle une nuit, alors qu'ils étaient couchés. Sam ? » Sam se retourna pour se retrouver face à face avec Avril, qui ronronna et lui posa la patte sur le nez, l'empêchant de se rapprocher de Kasia.

« Oui ? murmura-t-il en s'efforçant de bouger le moins possible.

— Je vais faire quelque chose. »

Sam écouta un instant les bruits alentour : le passage d'une voiture de temps en temps, les vibrations de l'électricité, les craquements du plancher. Il écarta avec précaution la patte d'Avril, se leva, tira les rideaux et vint s'asseoir aux pieds de Kasia. Tous deux observèrent le ciel en silence.

« Faire quoi ? questionna-t-il au bout d'un moment.

— Je ne sais pas, répondit-elle en allongeant les jambes. Quelque chose. »

Il hocha la tête en signe d'approbation.

« Mais quel genre de chose ?

— Je n'en ai aucune idée. »

Kasia et Sam contemplaient la nuit, et la nuit les contemplait.

Sam travailla dur, les derniers jours. Il avait beaucoup à faire, en fin de compte. Il ne restait pas tard au bureau mais était très occupé durant la journée et s'affairait autant qu'avant. Tous les coupons publicitaires qu'il trouvait, il les remplissait en indiquant les coordonnées d'Angela; il cherchait dans les journaux les publicités pour des sous-vêtements érotiques ou des cours d'aquarelle dans le Dorset et, quand il fallait spécifier la profession, il marquait « stagiaire », sachant que cela rendrait Angela furieuse. Quand son dernier jour de travail arriva enfin, il avait du mal à y croire; il savait qu'il lui faudrait plusieurs mois pour en prendre vraiment conscience.

« Sammy ?

— Henry !

— Comment ça va ? Tu es fin prêt ?

— Presque. Et toi ?

— Oui, je crois. Tu as peur ?

— Non, mentit Sam.

— Parfait. Moi non plus. »

Sam sourit au bout du fil. « J'appréhenderais davantage si j'allais dans l'Arctique, avec les ours polaires, etc.

— Écoute, je ne viendrai pas à ton pot d'adieu ce soir, je rentrerai directement chez moi pour vérifier que tout est prêt, la musique et le reste.

— D'accord. J'arriverai vers neuf heures, je pense, quand j'aurai terminé ici.

— À propos, Kasia t'a dit ? »

Sam se tut quelques secondes. « M'a dit quoi ?

— Qu'elle est lesbienne.

— Henry, il existe *une* personne sur cette terre qui préfère sortir avec moi qu'avec toi, il va bien falloir que tu l'admettes un jour ou l'autre.

— Reconnais quand même, Sam, que c'est difficilement compréhensible. »

Ce vendredi fut totalement improductif : Sam sortit à l'heure du déjeuner et ne revint à l'agence qu'à cinq heures et demie, pour se rendre aussitôt au bar. Il buvait peu depuis quelque temps et n'en avait plus l'habitude. Quand il se remémora le pot d'adieu, plus tard, dans son souvenir ses amis étaient tous arrivés au même moment, et repartis de même. Gail essaya de l'embrasser, Jeff de lui faire sniffer de la cocaïne, et Sam avoua à tout le monde que c'était lui qui avait envoyé une lettre à Phil pour le prévenir qu'il allait être licencié et lui conseiller de démissionner avant.

Kasia vint à son secours et l'embrassa tant et si bien que les autres finirent par le laisser tranquille. Tous deux se rendirent ensuite chez Henry, où la plupart des amis de Sam étaient déjà aussi soûls que lui, et où des gens qu'il ne connaissait pas l'accueillirent avec effusion. Il continua à boire, dansa avec Kasia, puis ils montèrent à l'étage pour faire l'amour. Quand ils redescendirent, Henry tentait de prononcer un discours, debout sur les accoudoirs d'un fauteuil, un ours polaire en peluche sur l'épaule.

Tandis que Henry chantait sa chanson devant l'assemblée qui l'interrompait bruyamment, Sam – peut-être à cause de la fatigue, peut-être à cause de l'alcool, à cause de Leo, à cause de son père, parce qu'il faisait ses adieux à ses amis, parce que son rêve devenait réalité –, Sam essuya furtivement une larme.

Sam avait dédié le samedi à son grand-père ; cela faisait une bonne quinzaine de jours qu'il avait pris cette décision : ce serait une journée qu'il offrirait à Leo, une journée dont Leo serait fier, une journée où l'une des étoiles qui brillent dans le ciel brillerait un petit peu plus.

Sam parvint à l'agence vers l'heure du déjeuner et se mit à débarrasser son bureau ; il garda les cartes de ses amis, un message que Lauren lui avait adressé un jour – *Si je m'étais réveillée ce matin avec des aiguilles chauffées à blanc enfoncées dans les yeux, je serais de meilleure humeur. Lxxx* –, ainsi que plusieurs mots qu'il avait lui-même écrits et qui parlaient de brûler les ponts. Puis il prit l'ascenseur jusqu'au dernier étage – l'étage de la direction – et se mit au travail, avec méthode et rapidité, conscient à chaque étape de ce qu'il fallait faire à la suivante, car il avait tout prévu à l'avance – qualité qui caractérise un bon directeur de clientèle.

Il commença par le bureau de Robert McLeod. Il ouvrit une boîte de thon, la plaça dans le dernier tiroir de sa table de travail et referma le tiroir à clé ; il remplaça la violette africaine, à côté de la photo de sa femme, par un plant de cannabis emprunté à Gray ; il modifia l'heure de sa pendule, régla son téléviseur sur une chaîne porno et jeta la télécommande par la fenêtre. Ensuite, il passa dans le bureau de Sebastian et entreprit de découdre les manches de la veste suspendue à la porte. Puis il descendit à la salle de montage et changea les cassettes, de sorte qu'au lieu de montrer des publicités de l'agence le poste de télévision placé dans le hall de réception diffuserait en boucle une vidéo sur la vie des animaux.

Puis il s'attaqua au gros du travail. Il visita la totalité de l'immeuble et emporta toutes les listes des numéros de téléphone internes qu'il trouva (deux cent quatre en tout). Installé à son bureau, il prit une de ces listes, découpa avec soin les numéros de poste à quatre chiffres, chercha une ancienne liste et colla les numéros de poste qu'il avait découpés en face des noms de l'ancienne liste, par-dessus les anciens numéros ; il procéda au hasard – n'importe quel numéro en face de n'importe quel nom – et, une fois le collage terminé, il photocopia la liste ainsi fabriquée et la distribua dans tout l'immeuble.

Ensuite, il s'occupa des ascenseurs. Muni d'un marqueur et d'un tampon à récurer, il gratta soigneusement tous les chiffres qui figuraient sur les boutons de la cabine et, de sa plus belle écriture, traça de nouveaux chiffres à la place. Après cela, il remplaça les piles de son récepteur d'appels, enferma l'appareil dans une boîte métallique, à l'étage du département financier, et composa le numéro de son récepteur, qui se mit à vibrer à l'intérieur de la boîte.

Pour finir, il retourna dans son bureau et s'attela à la paperasserie. Il envoya des cartes de changement d'adresse à la moitié des clients, et à l'autre moitié il adressa une copie d'un document financier interne qui détaillait le montant des sommes qui ne leur étaient jamais restituées. Il expédia au directeur du marketing des automobiles Soma une cassette vidéo d'une ancienne pub sur laquelle on avait réenregistré une chanson guillerette qui racontait que le client était un con. Il rédigea un communiqué de presse annonçant que l'agence allait se séparer de son principal client, Euroair, à cause d'une divergence d'opinions. Il écrivit à la BBC, les invitant à venir pendant une semaine « filmer la vie au sein d'une agence de publicité ». Il envoya un mailing aux dix meilleures universités pour leur expliquer que McLeod Seagal Gale ne pourrait prendre aucun stagiaire cette année en raison de difficultés internes. Il modifia le numéro de téléphone sur les en-têtes de trois ramettes de papier à lettres dans la salle du courrier. Puis il revint dans son bureau.

Il était presque huit heures du soir et Sam était épuisé. Ses mains lui faisaient mal, la tête lui tournait, il avait la gorge desséchée. Sa tâche était terminée, il avait fait tout ce qu'il avait à faire, il était allé jusqu'au bout de ce qu'il avait prévu. Il s'approcha de la fenêtre et contempla le ciel clair de juillet. Ce qui est marrant avec les étoiles, songea-t-il, c'est qu'on ne peut pas les voir de jour.

Une fois dans la rue, Sam examina la façade de verre de l'immeuble de McLeod Seagal Gale, ses jolis balcons, son logo élégant au-dessus de la porte. Il ne voulait plus jamais revoir ce bâtiment, il ne voulait même plus y penser et il se réjouissait que cet endroit ne fasse désormais plus partie de sa vie. Il va pleuvoir lundi, marmonna-t-il, il va tomber des cordes.

Un sourire éclaira son visage : Leo aurait été fier de lui. Quel dommage que ni l'un ni l'autre ne soit là pour contempler le désastre, lundi matin ! Quand un type glisse sur une peau de banane, c'est drôle seulement s'il y a quelqu'un pour le voir, avait coutume de dire Leo. Mais Sam pensait : C'est drôle aussi quand on sait d'avance que le type va glisser.

Personne ne pouvait imaginer, en regardant cette imposante façade de verre, que derrière son aspect lisse et brillant régnait un tel chaos. Maintenant qu'il n'y travaillait plus, Sam n'éprouvait plus un ressentiment aussi virulent vis-à-vis de ce lieu, mais il n'oubliait pas que, soir après soir, il n'en était jamais sorti avant minuit, il n'oubliait pas le stress et l'anxiété qui avaient été son lot quotidien – il les sentait encore en lui, tel un virus dans le sang. Il n'oubliait pas l'étau qui lui serrait la poitrine, la raideur dans la nuque, la douleur dans les épaules, la sueur, l'angoisse, les repas sautés, les insomnies, les réveils à deux heures du matin, rongé d'inquiétude à l'idée que la cassette remise au client ne comportait pas la bonne pub.

Mais là, debout sur le trottoir devant l'immeuble de verre, il était plutôt satisfait de la façon dont il avait occupé sa journée. Il jeta un dernier coup d'œil au bâtiment qui se détachait sur le ciel, puis tourna les talons, regarda la rue devant lui, les couples venus s'amuser le samedi soir dans Soho, les immeubles de bureaux fermés. Sam Glass prit une profonde inspiration et s'éloigna rapidement.

Il fut décidé que la soirée d'adieu aurait lieu chez lui le dimanche, puisqu'il partait le lundi matin. Au dîner, sa mère lui offrit un canif, Mark et Clarissa un stylo à encre et du papier à lettres, Kasia une montre qui indiquait aussi la date. « Allusion subtile », dit-elle avec un sourire en la lui tendant, et il sut que chaque fois qu'il la regarderait il penserait à elle.

« Quand tu verras marqué *février*, tu sauras que tu dois être auprès de moi. Sinon, tu pourras te poser des questions. »

Plus tard, quand ils furent seuls, Sam offrit à Kasia une carte du ciel – une carte où étaient représentés les deux hémisphères. Kasia déplia la carte sur le sol et l'examina, la tête penchée.

« Je sais ce que tu vas me dire, Sam Glass, déclara-t-elle, quand il s'assit par terre à ses côtés.

— Ah oui ? Quoi ? »

Elle se releva, se déplaça le long de la carte, observa les constellations. « Tu vas me dire que je devrai regarder cette étoile-ci (elle se pencha et la désigna du doigt), que toi, tu regarderas cette étoile-là, et de cette façon, même si nous sommes aux deux bouts opposés de la planète, nous penserons l'un à l'autre et nous serons ensemble. »

Sam sourit. Il avait trouvé quelqu'un à sa mesure.

Cette nuit-là, ils firent l'amour sur le petit lit de Sam, sans faire de bruit de peur de réveiller sa mère qui dormait – il l'espérait, du moins – dans le canapé du salon. Kasia avait une odeur fabuleuse : elle sentait le sable, le soleil et quelque chose d'autre, semblable au parfum d'une fleur tropicale qui s'ouvre pour attirer les abeilles. Leo aurait su dire de quelle fleur il s'agissait, s'il avait eu la possibilité d'en sentir le parfum ; il serait allé chercher dans sa bibliothèque pleine de poussière l'ouvrage précis où figurait le schéma de la fleur, et il aurait expliqué à Sam comment se forme l'odeur, quand et pourquoi elle se dégage.

Mais tandis qu'il faisait l'amour avec Kasia, Sam ne pensait pas à son grand-père. Il écoutait la respiration de Kasia, observait la courbe de ses cils, la masse de ses cheveux sur l'oreiller, le creux à la base de son cou ; il ne pensait qu'à elle et il admirait sa beauté. Il essuya du bout du doigt les perles de sueur qui s'étaient formées sur la lèvre supérieure de Kasia, écarta avec douceur les mèches folles sur sa joue, et murmura : « Allons dehors. » Il se leva et ouvrit la fenêtre. Elle le suivit et l'obligea à s'allonger par terre. « C'est ton idée, dit-elle avec un sourire, moi je n'ai pas envie de me coucher sur un sol dur. » Elle se mit à califourchon sur lui et ils firent l'amour sous les étoiles. Sam contempla le ciel et se sentit comblé.

Le lundi matin, il se leva tôt et alla courir. Sa mère s'occupa de ses bagages et lui prépara des sandwiches qu'elle enveloppa dans du papier sulfurisé et confia à Kasia. Henry vint avec toutes ses affaires et s'installa au salon devant la télévision. Sam, de retour de sa course, se changea, et Gray vint leur dire au revoir avant de partir au travail.

« Bon, eh bien, salut, les gars ! leur dit-il, tout en vérifiant sa tenue dans la glace.

— Salut, mec ! » répliqua Henry en lui donnant une grande tape sur l'épaule. Sam l'imita.

« Prenez soin de vous et écrivez-moi, les potes.

— Gray », appela Sam, comme celui-ci quittait la pièce.

Gray se retourna et Sam fit glisser sa veste de ses épaules : il portait en dessous un sweat-shirt violet. « Sammy ! » s'exclama Gray avec un large sourire. « Très chic », commenta-t-il avant de sortir.

Le moment du départ était finalement arrivé. Sam embrassa sa mère et la serra dans ses bras, heureux qu'elle ne pleure pas – peut-être pourrait-elle remplacer Leo, après tout ? Puis il prit le métro pour se rendre à l'aéroport de Heathrow avec Henry et Kasia; Henry et lui portaient des sacs à dos pleins à craquer de vêtements d'hiver et d'été, pour leur formation en Nouvelle-Zélande. Kasia avait emporté avec elle un petit sac en toile, la poche en plastique avec les sandwiches et un livre pour le trajet de retour.

Dans le métro, ils demeurèrent silencieux. Sam et Henry jetaient un dernier coup d'œil sur la capitale, ses immeubles crasseux et sa population affairée. Sam pensait à la rapidité avec laquelle s'étaient écoulés les derniers jours, dans une espèce de brouillard, lui semblait-il; il s'étonnait que le temps, après s'être étiré avec une lenteur mortelle, ait pu soudain filer à la vitesse de l'éclair.

Le wagon se remplissait peu à peu de gens encombrés de valises, et de musiciens qui espéraient surprendre les passagers lorsqu'ils étaient le plus vulnérables – anxieux à cause du voyage à venir ou perturbés par l'imminence des adieux – et donc plus enclins à faire la charité. Sam tenait la main de Kasia, conscient de la chaleur et de la douceur de cette main, de sa délicatesse, de sa fine ossature, conscient qu'il resterait pendant une longue période sans tenir la main de personne. Il oublierait la chaleur des étreintes, des larmes, des blessures, cela deviendrait matière à rêver, à fantasmer.

Un jeune homme monta dans la rame, vint s'asseoir en face de Kasia et lui lança un regard. Il avait des cheveux d'un roux flamboyant et un visage noble aux traits fins. Elle lui rendit son regard, incapable de résister au charme d'un tel visage.

Sam pressa la main de Kasia, et elle sourit, sachant ce qu'il pensait. Tout à coup, Sam se rappela M. Fellows, son ancien professeur de géographie, celui qui le premier l'avait initié à l'étude des cartes. Un certain jour, M. Fellows avait pris sur lui d'enseigner à la classe plutôt amorphe non seulement la géographie mais aussi l'anglais. Il y avait eu récemment un contrôle et, si le contenu des dissertations était satisfaisant, en revanche M. Fellows avait été horrifié par la grammaire et l'orthographe des élèves.

Debout devant la classe, très mince dans son débardeur et son pantalon en tweed, M. Fellows sortit un livre de sous son bureau et se mit à raconter l'histoire de deux frères dont l'un avait été professeur durant de longues années, jusqu'au jour où il avait démissionné pour cause de divergence d'opinions. Âgé de quarante et un ans, il avait dû recommencer à zéro et avait rejoint son frère à Guernesey, où tous deux avaient vécu de travaux littéraires : traductions, manuels sur l'usage de la langue, essais. Quand la Première Guerre mondiale éclata, les deux frères s'engagèrent, mais ils étaient un peu âgés pour combattre – l'un s'évanouit en plein défilé, l'autre tomba malade. Ils retournèrent à Guernesey et reprirent leur travail, mais le plus jeune mourut au bout d'un an. L'aîné continua seul, et on publia après sa mort le livre qui devait faire connaître son nom dans toute l'Angleterre.

À cet endroit de son récit, M. Fellows brandit *Le Manuel Fowler de l'anglais moderne* afin que toute la classe le voie; il y eut, évidemment, quelques élèves pour marmonner que le nom en question n'était pas connu chez eux. M. Fellows lut alors la préface que Henry Fowler avait rédigée pour l'ouvrage que son frère et lui auraient dû écrire ensemble, et qu'il dédiait à son frère. Sam se souvenait avec précision de ce jour, mais surtout il se souvenait de la première phrase de cette dédicace, parce que, lorsqu'il l'entendit, il ne put s'empêcher de penser à son père. Tandis que le métro s'arrêtait à la station Osterley, Sam se remémora la fameuse phrase : *Je pense à ce que cela aurait dû être, une fois les longueurs supprimées, les passages ennuyeux rendus vivants, les complaisances éliminées, les vérités multipliées*. Pour Sam, cette phrase évoquait le début d'un roman épique, d'un conte fantastique, d'un récit palpitant, pas la préface d'un livre de grammaire. Et ces mots prenaient une résonance encore plus grande, maintenant qu'il partait pour l'Antarctique et que Leo était mort. *Je pense à ce que cela aurait dû être*, se disait Sam, si Leo avait été là, si mon père avait été là, et si je pouvais passer plus de temps avec Kasia. Ce n'est pas ce que j'avais prévu, ce n'est pas comme je l'avais imaginé. *Je pense à ce que cela aurait dû être*.

Sitôt à l'aéroport, ils enregistrèrent leurs bagages et achetèrent des journaux. Henry alla au Burger King, et Sam et Kasia restèrent près du guichet pour surveiller ses affaires. Plus de temps à tuer, à tourner en rond dans l'appartement, à compter les semaines au bureau, à faire du surplace, à barrer les jours sur le calendrier, à regarder la montre – même si, dans les mois à venir, il y aurait beaucoup de temps passé à regarder la montre. Cette fois, ça y était. Sam essuya ses lunettes sur sa chemise et prit une profonde inspiration.

« Pardonne-moi », murmura-t-il.

Kasia battit des paupières. Elle avait l'impression que le soleil brillait à travers les yeux de Sam. Sam avait des yeux de la couleur du ciel, et Kasia se demanda un instant si c'était parce qu'il consacrait tellement de temps à contempler le ciel que ses yeux en avaient pris la couleur, ou si le bleu magnifique du ciel immense était, en réalité, un reflet des si beaux yeux de Sam. Ils s'étreignirent. Une voix dans le haut-parleur annonça le vol.

« Je t'écrirai », promit Sam, et il pensait : *Souris-moi, souris-moi, je t'en prie.*

« Peut-être que je ne répondrai pas, dit Kasia, et une fossette creusa sa joue.

— Ça ne m'empêchera pas d'écrire », répliqua Sam en écartant les cheveux du visage de Kasia.

Il fouilla dans sa poche et sortit son billet d'avion. Sa carte de transport vint avec – une carte dans un étui en plastique tout abîmé, avec des trous sur les côtés, à moitié déchirée à la pliure. Il la regarda et pensa au nombre de fois où il l'avait utilisée, et au fameux jour où il en avait discuté avec Janie. Combien de fois avait-il inséré le coupon dans l'appareil ? Combien de fois l'aurait-il encore introduit s'il n'était pas parti ? Le Sam de la photo paraissait jeune et perdu, comme quelqu'un qui ne sait pas ce qu'il veut dans la vie.

Sam jeta un coup d'œil autour de lui, avisa une corbeille et y jeta la carte. Il sentit son cou et ses épaules se détendre, ses poumons se dilater. Il dévisagea Kasia.

« Sam, dit Kasia en lui tendant le petit sac en toile qu'elle portait à la main, ta mère m'a demandé de te remettre ceci. »

Sa main semblait petite, avec l'attache du sac passée autour. On annonça le vol pour la seconde fois.

« Qu'est-ce que c'est ?

— Les cendres de Leo. Je crois qu'elle souhaite que tu les disperses...

— Je sais », dit Sam avec douceur en prenant le sac.

Il imaginait déjà l'endroit où il les disperserait. Ainsi que les vastes étendues de blanc qui s'étendent à l'infini, sur des kilomètres et des kilomètres. L'immense paysage blanc et bleu qui étincelle au soleil. La princesse endormie. *La princesse endormie*. Voici venir ton prince, songeait Sam. Vous êtes dignes l'un de l'autre. Il imaginait l'île, indubitablement scindée en deux, et il savait que c'était là où s'envoleraient les cendres de Leo. Les cendres du prince endormi s'élèveraient haut dans l'air glacé, au-dessus de la mer gelée, au-dessus des glaciers turquoise, au-dessus des pingouins et des phoques, haut dans le vaste ciel bleu.

Avec toute mon affection et mes remerciements
aux collègues qui sont devenus des amis, à Harley,
à Janet et Zoë, à Julia et Jon, à ma mère,
à mon père, à Kate, à Patrick, et à Barney.

6350

Composition Chesteroc International Graphics
Achevé d'imprimer en Europe (France)
par Maury-Eurolivres – 45300 Manchecourt
le 18 septembre 2002.
Dépôt légal septembre 2002. ISBN 2-290-32017-X

Éditions J'ai lu
84, rue de Grenelle, 75007 Paris
*Diffusion France et étranger : Flammarion*